cocon

Entwicklungsingenieur Karl Schneider wird in seiner Hanauer Villa tot aufgefunden. Die Witwe ist in Tränen aufgelöst, die Ermittlungen drehen sich schon bald im Kreis, ohne erkennbaren Aufklärungsfortschritt. Zudem ist Kommissar Weinrich frisch verliebt und hat gar keine Zeit für langwierige Nachforschungen. Exkollege Herbert Schönfelder, Kommissar im Ruhestand, soll aushelfen, doch hat der seiner Frau versprochen, niemals mehr einen Fuß in die Polizeidirektion zu setzen. Während Polizeichef Huber unablässig Druck macht und so die Herzfrequenz des Ermittlungsduos erhöht, scheint sich die Spur des Täters immer weiter zu verlieren.

»Die Verbrecherjagd der Kommissare Mario Weinreich und Herbert Schönfelder hat Witz, Esprit und Charme. Mit dem ungleichen Ermittlerduo – hier der nassforsche Weiberheld Weinreich, dort der pfiffige Un-Ruheständler Schönfelder – in Hanau auf temporeiche Mördersuche zu gehen, macht mächtig Laune. Dabei spielt es keinerlei Rolle, ob man Gassen, Geschichte, Golfplatz und graue Eminenzen der Brüder-Grimm-Stadt nun kennt oder nicht. Kurzweilige Krimikost aus Hessen.«
Günther Schwärzer, Main-Post Würzburg

»Hanau ist wieder Schauplatz eines blutigen Verbrechens: Der Abteilungsleiter eines weltweit agierenden Unternehmens für Anlagenbau liegt tot in seiner Villa im noblen Stadtteil Wilhelmsbad, ermordet mit mehreren Messerstichen. Technologieklau? Eifersuchtsdrama? Oder doch ein schnöder Raubüberfall? Und welche Rolle spielt der mysteriöse Inder Mahindra Singh? Kommissar Mario Weinrich ermittelt und holt sich dafür Hilfe von seinem eigentlich bereits pensionierten Kollegen Herbert Schönfelder – was diesen prompt in eine Ehekrise stürzt. Aber auch Weinrich drücken private Probleme: Er traut sich nicht, seiner neuen Flamme seinen wahren Beruf zu offenbaren ...
Matthias Grünewald und Dieter Kögel haben ihren zweiten Hanaukrimi vorgelegt: kurzweilig, spannend, stringent erzählt, ein bisschen skurril, mit viel Lokalkolorit – und zwei liebenswerten Hauptfiguren, die weder cool noch eigenbrötlerisch sind, sondern allzu menschlich und deshalb so liebenswert.«
Pamela Dörhöfer, Frankfurter Rundschau

Matthias Grünewald   Dieter Kögel

EINE LEICHE ZUM ESPRESSO

Cocon Verlag

Lesen Sie auch:
Matthias Grünewald / Dieter Kögel
Tatort Hanau, Hanau 2007, ISBN 978-3-937774-41-1,
2. Auflage

CoCon Verlag
In den Türkischen Gärten 13
63450 Hanau
Tel.: (0 61 81) 1 77 00 Fax (0 61 81) 18 13 33
Email: kontakt@cocon-verlag.de
www.cocon-verlag.de
ISBN 978-3-937774-94-7
Hanau 2010

Titelgestaltung: Manfred Nachtigal

Die Handlung dieses Romans sowie alle darin vorkommenden
Personen wurden frei erfunden. Ähnlichkeiten mit lebenden
Personen sind rein zufällig.

EINE LEICHE ZUM ESPRESSO

Mario Weinrich stand am Fenster seiner kleinen Zwei-zimmerwohnung im Hanauer Stadtteil Großauheim und betrachtete die vorbeiziehenden Züge in Richtung Frankfurt.

Zwei Jahre waren vergangen, seit er hier seinen Polizeidienst angetreten hatte. Nicht gerade der Brennpunkt internationaler Verschwörungen, wie er sich eingestehen musste. Und auch sonst fiel die Stadt eher durch ihre Beschaulichkeit auf denn durch extravaganten Lebensstil ihrer Bewohner. Weinrichs Bewerbungen auf eine Stelle in den Metropolen Hamburg oder Berlin kamen nicht voran. In seinem Ordner stapelten sich die Absagen der Personalabteilungen. »Wir bedauern Ihnen mitteilen zu müssen«, begann jeder der Briefe und endete mit »... wünschen Ihnen weiterhin viel Glück.« Einstellungsstopp und Stellenabbau waren die Gründe, die einen Sprung in die Großstadt verhinderten. Während die Züge vor seinem Fenster im Eiltempo ihrem Ziel entgegen steuerten, befand er sich auf einem langen Marsch. Er hing fest, in einer unbedeutenden mittelgroßen Stadt im Dunstkreis Frankfurts. Und so setzte er sich erneut an seinen kleinen Schreibtisch und formulierte eine weitere Bewerbung. München wäre auch okay, sagte er sich. Die Stadt mit den Biergärten versprach Lebensqualität, auch wenn er sich mit der bayerischen Mentalität schwer tat. »Hiermit bewerbe ich mich auf eine Stelle in Ihrem Kommissariat«, tippte er in den Computer. »In der Anlage erhalten Sie einen Überblick über meine bisherigen Fahndungserfolge.«

Immerhin hatte er etwas vorzuweisen. Die Aufklärung eines Waffenschmuggelrings im Stadtteil Wolfgang, als sich ein durchgedrehter US-General am Waffenarsenal der Army bereicherte. Oder die Entdeckung eines Giftmischerskandals in der Klein-Auheimer Anglerszene. Weinrich hielt inne und betrachtete die Buchstaben auf dem Bildschirm. »Anglerszene« wiederholte er leise und schüttelte den Kopf. Sein Zeigefinger wanderte zur Delete-Taste. Buchstabe um Buchstabe des Wortes verschwand. »Zu provinziell«, befand Weinrich, einzig dazu geeignet, die Zeit in Hanau bis in alle Ewigkeit zu verlängern, anstatt einen großstädtischen Personalchef von seiner Einstellung zu überzeugen. Stattdessen legte er ein Empfehlungsschreiben seines Seniorkollegen Herbert Schönfelder bei.

Bei einigen klaren Schnäpsen hatte er ihn zu einem Loblied überredet. Schönfelder, inzwischen Pensionär, kümmerte sich zwar nur noch um seine Rosenzucht, doch gemeinsame Erfolge verbanden die beiden in gegenseitiger Wertschätzung. Schönfelder sah in Weinrich den jugendlichen Draufgänger, ungestüm und hungrig nach Erfolgen, und fühlte sich dabei an seine eigenen ersten Jahre bei der Kripo erinnert. Weinrichs Tatendrang war für Schönfelder ein Elixier, das ihn jünger werden ließ, auch wenn er des Öfteren bremsend eingreifen musste. Umgekehrt war Schönfelder Weinrichs Lebensversicherung, der ihm schon ein ums andere Mal die Polizeimarke gerettet hatte, wie er ihm einst in durchzechter Nacht auf dem Gelände des Obstbauvereins gestand, das Glas mit selbstgebranntem Birnenschnaps an den Lippen. Dazu war Herbert Schönfelder die Eintrittskarte in die Hanauer Gesellschaft. Der Senior, dessen Ahnenreihe sich weit in der Geschichte Hanaus zurückverfolgen ließ, kannte hier jeden Einwohner, zumindest dann, wenn dieser aus seinem Stadtteil – Steinheim – kam.

Weinrich lächelte, während er die Druckertaste betätigte. Schönfelders Geschichten hatte er schon seit Längerem nicht mehr gehört. Es war mal wieder Zeit, ihn in seinem Idyll zu besuchen, entschied er. Die Fahrt zum Briefkasten mit seiner Bewerbung für München ließ sich sicher mit einem Abstecher ins Rosenparadies verbinden.

Außerdem hatte er noch einige Tage Urlaub, die Polizeidirektor Huber persönlich bewilligt hatte. »Gönnen Sie sich ein paar schöne Tage«, hatte er gesagt, als er ihm den unterschriebenen Urlaubsschein zurückgab. »Fliegen Sie auf die Kanaren oder fahren Sie zu Ihrer Tante, nur bleiben Sie nicht in Hanau! Auch wir müssen uns von Ihnen erholen.«

Huber und Weinrich, das war eine Sternenkonstellation, die nicht zusammenging. Kamen sie sich zu nahe, drohte eine Supernova. Huber, kurz vor der Pensionierung, wachte mit misstrauischem Auge über Amt und Polizeiapparat. Jede Störung des gewohnten Ablaufs warf einen Schatten auf seine bevorstehende Pensionierung. Huber wollte auf keinen Fall als ein Mann verabschiedet werden, der seinem Nachfolger einen Saustall hinterlässt.

»Keine Sorge, Chef«, versuchte Weinrich seinen Dienstherrn zu beruhigen. »Sie werden nichts von mir hören.«

Weinrich genoss die Urlaubstage und dachte nicht daran, Huber über den Weg zu laufen. Gutgelaunt bestieg er seinen Mini, mit dem Freundschaftsbesuch bei Schönfelder als Fahrziel.

Schönfelders Straße im Stadtteil Steinheim zählte zu den besseren Wohngegenden. Zumindest aus Sicht der Bürgerlichen. Soziales Elend blieb außen vor. Vereinsleben wurde großgeschrieben. Von Sängerlust bis Wanderfreunde, Partnerschaftskomitees mit verschwisterten Gemeinden in Russland oder England, so ziemlich jeder Steinheimer war Mitglied in einem oder mehreren Vereinen.

Eine rote Ampel zwang Weinrich zum Stopp. Neben ihm reihte sich ein weiterer Mini an der Haltelinie ein. Weinrich erkannte einen langen blonden Haarschopf. Er Minifahrer – sie Minifahrerin. Weinrich drückte das Gaspedal durch, was als Aufmunterung zu einem Kavaliersstart zu verstehen war. Doch seine blonde Nachbarin hatte für sein Macho-Gehabe nur ein müdes Gähnen übrig. Weinrich versuchte es mit einer höheren Drehzahl. Die Ampel sprang auf Grün. Jetzt galt es. Und dann würgte er den Motor ab. Zuviel Sprit in der Leitung. Langsam zog die Auserwählte an ihm vorbei – mit einem Lächeln, in dem Weinrich die

Spur eines Triumphs erkennen konnte. Er brauchte einige Minuten und viel Sprit, um mit quietschendem Gummi zu ihr aufzuschließen und sie, ganz James Bond, zu überholen. Weinrich grinste genießend in den Rückspiegel, in dem plötzlich ein silberner Passat auftauchte, mit Blaulicht auf dem Dach. Die Frau seines Herzens zog endgültig vorbei. Ein Schulterzucken war alles, was von ihr übrig blieb, und Bruchstücke ihrer Autonummer, die sich Weinrich blitzschnell auf der Rückseite eines auf dem Beifahrersitz liegenden Tankzettels notierte.

»Die Papiere bitte«, meldete sich die harte Realität in Form der Zivilstreife. »Sie wissen, warum wir Sie angehalten haben?«, fragte der größere der beiden Beamten auf die pädagogische Tour.

»Weil ich zuhause die Herdplatte hab' brennen lassen?«, versuchte Weinrich einen Scherz.

Ein bohrender Blick war die Antwort.

»Der TÜV ist abgelaufen? Im Ernst Kollegen, mein Name ist Weinrich, Mario Weinrich, Polizeidirektion Hanau.«

Jetzt meldete sich der kleinere Kollege, der sich bislang als Deckung im Hintergrund gehalten hatte. »Waren Sie im Einsatz?«

»Sind wir nicht immer im Einsatz?«, konterte Weinrich, der um jeden Preis einem Strafzettel entgehen wollte.

Die Beamten nickten verständig. »Und worin bestand dieser Einsatz, Herr Kollege? Im Verfolgen von Damen, die einem internationalen Drogenkartell angehören und in ihrem Wagen Heroin schmuggeln?«

Weinrich kniff die Lippen aufeinander. Der spöttische Unterton war ihm nicht entgangen. Weinrich holte tief Luft. »Wieviel?«

»Ah, jetzt beginnen wir uns zu verstehen«, meldete sich Kollege eins. »150 Euro und zwei Punkte. Bitte hier unterschreiben.«

Weinrich quittierte die Richtigkeit des Sachverhalts. »Gute Fahrt, Herr Kollege, der Strafbescheid folgt wie üblich per Post«, verabschiedeten sich die Beamten höflich und mit einem Grinsen, das Weinrich zum Glück entging. Er hatte längst den ersten Gang eingelegt und sich wieder in den fließenden Verkehr eingereiht. »150 Euro«, schimpfte er. Die taten weh. Aber dann huschte ein Lächeln auf sein Gesicht. Er hatte die Autonummer.

Weinrich setzte seine Fahrt fort und lenkte wenig später den Wagen in eine Parklücke in Steinheims Schönbornstraße. Gepflegte Reihenhäuser links und rechts.

»Hier können Sie nicht stehen bleiben«, wurde er von einer Dame angesprochen, die sich so weit aus dem Fenster lehnte, als wolle sie sich aus dem Erdgeschoss gleich in den Vorgarten stürzen. »Mein Mann kommt gleich heim, und der parkt immer vorm Haus. Des wissen hier alle! Sie sind net von hier, oder? Deshalb sage ich des Ihnen im Guten. Fahrn Sie Ihr Auto weg, oder ich ruf den Ortspolizist, des ist der Schwager meiner Tante, und der verpasst Ihnen einen saftigen Strafzettel!«

Mario Weinrich musterte die aus dem Fenster hängende Dame eingehend. »Hören Sie, ich bin bald wieder weg«, versuchte er es diplomatisch.

»Ja bald, bald! Das sagen alle«, geiferte die Dame. »Und dann stehen die bis Ultimo! Und mein Werner muss heim laufen! Wo der es doch an der Hüfte hat!«

Mario Weinrich begutachtete die breite Einfahrt zur Garage auf dem Grundstück. »Und warum parkt er nicht in der Einfahrt hier oder in der Garage?«

Die Dame hängte sich noch weiter aus dem Fenster, und ein kräftiges Rot der Erregung hatte sich inzwischen auf ihrem ganzen Gesicht ausgebreitet: »Des geht Sie gar nix an. Aber wenn Sie das unbedingt wisse wolle: Des ist reserviert für unsern Sohn Rüdiger. Der ist Dokter in Amerika, und wenn der heimkommt, dann soll der sein Parkplatz hier habe. Hier, wo er hingehört. Verstehen Sie des?«

Mario Weinrich schüttelte den Kopf, winkte ab und ließ ein lautes »Nein! Verstehe ich nicht!« vernehmen, ehe er sich ungeachtet der Hass- und Drohtiraden aus dem Fenster auf den Weg zu Schönfelders Haustür machte.

Nach kurzem Klingeln schwang die Tür auf. Gerda Schönfelder mit Kochschürze um die Hüfte und Lockenwicklern im Haar öffnete.

»Mario!«, freute sie sich im ersten Moment aufrichtig. »Das ist ja eine Überraschung. Komm rein, Junge!« Gerda ließ sich sogar zu einer herzlichen Umarmung hinreißen, die Mario gerne erwiderte. »Herbert ist im Garten.«

Mario kannte den Weg zu Herbert Schönfelders kleinem Paradies. Ein Rosenmeer umfing ihn, als er ins Freie trat. Balkon wie Garten erinnerten an eine kleine Bundesgartenschau und waren der ganze Stolz des Frühpensionärs. Anstatt Ganoven nachzustellen, veredelte Schönfelder Rosenstöcke mit Trieben aus dem Orient und aus England. Weinrich schüttelte den Kopf. Das war eines der Dinge, die er nicht verstand und die wohl nur mit dem Alter begründet werden konnten.

»Bleibst du zum Essen?«, rief Gerda vom Balkon, umrahmt von gelben und weißen Blütenkostbarkeiten, die der Szenerie einen Hauch von Dornröschen gaben oder zumindest einer romantischen Komödie, die der Feder Shakespeares entstammen könnte.

Weinrich winkte nach oben. Gerdas Klöße waren beste Hausmannskost, die in ihm Erinnerungen an sein Elternhaus wach werden ließen, an ein Leben, das behütet und sicher erschienen war.

Weinrich inhalierte tief den Duft der Rosen, als Schönfelder mit einer kleinen Rosenschere hinter einem Strauch hervorkam und freudig auf Weinrich zuging.

»Das riecht besser als Leichen und Pisse.«

»Keine Frage«, bestätigte Weinrich und ließ sich in einen Gartenstuhl fallen.

Damit war die Eröffnung zu einem Gespräch über gute und schlechte alte Zeiten getan. Schönfelders Sehnsucht nach heiler Welt war offensichtlich, und zu einem Teil konnte Weinrich dies sogar nachfühlen.

»Fehlt es dir nicht, Spuren zu verfolgen, Verdächtige zu befragen, bis sie sich in Widersprüche verstrickt haben, um sie dann aus dem Verkehr zu ziehen?« Weinrich schnappte nach einer imaginären Fliege und klatschte anschließend beide Hände zusammen. Schönfelder hob zu einer Erklärung an, doch bevor er antworten konnte, rief Gerda zum Mittagstisch.

Weinrich lobte artig Klöße und Braten, als sie am Tisch saßen und Gerda die Teller füllte, ließ sich nach dem zweiten Kloß noch einen dritten auftischen, ehe er die Hände in Richtung Gerda hob. »Ich ergebe mich. Noch einen Bissen mehr und ...«

»Und was?«, forschte Schönfelder.

Weinrich deutete auf den Speckring des Seniors an Bauch und Hüften: »... und ich werde selbst zum Kloß.«

Schönfelder rümpfte die Nase, nahm dem Kollegen den Scherz aber nicht übel. Es war schon wahr. Das gute Essen, mangelnde Bewegung und das Alter hatten bei ihm Spuren hinterlassen.

Weinrich kam gern auf einen Kurzbesuch bei Schönfelders vorbei. Ein Kaffee auf der Terrasse, die wärmende Herbstsonne, all das tat ihm gut. Ein entspannter, fauler Urlaubstag war ganz nach seinem Geschmack. Doch die Begegnung mit der unbekannten Minifahrerin drängte in sein Bewusstsein.

»Ich muss noch mal weg«, verabschiedete er sich wenig später.

Sein Weg führte ihn zur Polizeidirektion, den Zettel mit der Autonummer seines Ampelschwarms in der Hand.

»Ich dachte, du hast Urlaub?«, grüßten ihn die diensthabenden Kollegen verwundert.

13

»Muss nur was nachschauen«, sagte er und schaltete den Computer an. Kurz darauf notierte er sich die Angaben zur Halterin des Minis.

»Machst du jetzt private Ermittlungen?«, meldete sich ein Kollege, der Weinrichs Aktion verfolgt hatte.

»Mich hat jemand angefahren«, gab Weinrich zurück.

»So eine Beule!« Weinrich malte einen kapitalen Blechschaden in die Luft.

»Fahrerflucht?« Der Kollege wurde neugierig und war bereit, den Fahndungsapparat auf der Stelle anzuwerfen.

»Nee, lass mal!«, beschwichtigte Weinrich den Übereifer des Kollegen. »Das regle ich so. Man muss ja nicht immer mit der Kavallerie ausrücken.«

»Hört, hört«, schallte ein Echo durch den Raum, begleitet von Gelächter. Weinrich und Deeskalation, das passte so wenig zusammen wie Schnitzel mit Marmeladendressing oder Feuer und Wasser. Rauchentwicklung und ein schlechter Beigeschmack waren garantiert.

Doch Weinrich nahm den Spott gelassen. Er hatte, was er wollte und verschwand durch die Bürotür.

Sein neues Ziel: Britta Dupont, Schneckenhofstraße, Frankfurt-Sachsenhausen. Weinrich nahm also am späten Nachmittag die Autobahn und näherte sich dem Frankfurter Stadtteil aus südlicher Richtung. Vorbei an der Galopprennbahn und dem Klinikum wurde ihm angesichts der schmucken Gründerzeitvillen entlang der Kennedyallee schnell klar, dass man sich hier eine Herberge nur mit entsprechend ausstaffiertem Portemonnaie leisten konnte. Die Bankentürme waren in Sichtweite und mussten für Weinrich als Erklärung für den offensichtlichen Wohlstand herhalten. Weinrich bog in die Schweizer Straße ein. Delikatessenläden warben mit edlen Auslagen um Kundschaft. Weinrich stellte den Wagen in einer freien Parklücke ab, die wie für den Mini geschaffen zu sein schien und beglückwünschte sich innerlich zur Wahl eines Kleinwagens. Kurz darauf stand er vor einem schmucken Altbau mit verschnörkelten Erkern und drückte auf die Klingel.

»Ich bin der Autorüpel«, stellte er sich reumütig vor. Vor ihm stand Britta Dupont in einer Art Jogginganzug, der gut zu einem Work-Out gepasst hätte.

»Ah ja«, kam die Erinnerung nach einer kleinen Ewigkeit. »Und wie war es mit der Streife?«

»Teuer«, sagte Weinrich und fühlte erneut den Schmerz, den eine leere Brieftasche hinterlässt. »Eigentlich wollte ich eine ganze Gärtnerei mitbringen, aber dafür hat es dann nicht mehr ganz gereicht.«

»Woher haben Sie eigentlich meine Adresse?«

»Die? Äh, von der Zulassung.«

»Dürfen die die Anschrift herausgeben?«

»Ich habe gesagt, Sie hätten meinen Wagen angekratzt«, log Weinrich.

»Wie bitte?«

»Ja, ich weiß, das ist nicht sehr anständig von mir. Auf dem Weg hierher habe ich ein nettes spanisches Lokal gesehen und mir erlaubt, einen Tisch zu reservieren. Als kleine Wiedergutmachung für meine Dreistigkeit.«

Britta atmete hörbar aus. »Und was sage ich meinem Freund? Der ist groß und stark und fährt ein dickes Motorrad.«

Jetzt atmete Weinrich schwer. »Sie wurden entführt«, schlug er vor. »Und kämen nie mehr wieder.«

Britta lächelte. Zum ersten Mal. Mit prüfendem Blick scannte sie Weinrichs Erscheinungsbild und sagte schließlich: »Sie haben Glück, ich habe ein wenig Hunger. Wenn Sie einen Augenblick warten würden.«

Weinrich trat in den großzügig bemessenen Flur, während Britta im Bad verschwand. »Bin gleich wieder da«, sagte sie mit einem Lächeln und zog die Tür hinter sich zu. Wie ein ausgesperrter Hund wartete Weinrich, fühlte sich jedoch wie an der Pforte zum Himmelreich.

Er schaute sich ein wenig um. Auf den Bügeln an der

Garderobe hingen teure Designerstücke, ordentlich in Reihe gehängt, wie in einer Hängeregistratur. Gegenüber stand eine geschmackvolle Kommode der gehobenen Preisklasse, wie sie wohl in jedem Möbelhaus zwischen Hamburg und München zu finden war. Auf der Kommode lag die heutige Post. Handelsblatt und Wirtschaftswoche und daneben ein paar Briefe. Schon hatte Weinrich die Hand ausgestreckt, um in der Korrespondenz zu blättern. Namhafte Firmenadressen verschiedenster Branchen fielen ihm als Absender auf, alle an das Consultingbüro Dupont gerichtet.

»Ich wäre dann soweit.« Weinrich drehte sich um. Anstelle des »Hausanzugs« trug sie nun ausgewaschene Edeljeans und ein einfaches T-Shirt mit rotem Stern, dessen Symbolkraft so gar nicht zur Unternehmenskorrespondenz auf ihrer Kommode passen wollte.

Bei Gambas und Rioja verflüchtigte sich der angebliche Freund. Weinrich nahm es mit Freuden, ohne sich diese allzu sehr anmerken zu lassen. Es wurde ein rauschhafter Abend, an dessen Ende er Salsa auf dem Treppenabsatz vor Brittas Wohnung tanzte.

Längst war es Nacht geworden und Weinrich auf dem Heimweg, als das Handy klingelte.

»Dienststelle«, meldete das Display. »Wir haben einen Tatort«, eröffnete der diensthabende Einsatzleiter das Gespräch.

»Ich habe Urlaub.«

»Wissen wir«, fuhr sein Brötchengeber unbeirrt fort. »Die Kollegen, die den Fall übernehmen sollten, sind krank, und da dachten wir ...«

»Ich bin in der Karibik.«

»Sind Sie nicht, Sie waren heute in der Dienststelle.« Der Mann wurde langsam sauer und der Ton hörbar lauter.

»Na gut«, ließ sich Weinrich schließlich erweichen. »Urlaub abgebrochen. Dafür habe ich etwas gut.«

»Gern«, sagte der Amtsleiter zu Weinrichs Überraschung. »Wir vergessen dafür die Beschwerde der Zivilstreife anlässlich einer Geschwindigkeitsüberschreitung im innerstädtischen Bereich in Verbindung mit verkehrsgefährdendem Verhalten. Sie sollen sich wie Schwarzenegger benommen haben.«

Weinrich seufzte, was der Dienstleiter als Einverständnis wertete. »Wir wissen, dass wir auf Sie zählen können«, sülzte er.

»Hören Sie auf, sonst schwimmt mein Telefon davon.« Jetzt war es an Weinrich, die Tonlage zu verschärfen. Er ließ sich den Tatort durchgeben und beschleunigte den Wagen. Bis Wilhelmsbad waren es noch zehn Minuten.

Mario Weinrich parkte seinen Mini vor der Absperrung der Kollegen vom Streifendienst in einer ruhigen Wohnstraße, kurz vor dem ehemaligen Kurpark am Rande der Stadt. Das Blaulicht flackerte unruhig durch die Dunkelheit und tauchte die angrenzenden Wiesen in einen unwirklichen bläulichen Schein. Weinrich zögerte. Ein Schritt weiter und er stand mitten im Trubel der Ermittlungen.

Wieder ein Toter, der in einem heimischen Ehedrama sein Leben verloren hatte oder von einem Einbrecher überrascht und erschlagen worden war. Keine »Mission Impossible«, kein »Hauch des Todes« à la James Bond. Auf Weinrich wartete der banale Polizeialltag. In Gedanken versunken, blieb er hinter der Absperrfolie. Irgendwie gingen ihm die Dramen des täglichen Lebens auf die Nerven. Gewalt, Diebstahl, Lügen, als bestünde der Alltag nur aus menschlichen Abgründen. »Wir alle wollen, dass die Welt eine friedlichere wird, deshalb sind wir Polizisten geworden«, tönte der Ausbildungsleiter bei der Abschiedsfeier. Weinrich hörte die Worte noch heute, doch mittlerweile erschienen sie ihm wie leere Hülsen, vom Alltag abgenutzt. Verzweiflung, Trauer und Lügen waren das, was ihn tagtäglich umgab. Und hinter dieser Banderole wartete ein weiteres Unglück.

17

»Kollege Weinrich? Sollen wir Sie die Treppe hochtragen?«

Am Treppenabsatz stand der Streifenbeamte Bernd Stieglitz. Gemeinsam hatten sie Weinrichs erste Berufsjahre in der Großauheimer Dienststelle verbracht. Ein kräftiger Mann um die fünfzig, nicht der hellste. Aber seit sie einige Flaschen selbstgebrannten Obstler niedergemacht hatten, respektierten sie einander. Stieglitz, der »Eingeborene«, und Weinrich, der »zugereiste Fremdling«. Anfangs hatten ihn alle nur den »Frankforter« genannt, um deutlich zu machen, er gehöre nicht dazu, zu diesem Kreis, in dem jeder jeden kennt. Doch mit der Zeit verschwammen die Grenzen, die die Vorurteile gezogen hatten.

»Ich bin fit wie ein Tiger, im besten Alter«, rief Weinrich ihm zu. »In zwei Jahren, wenn ich dreißig bin, könnt´ ihr den Rollstuhl bestellen, aber keinen Tag vorher.« Mit wenigen schnellen Schritten stand er neben Stieglitz.

»Da drin sieht es aus wie in einer Metzgerei. Eine Riesensauerei. So was hab ich noch nicht gesehen.« Stieglitz verdrehte die Augen, als müsse er sich übergeben.

»Mach hier keine Schweinerei auf den teuren Granit!« Weinrich schüttelte missbilligend den Kopf, nahm den Kollegen am Arm und zog ihn in Richtung der offenstehenden Verandatür.

Stieglitz hatte nicht übertrieben. Die Glastür war mit Blutspritzern übersät, auf dem Fußboden des Wohnzimmers breitete sich eine große Lache in Rot aus, an den ehemals weißen Wänden rannen Blutstreifen herab. Der Tote lag bäuchlings auf dem Boden und schien auf den ersten Blick unversehrt, wäre da nicht die Blutlache gewesen.

Weinrich schaute sich flüchtig um. Edle Ledercouch, Chinavasen, die ausnahmsweise echt aussahen, Teppiche an der Wand, auf denen einst die Könige Persiens gewandelt sein mussten. Die Einrichtung schien ein Vermögen gekostet zu haben. Dazwischen saß eine heulende Witwe, die den Beamten Rede und Antwort stand.

»Ich weiß nichts, ich weiß nichts«, wiederholte sie hilflos und zog ein Taschentuch nach dem anderen aus einer auf dem Couchtisch stehenden Kleenexbox. »Ich kam gerade nach Hause und da lag er«, erzählte sie den Beamten zum wiederholten Mal.

»Komm wir gehen«, wandte sich Weinrich an Stieglitz.

»Jetzt schon?«

»Ich hab genug gesehen fürs Erste. Zuviel rote Farbe. Mehr erfahren wir von ihr jetzt sowieso nicht. Und außerdem schlagen mir heulende Frauen auf den Magen.«

Weinrich machte stattdessen eine Runde um das Haus. Einbruchsspuren waren keine festzustellen, wie ein Beamter der KTU bestätigte, wenn auch nur vorläufig.

Von der Terrasse hatte man eine schemenhafte Sicht auf die umliegenden Villen. Das Blattwerk der Ziersträucher und Bäume hielt die Blicke neugieriger Passanten fern. Was draußen war, sollte auch draußen bleiben. Dafür sprachen auch die hohen Mauern und Zäune. Und doch war in diese abgeschottete Welt, in der man gern unter seinesgleichen blieb, jemand hineingelangt. Es gibt nun mal keine hundertprozentige Sicherheit, werden Politiker und Sicherheitsexperten nicht müde zu betonen. Hier war einmal mehr der Beweis für die Richtigkeit der Feststellung erbracht, dass auch die höchsten Mauern nur begrenzten Schutz spenden können. Weinrich wandte sich an den Kollegen, der akribisch die Fensterfront auf der Suche nach Fingerabdrücken abpinselte. »Schicken Sie mir den Bericht ins Büro!«

Der Beamte nickte, ohne den Blick zu heben. Mit Stieglitz im Schlepp stieg Mario Weinrich in seinen Wagen. Auf der Fahrt dröhnten die Stimmen von »Deine Erben« aus den Boxen.

»Uns geht's gut, wir haben keine Sorgen«, sangen die örtlichen Schlagerstars aus Hanau-Mittelbuchen. Stieglitz schaute hilfesuchend an die Wagendecke.

»Tut mir leid, aber ich muss mich betäuben.«

»Warum nicht auf die altbekannte Weise? Wie wär's mit einem Bier?«, schlug Stieglitz vor, als sie in die Philippsruher Allee, Hanaus Prachtstraße am Main, einbogen.

Weinrich stand der Sinn nach Handfestem. Kein schöner Schein, sondern ehrlich sollte es sein. Das Ende der Allee mündete in ein kleines Rotlichtviertel am Rand der Hanauer Innenstadt, mit Go-go-Bars und Love-Inns. Weinrich bremste hart an einem Videoladen.

Stieglitz tippte sich an die Schläfe. »Ich bin jetzt nicht im Einsatz«, maulte er in Erwartung einer Auseinandersetzung mit den örtlichen Pornoschuppenbesitzern.

Doch Weinrich deutete stumm auf eine Kneipe schräg gegenüber. Widerwillig folgte Stieglitz seinem Vorgesetzten. Das Lokal empfing sie mit dem Duft scharfer Reinigungsmittel. Die Gaststube war bis auf einzelne Stammgäste leer.

Schon als sie am Tresen Platz nahmen, begann sich ihre Stimmung aufzuhellen. Mit Blick auf die Bedienung verstand Stieglitz, warum Weinrich dieses Lokal ausgewählt hatte. Die Serviererin war blond, was bei Weinrich ganz automatisch einen Gute-Laune-Reflex auszulösen schien.

»Zwei Bier und deine Telefonnummer.«

Stieglitz zeigte Weinrich den Scheibenwischer. Zeitgleich trat ein hemdsärmeliger Typ mit Tätowierungen auf den breiten Oberarmen aus der Tür hinter dem Tresen.

»Wer baggert hier meine Maus an?«, bellte er.

Weinrich wollte gerade seinen Dienstausweis zücken und das volle Programm von Beleidigung in Ausübung des Dienstes bis zur Bestellung des Gesundheitsamtes zwecks Überprüfung der Küche auf Salmonellen durchziehen, als ihn Stieglitz am Arm hielt.

»Mein Kollege hat einen schlechten Tag gehabt. Seine Freundin hat sich von ihm getrennt, und die Wohnung wurde ihm gekündigt.«

»Ach ja«, bellte der Bodyguard der Bedienung weiter. »Und die Katze ist gestorben und der Job gekündigt? Finger weg von Caro, verstanden?« Dabei lehnte er sich drohend über den Tresen. Stieglitz nickte.

»Das ist doch ein Zuhälter«, zischte Weinrich zu Stieglitz, als das Tattoomonster zurück in seinem Käfig verschwunden war.

Lächelnd stellte die Bedienung zwei Bier vor ihnen ab. »Alles klar, Jungs?«, sagte sie. »Das kühlt ab.«

Weinrich kippte das erste Bier in einem Zug hinunter und bestellte ein neues, auch für Stieglitz.

»Wer macht so was?«, kam Stieglitz zum Fall zurück.

»Das Rauszufinden ist unser Job. Eifersüchtige Ehefrau, betrogener Ehemann, Psychopath oder einfach nur ein geldgeiler Wahnsinniger, das Übliche halt.«

»Mann, da war echt Schotter im Haus.« Stieglitz war anscheinend noch immer beeindruckt von Hanaus Superreichen, deren Pools mit Geldscheinen gefüllt schienen.

Weinrich nickte. Hinter den Fassaden der Wilhelmsbader Villen und dem kleinen benachbarten Stadtteil Hohe Tanne lagerten Millionen. Banker, Rechtsanwälte, Unternehmer und Lottogewinner residierten hier unweit von Golfclub und ehemaligem Kurpark hinter ihren goldenen Käfigtoren, die die triste Wirklichkeit einer kriegsbeschädigten Innenstadt mit verarmten Migrantenghettos nie aus der Nähe kennen gelernt hatten.

»Ich wette, die Frau weiß mehr, als sie gesagt hat. Die hat doch ein Riesendrama abgezogen. Weiß doch alle Welt, dass bei denen jeder eine Geliebte oder so was hat.« Stieglitz ließ seinen Gedanken freien Lauf.

»Du guckst zu viel Fernsehen«, kommentierte Weinrich. Stieglitz glotzte, als hätte Weinrich ihn beim öffentlichen Onanieren auf dem Hanauer Marktplatz erwischt.

»Ich vermisse Schönfelder«, brummte Weinrich. »Der ist jetzt ...«, weiter kam Stieglitz nicht. »... Rosenzüchter«, fiel im Weinrich ins Wort. »Ich weiß.«

Als Weinrich als »Frischling« nach Hanau kam, war es Schönfelder gewesen, der ihm half, die Spannungen zwischen dem überengagierten Weinrich und den »trägen« Amtsinhabern vor Ort auszuräumen. Weinrich vermisste die nachdenkliche Art des Seniors. Denn hier, das wurde ihm schnell klar, stand er auf dem Schlauch. Das war ein Milieu, in dem er nicht zu Hause war. Wenn man da seine Nase rein steckte, wimmelte es Sekunden später von Rechtsanwälten, Unterlassungsklagen und Dienstaufsichtsbeschwerden. Nicht umsonst war das Haus von der Straße aus nicht einsehbar. Man wollte seine Ruhe haben.

Fünf Biere später zog Weinrich einen protestierenden Stieglitz ins Freie. »Hast du die vielen schönen Miezen gesehen?«

»Wenn du die Bedienungen meinst, vergiss es.« Doch im Grunde hatte Stieglitz den Blick fürs Wesentliche, und das machte ihn in Weinrichs Augen sympathisch.

Auf der Rückfahrt schaltete Weinrich das Blaulicht ein, das ihm als Sonderausstattung von höchster Amtsstelle genehmigt worden war, sparte man doch so die Kosten für einen Dienstwagen ein. Eine Alkoholkontrolle von Kollegen, das hätte gerade noch gefehlt. Erst kurz vor der Einfahrt in den Hof der Direktion schaltete er das Blaulicht ab, parkte den Wagen und machte sich auf den Weg in sein Büro im vierten Stock des schmucklosen Verwaltungsturms. Nur die Nachtschicht hatte Dienst, und so war das Gebäude bis auf wenige Büros leer. Im siebten Stock, und damit ganz oben, residierte der Polizeidirektor. So gesehen war er mittendrin in der nach Stockwerken bemessenen Hierarchie, in deren Keller die Arrestzellen lagen. Weder ganz oben noch ganz unten. »Mitteldeck« nannten die hier tätigen Beamten ihre Büroflucht ironisch. Den Name hatte sich ein Beamter mit Vorliebe für Kreuzfahrten ausgedacht. Oben auf der Brücke der Käpt'n, unten im Bauch des Schiffs die chinesischen Wäscher. So gesehen hatte Weinrich noch Glück.

Einen Tag später, Weinrich war gerade damit beschäftigt, eine SMS an seine neue Flamme Britta zu tippen, klatschte eine Mappe vor ihm auf den Schreibtisch.

»Hier Ihr Bericht.«

Weinrich brummte. Nur mit bestem Willen konnte man daraus ein verstümmeltes »Danke« hören. Der Kollege der KTU hatte anscheinend eine ausführlichere Danksagung erwartet, doch war Weinrich zu beschäftigt damit, seine Liebesbotschaft zu übermitteln, als den Kollegen ausreichend für die schnelle Arbeit würdigen zu können.

Nur wenige Stunden nachdem sie den Tatort inspiziert hatten, lagen die Ergebnisse der Abteilungen in einem sauber gebündelten Ordner vor. »Na, dann wollen wir mal«, sagte er schließlich, nachdem er auf »Senden« gedrückt hatte. Weinrich schlug den Aktendeckel auf und lehnte sich bequem nach hinten.

Das Opfer, Karl Schneider, war 53 Jahre alt und hatte als Abteilungsleiter für Anlagenbau bei Irakus gearbeitet. Die Nachbarn hatten weder etwas gesehen noch gehört. Todesursache: ein halbes Dutzend planlos ausgeführter Stiche. Planlos, wiederholte Weinrich, als ob man als Mörder eine anatomische Zeichnung zur Hand hätte, aber das sollte wohl heißen, dass der Mörder kein Profi war.

Als Hobby des Opfers hatte seine Frau Golfen angegeben, ansonsten wusste sie von nichts.

»Na bitte«, sinnierte er, »Volltreffer ins Schwarze der Klischees.«

»Jungs, was machen die eigentlich bei Irakus?«, rief Weinrich ins Büro.

»Die stellen Vacuumschmelzen her.«

»Bitte was?«

»Vacuumschmelzen«, wiederholte Kollege Neunmalklug vom gegenüberliegenden Bürotisch, ohne erklären zu können, um was es sich dabei eigentlich handelte.

Ein Blick ins Internet auf die firmeneigene Homepage verriet nicht viel mehr, als dass es um Zuliefertätigkeiten für die Automobil- und Medizinbranche ging. Aber Weinrich war schwer beeindruckt. Als erstes erschien der Pandabär von WWF, was irgendwie seltsam war. »Warum werben die damit?«, grübelte er. Dann kam eine ellenlange Aufzählung der Geschäftsfelder. Von Automobilindustrie über Luft- und Raumfahrttechnik bis Zahngesundheit gab es bei Irakus alles. Produktionsstätten in China, Korea, Rajasthan und der Mongolei, weltweit 115 Standorte in 76 Ländern.

Das Opfer war wohl auch Mitglied im Aufsichtsrat, zumindest wurde er hier genannt. Dann noch ein Hinweis auf mehrere Stiftungen des Unternehmens. Von wissenschaftlicher Nachwuchsförderung bis zu Lehrerseminaren tat man hier Gutes.

»Wow«, entfuhr Weinrich ein Ausruf der Bewunderung. »Hoffentlich haben die keinen Dreck am Stecken, sonst gibt's einen Kampf zwischen David und Goliath.«

»Ich mache heute früher Schluss!«, rief Weinrich seinem Kollegen Stieglitz im Nachbarzimmer zu und griff sich die Unterlagen des neuen heißen Falls samt der Fotos vom Tatort. »Wenn etwas ist, ich bin auf dem Handy zu erreichen.«

Bernd Stieglitz, über die Tastatur gebeugt und ungelenk den Bericht über einen auf frischer Tat beim Diebstahl einiger Nintendo-Spiele ertappten, noch nicht straffähigen Jugendlichen eintippend, rollte mit den Augen: »Dann musst du das Handy aber anlassen.«

Weinrich überhörte den Unterton der Beschwerde in der Stimme des Kollegen. Denn als er sich vor einigen Tagen auf diese Weise aus der Dienststelle verabschiedet hatte, war eine seiner ersten Handlungen gewesen, das Mobiltelefon auszuschalten. Vorsätzlich. Denn bei der Pirsch nach hübschen Röcken zusammen mit zwei Kumpels hatte er sich nicht von mehr oder weniger bedeutsamen Fällen stören lassen wollen. Ein Essen beim Thai, Aperitif inbegriffen, dann Kino und zum Abschluss Abtanzen im Kulturpalast in der Lamboystraße. Wer konnte denn ahnen, dass gerade dann ein Unfall aufgenommen wurde, bei dem Drogenfunde im Unfallwagen Weinrichs Anwesenheit notwendig gemacht hätten?

Allzeit bereit war der Kommissar an diesem Abend nur für die holde Weiblichkeit in den Hanauer Clubs gewesen. Aber außer harmlosen Flirts brachte die Nacht nichts. Dafür aber ein Nachspiel in der Direktion. Anhörung und Vermerk in der Personalakte bezüglich nachlässiger Dienstauffassung. Das war gerade noch einmal gut gegangen. Die Abmahnung gab es nur deshalb nicht, weil Weinrich wie viele seiner Kollegen jede Menge Überstunden vor sich herschob, ohne Gelegenheit, sie je abzufeiern. Und der Grund für sein heutiges früheres Verschwinden aus dem Büro hatte wirklich nichts mit seiner neuen blonden Flamme Britta zu tun. Vielleicht mit einem »kühlen Blonden«, das er auf der Terrasse seines ehemaligen Kollegen Schönfelder in Steinheim erwarten konnte. Denn das war sein Ziel: Kommissar im Ruhestand Herbert Schönfelder.

Mario lenkte seinen Mini in Richtung Steinheim. Doch schon nach wenigen Kilometern kam er ins Grübeln, wie er sein amtliches Erscheinen im Hause Schönfelder wohl einleiten sollte. Eines war ihm klar: Gerda Schönfelder war nicht zu täuschen. Wenn Mario Weinrich mit Akten aus der Dienststelle an der Tür auftauchte, dann bedeutete das, dass wieder Unruhe ins Ruhestandsidyll der Schönfelders einzog.

»Hallo Gerda! Du, ich brauch dringend Herberts Rat in einem brutalen Mordfall«, murmelte Mario vor sich hin, während er am Steinheimer Bahnhof mit quietschenden Reifen die Linkskurve bei bereits gelber Ampel in die Ludwigstraße nahm.

Weinrich entschloss sich für eine diplomatischere Lösung. Leiden! Das kommt immer gut bei älteren Damen.

»Hallo Mario!«, würde Gerda ihn sicherlich begrüßen.
»Wie geht es denn so?«

Ehrlich sein, knallhart und offen antworten. Mit zerknirschter Miene und hängenden Schultern den Leidenden herauskehren, der seit Tagen nicht mehr geschlafen hat. »Ach Gerda, schlecht. Sehr schlecht. Ich bin ganz schön verzweifelt.«

Eindringlicher Appell an Gerda Schönfelders Mutterinstinkt. Warum nicht? Könnte allerdings auch nach hinten losgehen.

»Ach komm, Bub, setz dich erst mal, trink was. Der Herbert hat gerade von unseren Freunden aus Mallorca was ganz Feines geschickt bekommen. Hier. Das tut dir gut.«

Und nach dem Rachenputzer dann noch das volle Menüprogramm, bevor die »Stamper« zum vorläufigen Abschluss des Mahls erneut bis zum Rand gefüllt werden. Meist mit Inhalt so knapp über fünfzig Prozent, aus Zwetschgen, Kirschen oder Birnen, nachts schwarz gebrannt in irgendwelchen Kleingartenhütten im Bereich der Steinheimer Gemarkung – oder ganz unverhohlen im Freien auf der Baleareninsel. Familienleben prall und pur.

Und wenn Gerda dann noch sagt: »Ach Herbert. Hol doch mal die Dias von damals raus«, dann ist der Abend gelaufen, bis man Herbert und Gerda Schönfelders Haus bis Unterlippe Oberkante abgefüllt und schwankend verlässt.

»Heute nicht«, sagte sich Mario Weinrich, während er seinen Mini neben dem Haus der Schönfelders in Parkposition brachte. Diesmal öffnete sich kein Fenster mit einer erzürnten Nachbarin, die Parkbuchten für ihren Familienclan reserviert. Scheinbar war hier Niemandsland, und bevor er den Klingelknopf drückte, dachte Weinrich für einen kurzen Augenblick daran, ein Schild mit »Marios Parkplatz« anzubringen. Den Aktenordner sicher unter der Lederjacke verborgen, betrat er den Hausflur. Gerda hatte ihm die Tür geöffnet. Ihr erstaunter Blick angesichts seines erneuten Besuchs brachte ihn in Erklärungsnot.

Noch ehe Mario Weinrich auch nur ansatzweise einen plausiblen Grund nennen konnte, hatte Gerdas Adlerauge die Sachlage erfasst. Mit Blick auf Weinrichs ausgepolsterter Jacke sagte sie trocken: »Kannst die Akten ruhig rausholen.«

Weinrich zögerte, doch ein Teil der Papiere kam bedrohlich ins Rutschen. Fotos vom Tatort fielen auf den Boden, gefolgt von Berichten mit dem Briefkopf der Kripo.

Gerdas Augen verengten sich und fixierten Weinrich vorwurfsvoll. »Ich hätte es mir denken können. Wenn Mario Weinrich mit Dackelblick auftaucht, dann gibt es Ärger.«

Der Kommissar klaubte die Papiere und Fotos so schnell es ging wieder vom Boden auf und verstaute sie in der Mappe.

»Gerda, es tut mir leid. Aber ich ...«

Gerda schloss die Haustür und schickte sich an, wieder in der Küche zu verschwinden. »Ist schon gut. Herbert ist im Wohnzimmer. Du kennst ja den Weg.«

Vor der Küchentür drehte sie sich noch einmal um. »Und Mario! Setz dem alten Mann keine Flausen in seinen Dickschädel. Kein aktiver Einsatz mehr! Verstanden?«

Mario stand verloren im Flur, die Mappe mit den Unterlagen in der Hand und nickte nur unsicher in Richtung Gerda, die mit einem Seufzer in der Küche verschwand.

Mario Weinrich brauchte ein paar Sekunden, bis er die Haltung des begossenen Pudels abgestreift hatte. Schönfelder saß auf dem heimischen Sofa. Vor sich ein Stapel Zeitschriften mit klangvollen Namen wie »Der Rosenfreund« und »Rosen aus aller Welt«.

»Hallo Herbert«, rief Weinrich schließlich in einem Moment, von dem er glaubte, die kontemplative Versenkung Schönfelders unterbrechen zu können.

»Hallo Mario. Lange nicht mehr gesehen.« Schönfelder hob den Kopf und fixierte den Kollegen, der langsam näher kam und sich in einem freien Sessel niederließ. Schönfelder legte die Zeitschriften zur Seite und begrüßte seinen »jungen wilden« Ex-Kollegen.

»Schön dich zu sehen. Wie geht es drüben?«

Mit »drüben« meinte Schönfelder keineswegs die neuen Bundesländer, sondern die Dienststelle. Eine Redensart, die das lange und unbequeme Wort »Polizeidirektion« durch ein praktikableres ersetzte.

»Ach, als so weiter, du kennst das ja«, entgegnete Mario, und Schönfelder nickte wie zur Bestätigung, dass das Leben in den Amtsstuben bis in alle Ewigkeit einen immer gleichen Gang nimmt.

»Schade, dass du dir nichts aus Rosen machst, die sind jedes Jahr neu und frisch«, sagte er. Schönfelder griff erneut zu einem Rosenheft. »Die heißt Memorie. Reinweiße Blüte mit cremefarbigem Anflug und einem bezauberndem Duft. Die dort Liebeszauber. Blüht in leuchtendem Rot. Blutrot! Wie die Blutspritzer an Karl Schneiders Tapeten.«

Mario Weinrich klappte der Unterkiefer nach unten. »Woher weißt du ...?«

Schönfelder grinste. »Glaub' mir, ich wusste, dass du kommst. Ich habe es in der Zeitung gelesen und habe mir gedacht, da braucht der Kollege sicher meinen Rat.«

»Ein Bier?« Schönfelder genoss den Moment von Weinrichs Sprachlosigkeit und verschwand in Richtung Küche, um zwei Flaschen Gerstensaft aus dem Kühlschrank zu holen.

»Also doch wieder wie immer«, sinnierte Weinrich, der sich aber im Moment in der Geborgenheit der »Spießer« wohl fühlte. Es war ein Nest, in dem er willkommen war.

»So, dann zeig mal die Akten«, sagte Herbert Schönfelder, als er mit den zwei Bier zurückkam und eins vor Mario platzierte.

»Keine schöne Sache«, meinte Mario, als er die Unterlagen ausbreitete.

»In der Nachbarschaft keine Zeugen, die Witwe weiß nichts«, erzählte Weinrich kurz und knapp, während Schönfelder sich über die Akten hermachte.

»Die Witwe weiß nichts? Dafür sind drei Seiten Vernehmungsprotokoll aber ganz schön viel des Nichtwissens.«

Schönfelder hielt seinem Kollegen die Din-A4-Seiten entgegen. »Die hast du wahrscheinlich nicht in Ruhe gelesen. Sei ehrlich.«

Mario Weinrich wand sich. »Ja, nein, also ich ... Das war alles so furchtbar ...«

Schönfelder war inzwischen bei den Fotos. »Sieht ja wirklich übel aus. Aber keineswegs nach einem im Voraus geplanten Mord. Vielleicht ein Bekannter, eine Meinungsverschiedenheit, ein Streit, dann der Kampf, die Stiche mit dem schnell vom Schreibtisch gegriffenen Brieföffner, und Flucht ...«

Schönfelder vertiefte sich weiter in die Fotos.

»Brieföffner?«, fragte Weinrich in die Konzentration des Kollegen hinein.

»Ja, Brieföffner oder etwas mit schmaler Klinge. Kennst du ein Messer mit einer so schmalen Klinge?«

Schönfelder schob Weinrich ein Foto mit Details der Einstiche zu. »Hier schau. Das ist doch ziemlich eindeutig, oder?«

Mario Weinrich betrachtete das Bild genau. In der Tat. Die Wunden waren viel zu schmal. Selbst ein handelsübliches Taschenmesser hätte breitere Einstiche hinterlassen.

»Du schließt also Vorsatz aus?« Weinrich schaute seinen Kollegen fragend an.

»Hey, da ging es um etwas anderes. Da war Mord wohl nicht eingeplant. Das muss ein Bekannter gewesen sein. Gibt ja laut Bericht auch keinerlei Einbruchsspuren. Da kommt einer, will was klären, es kommt zum Streit. Es wird handgreiflich, ein Wort gibt das andere, die Situa-

tion eskaliert und Kurzschluss. So sieht es für mich aus.«
Schönfelder legte die Fotos auf den Tisch zurück. »Mario,
du warst schlampig.«

Weinrich blickte auf den Teppichboden. »Ja, mag ja sein.
Mir geht es gerade nicht so gut.«

Schönfelder konnte ein leichtes Grinsen nicht verber-
gen. »Liebeskummer?«, rutschte es ihm heraus.

»Ach hör auf! Das ist ein anderes Thema! Mich inter-
essiert jetzt, wer das gewesen sein könnte. Hast du eine
Ahnung?«

Schönfelder nahm einen großen Schluck aus seiner Flasche Pils. »Wenn du so fragst, muss ich sagen nein. Aber
Schneider war fachlich ein großes Tier, soweit ich weiß.
Etliche Neuentwicklungen im Anlagenbau, viele Patente
angemeldet, eine echte Kapazität. Hat es auch mal bei den
Liberalen in der Hanauer Politik versucht. Aber als Zuge-
reister, der die Hanauer Mentalität nicht kennt, ist er bald
wieder ausgestiegen. War auch kein Teamplayer, was in
der Politik zumindest in den eigenen Reihen ratsam ist,
um Karriere zu machen. Und als Mitglied einer Gute-
Menschen-Vereinigung, einem weltweit tätigen Wohl-
tätigkeitsclub, hat er ebenso Gutes getan wie wichtige
wirtschaftliche Kontakte geknüpft«, beendete Schönfelder
seine Aufzählung.

Mario nahm einen tiefen Schluck Bier. »Und, führt uns
das weiter?«

Schönfelder schmunzelte. »Dich vielleicht. Mich nicht.
Weil ich damit nichts zu tun habe. Das ist dein Job, Mario.«

Der junge Kommissar verdrehte die Augen. Sein Blick
blieb an einer Reproduktion der Betenden Hände von Al-
brecht Dürer an der Wohnzimmerwand der Schönfelders
hängen. Er hatte es oft im Vorbeigehen mit dem Blick gestreift, aber jetzt hatte es plötzlich eine tiefere Bedeutung
für ihn. Nichts wünschte er sich sehnlicher, als dass ihm
die Lösung des Falls von oben gegeben würde. Einziges

Problem dabei: Beten gehörte nicht zu Mario Weinrichs spirituellen Leibesübungen, auch wenn er von seiner vorletzten Eroberung oft als von seiner »Angebeteten« gesprochen hatte.

Das Klingeln seines Handy weckte ihn aus der Andacht. »Britta ruft an«, meldete das Display.

Weinrich musste lächeln. Dankend hob er seine rechte Hand in Richtung Himmel. »Ich muss los«, sagte er zu Schönfelder. »Einsatz!«

Schönfelder nickte. Er kannte diesen Blick und wusste, wie dieser Einsatz zu verstehen war. Weinrich zuckte mit den Schultern, was so viel bedeuten sollte wie: Ich bin nur ein wehrloses Opfer in den Fängen meiner Hormone.

»Ich melde mich«, rief er noch, während er die Tür zu seinem Wagen zuschlug und selig lächelnd das Telefon besprach. Britta lud zu einem Treffen vor ihrem Hanauer Lieblingsweinladen, wo sie beruflich zu tun gehabt hatte. Eine Aussicht, die Weinrich in Hochstimmung versetzte, denn Britta war ein Kracher. Für sie hätte jeder alles fallen lassen, das würde auch Schönfelder verstehen. Den täglichen Dauerstau aufgrund von Sanierungsarbeiten auf der Steinheimer Brücke versuchte Weinrich mit einer Ausweichroute zu umgehen. Zum Glück war die Auswahl an Straßen im Rhein-Main-Gebiet endlos. Irgendwas geht immer, dachte er sich und fuhr auf die südlich gelegene Autobahn, um so wieder auf die ursprüngliche Route nach Kesselstadt zu stoßen. Ein irrwitziger Umweg, dachte er, den er sich bei steigenden Benzinpreisen bald nicht mehr würde leisten können.

Versunken in Gedanken über den Wucher der Ölkonzerne, meldete sich das Telefon erneut. Während er einhändig die Ehrensäule umkreiste, einen Obelisken, der weithin sichtbar die Handelswege vom ehemals prosperierenden Hanau hinaus in alle Himmelsrichtungen anzeigte, nahm er mit der freien Hand das Gespräch seines Vorgesetzten entgegen.

»Was machen Ihre Ermittlungen?«

»Bestens«, log Weinrich. »Ich bin mittendrin.«

»Was heißt mittendrin, können Sie konkreter werden?«

»Zur Zeit dreht sich alles noch im Kreis«, antwortete Weinrich ausweichend mit Blick auf die sich ständige drehende Ehrensäule, die er bereits zum dritten Mal umrundete.

»Haben Sie denn schon Ergebnisse?«

»Was erwarten Sie?« Weinrich wurde ungemütlich. Nur weil der Tote aus Hanaus bester Gesellschaft zu kommen schien, machten Politik und Polizeiführung Druck. »Ich bin für Wunder nicht zuständig«, bellte Weinrich.

»Wenn sich herausstellen sollte, dass Sie ihre Dienstzeit mit Privatvergnügungen verbringen, dann werden Sie bald viel Zeit für Spaziergänge oder Golfen haben. Sehen Sie zu, dass Sie aus der Sackgasse einen Ausgang finden!«

Weinrich zuckte zusammen. War hier irgendwo eine Überwachungskamera stationiert, die seine Position ins weltweite Web übertrug. Google Earth in Hanau?

»Mach ich, verstanden, bin unterwegs«, beeilte sich Weinrich zu sagen.

»Das hoffe ich für Sie, geben Sie Gas«, waren die letzten Worte, dann knackte es in der Leitung.

Weinrich nahm die nächste Straße Richtung Innenstadt. Irgendwie musste er sein Date mit Britta retten. »Mein Seelenheil ist genauso viel wert wie die Verhaftung eines Schwerganoven«, zischte er beleidigt, während er das Gaspedal durchdrückte.

Es waren nur noch wenige Minuten bis zum verabredeten Treffpunkt in Kesselstadt. Weinrichs Vorfreude verwandelte ihn in einen chinesischen Glückskeks.

Britta stand an ihren Wagen gelehnt und wartete auf dem Parkplatz des Weinladens in unmittelbarer Nähe von Schloss Philippsruhe.

»Ich muss mit dir fahren«, sagte sie, als Weinrich sie freudig umarmte. »Ich bin nämlich betrunken.«

Die Weinprobe, bei der sie Weine für ein paar Geschäftspartner getestet hatte, schien ein voller Erfolg gewesen zu sein. Auf dem Rücksitz ihres Minis stapelten sich Kartons erlesener Chianti und edler Bordeaux. Britta selbst war umweht vom Duft vieler Gläser Rotwein. Britta kicherte. Ihr Blick hatte zudem etwas Triumphierendes, wie nach einem gewonnenen Wettkampf.

»Und jetzt müssen wir die Weinkisten in dein Auto laden«, sagte Britta und wies auf die Ladung in ihrem Auto. Weinrich packte zu.

»Die Firma habe ich auch gerettet«, grinste sie und lehnte sich zufrieden zurück.

»Weil du ihr Weinlager leergekauft hast?« Weinrich deutete auf die Weinkartons.

»Nein, mein Lieber«, schüttelte sie energisch den Kopf und setzte zu einem Diskurs über optimierte Vertriebswege an, brach dann aber ab. Der Rotwein tat seine Wirkung. Weinrich schwitzte. Noch hatte er sie über seinen wahren Beruf im Dunkeln gelassen. Ihr gegenüber machte er auf Geschäftsmann. Aber irgendwie musste er jetzt ein wenig Licht ins Dunkel bringen. Doch was, wenn sie Bullen für Schweine hielt? Weinrich zuckte zusammen. Die Wahrheit musste warten. Er fuhr los, den Blick auf die Straße geheftet. Unablässig blätterte sein Gehirn die Ermittlungsakten durch und hoffte, einen Hinweis zu finden, der Arbeit und Liebe zusammenführen und ihn so aus seiner Not befreien könnte. Seine Gedanken hüpften hin und her wie ein Golfball über holpriges Grün. Bilder des Mordopfers tauchten in seinen Gedanken auf und vermischten sich mit der giggelnden Britta, die neben ihm saß. Das Hobby des Opfers war Golfen, und sein Golfplatz befand sich ganz in der Nähe. Vielleicht könnten sich so die Ermittlungen mit einem privaten Ausflug verknüpfen lassen, überlegte Weinrich.

»Wo bringst du mich hin?«, lachte sie.

»Wir gehen Golf spielen«, sagte er plötzlich.

Britta war seine perfekte Tarnung für verdeckte Ermittlungen. In ihrer schicken Businessweste und ihren edlen Versace-Stiefeletten war sie wie geschaffen für die Hanauer High Society. Weinrich wollte sich gerade selbst beglückwünschen, als sich Britta vom Beifahrersitz meldete.

»So?« Britta malte ein Fragezeichen in die Luft. »Schau doch mal hin! Erstens bin ich beschiggert, zweitens habe ich die falschen Klamotten an.«

Dann versank sie wieder in der Tiefe des Sitzes.

Weinrich nickte. »Wir werden uns etwas leihen.«

Britta lachte. »Cool. Ich werde keinen Ball treffen.«

Wenig später bogen sie in das Clubgelände ein. Weinrichs Mini verschwand neben einer S-Klasse und einer englischen Raubkatze. Betont lässig stieg Weinrich die Stufen zur Anmeldung empor. Die Größen der Szene lächelten ihr makelloses weißes Lächeln von den Wänden. Verheißungsvoll schienen sie von einer Botschaft zu künden, die da hieß: Spiel Golf und das Leben ist leicht. Auch Champion Tiger Woods strahlte siegessicher von einem Poster. Nach seinen außerehelichen Eskapaden war aber aus dem Namen mit Filzstifthilfe »Feige Wutz« geworden. Die Angestellten des Clubs ließen die Graffiti hängen, wohl als Zeichen der Missbilligung eines für Golfcracks unangemessenen Lebenswandels. Der Vorraum war gewienert und blitzte wie eine Zahnarztpraxis oder wie ein Tatort, von dem man die Spuren säuberlich entfernt hatte.

»Wir möchten gern eine Ausrüstung leihen«, sprach Weinrich eine blonde Praxis-Assistentin an der Anmeldung zur Green Fee an.

»Gästekarte, oder sind Sie Mitglied?«

Weinrich blickte hilflos zu Britta, die hinter ihm stand.

»Oh, Frau Dupont! Ich habe Sie gar nicht gesehen. Entschuldigung.« Die Praxisfee machte einen Kotau nach dem nächsten in Richtung Britta.

Britta lachte. »Ich nehm das auf mich«, sagte sie an die Anmeldedame gerichtet.

Weinrich begann zu glotzen. Und Britta grinste, als sie die Platzkarten in Empfang nahm. Für Mario besorgte die Blondine ein paar Schuhe und das obligatorische Schlägerset. Das gleiche händigte sie auch Britta aus, die hier so etwas wie Stammkundin zu sein schien.

»Ich habe meine Sachen zu Hause«, schob Britta als Erklärung hinterher. Mario wurde immer stiller. Britta war die plötzliche Zurückhaltung ihres Auserwählten nicht entgangen.

»Wir kennen uns doch erst ein paar Tage«, sagte sie, als Entschuldigung dafür, dass ihr ganzes Leben noch nicht wie ein offenes Buch vor ihm lag.

Mario schmollte. »Du hättest zumindest im Auto etwas sagen können. Wie steh' ich denn jetzt da?«

Britta riskierte einen Blick. »Gut«, sagte sie. Und hauchte ihm einen Kuss auf die Wange. Unerwartet und plötzlich. Mario schluckte.

»Komm, zieh die Schuhe an, dann geht´s auf die Driving Range.«

»Driving ...?« Irgendwie hatte er komplett die Kontrolle verloren. Während Britta durch den plötzlichen Sauerstoffschub der frischen Wilhelmsbader Waldluft wie ausgenüchtert wirkte, fühlte sich Mario, als habe er eine Flasche Grappa in einem Zug geleert.

Im Schlepp von Britta näherte er sich dem Übungsgelände, der Driving Range oder auch kurz Schießstand genannt. Unzählige Golfbälle lagen über den grünen Rasen verstreut. Einige Spieler versuchten sich am Abschlag. Mario glich ihre Gesichter mit seiner inneren Verbrecherdatei ab. Wem von diesen Lackmeiern war wohl ein Mord zuzutrauen?

Mario und Britta suchten sich einen freien Platz. Links und rechts von ihnen zischten die Bälle mit einem harten Klack wie Geschosse durch die Luft. Britta tat es den anderen Golfern nach. Mario bezog breitbeinig Stellung und – drosch über den Ball.

»Ist eine Weile her«, sagte er zu Britta. Die nickte. Doch nach dem fünften Fehlversuch hatte sie ein Einsehen und wechselte in die Rolle der Golftrainerin. Weinrichs Betriebstemperatur stand kurz vor dem Siedepunkt. Britta kochte ihn im wahrsten Sinne des Wortes mit einem Lächeln ab, und Mario blieb nichts anderes übrig, als seine hilflosen Golfversuche mit Stress und Konzentrationsschwäche zu erklären. Nach ein paar Anweisungen wurde Weinrichs Abschlag besser. Jetzt traf er den Ball, wenn auch noch nicht mit jener fulminanten Power wie die Golfcracks links und rechts neben ihm. Weinrich studierte die Erfolge der Mitspieler und ließ sich zu einem Kommentar hinreißen: »Wahrscheinlich leben die auf dem Golfplatz.«

Britta zog ihn aus der Schusslinie. »Komm, wir machen ein kleines Spiel.«

Auf dem Weg zu Loch eins kam ihnen eine Gruppe ausgelassener Sportsmänner entgegen.

»Hallo Frau Dupont. Auch mal wieder draußen?«

»Ja, wir brechen heute den Platzrekord«, antwortete sie und deutete dabei auf Weinrich an ihrer Seite.

»Gestatten, Cerner«, stellte sich der Sprecher mit einem kraftvollen Händedruck, der an eine Kneifzange erinnerte, vor. Weinrichs Hand schmerzte. Als kleine Rache entschied er sich dafür, den Namen im Kopf zu behalten, um ihm später mit Hilfe der Interpol-Daten auf den Zahn zu fühlen. Vielleicht hatte Cerner mit seiner Eisenfaust das Panzerglas eines Juweliers zertrümmert, überlegte Weinrich, bemüht, sich den Schmerz nicht anmerken zu lassen.

»Das ist mein Geschäftspartner Mahindra Singh von Singh Enterprises in Kalkutta«, setzte Cerner die Vorstellungsrunde fort und deutete auf einen Herrn, der unschwer als Inder zu erkennen war.

»Noch ein Verdächtiger«, dachte Weinrich und fügte das Gesicht des Inders seiner imaginären Datei hinzu.

»Weinrich, Mario, Weinrich, ... Import-Export«, antwortete Mario dem fragenden Blick seines Gegenübers.

Britta schaute irritiert. »Wir müssen los«, drängte sie plötzlich zur Eile, »sonst wird das nichts mit dem Rekord.«

Allgemeines Gelächter, und die Runde löste sich auf.

»Import-Export«, grantelte Britta, als sie ein paar Schritte außer Hörweite gegangen waren. »Da hättest du genauso sagen können, du seist Zuhälter.«

Schamesröte trat ihr ins Gesicht. Eine Firma mit einem solchen Namen habe keine lange Lebenserwartung, giftete sie. Das wisse sie aus Erfahrung, und das sei eher ein Fall für die Polizei.

Weinrich zuckte mit den Schultern. Etwas Besseres war im auf die Schnelle nicht eingefallen. Am Abschlag von Loch eins hämmerte Weinrich den Ball ins Seitenaus anstatt auf die vor ihm liegende Bahn.

»Hast du eine Expeditionsausrüstung dabei?«, kommentierte Britta den Schlag ins Nirgendwo. Wie bei einer Ostereiersuche, den Blick auf die Erde gerichtet, kämpften sie sich durch das angrenzende Waldstück. Der Fehlschlag war pures Kalkül, wie er später zugab. Er fürchtete ein Fiasko, ein Waterloo in seinem noch jungen Golferleben, dem er sich auf keinen Fall aussetzen wollte. Stattdessen näherte er sich Britta, legte seinen Arm um sie und zog sie zu sich. Vorsichtig wagte er einen Kuss. Es war der Geschmack der Ewigkeit. In enger Umarmung standen sie zwischen Buchenästen und Brombeerbüschen.

»Naja, mit dem Golfen wäre es sowieso nichts geworden«, seufzte Britta.

Weinrich nickte. »Ich bin heute nicht in Stimmung.«

»Ja und ich bin ja auch völlig betrunken«, sagte sie mit einem Grinsen, während ihre Lippen die seinen suchten und die Außenwelt zurücktrat. Versunkene Herrlichkeit inmitten von Grün. Von fern hörte man das harte Klacken eines Golfballs am Abschlag. Weit entfernt und unbedeutend, genauso wie Weinrichs Ermittlungen, die mit jedem Kuss weiter in den Hintergrund traten, bis sie sich ganz aufzulösen schienen.

Morgen werde ich mich drum kümmern, dachte Weinrich. Morgen, ganz bestimmt, und gab sich dem glückseligen Moment hin.

»Du, da steht jemand hinter den Bäumen«, erschrak Britta plötzlich.

»Wo?« Weinrich fuhr herum, konnte aber niemanden erkennen. Abrupt endete die innige Umarmung.

»Lass uns zurückgehen. Hier ist es mir unheimlich.«

Weinrich brummte ein ärgerliches »Wahrscheinlich doch nur ein Hase« angesichts des plötzlichen Stimmungsumschwungs seiner Auserwählten. Hand in Hand schlenderten sie Richtung Ausgang.

Sie waren nur wenige Meter gelaufen, als ihnen ein älterer Herr auf dem Waldstück entgegen kam.

Es war Schönfelder. Weinrich erkannte seinen Seniorkollegen sofort. »Guten Tag«, grüßte dieser freundlich, als er an den beiden vorbeikam.

»Kennst du den Mann?«, fragte Britta irritiert.

»Den? Nein«, sagte Weinrich, »nie gesehen.«

Wie hätte er zugeben sollen, den Kommissar in Ruhestand zu kennen, ohne sein eigenes Geheimnis preiszugeben?

»Aber ich kenne den.«

Weinrich fühlte sich, als wäre er an eine Steckdose mit Starkstrom angeschlossen.

»Was? Du kennst den ...« Er riss sich gerade noch zusammen, um die Frage nicht mit dem Namen des Kollegen zu beenden.

»Ja. Was ist denn los mit dir? Ist dir schlecht? Du bist ja ganz bleich.«

»Alles in Ordnung. Geht schon wieder«, wiegelte er ab und mobilisierte all seine Kraft, um möglichst normal zu wirken.

»Und woher?«, setzte er vorsichtig nach.

»Naja«, Britta hakte ihren Begleiter unter und zog ihn behutsam weiter. »Kennen ist vielleicht zu viel gesagt. Aber ich habe ihn hier schon gesehen. Eigentlich nie auf dem Platz. Normalerweise steckt er immer mit Manfred zusammen. Dem Greenkeeper. Der war früher mal bei der Polizei und dann bei einer großen Firma, dort soll er rausgeflogen sein, erzählt man. Mehr weiß ich aber auch nicht. Das war alles, bevor ich hierher zum Golfen kam. Naja, und dieser Mann da eben, den habe ich schon immer mal hier mit Manni zusammensitzen sehen. Weiter nichts. Ist aber ein komisches Gespann.«

Mario Weinrich fasste sich zusehends wieder, als sich sein Seniorkollege im Ruhestand für Britta doch noch als Inkognito herausstellte. Mit einem »mhmm« quittierte Weinrich Brittas Rede.

»Was mhmm?«, wollte sie von ihm wissen. »Du guckst wie die Privatdetektive im Fernsehen.«

Weinrich fühlte sich ertappt. Wieder spürte er in seinem Inneren eine Hitze aufsteigen, die das Blut in seinen Ohren kräftig pochen ließ.

»Ach Quatsch.« Weinrich schüttelte den Kopf und wehrte sich heftig gegen den aufkommenden Verdacht seiner Liebsten. »Da müsste ich doch blöd sein, oder?«

Britta legte im Weitergehen ihren Kopf an Weinrichs Schulter. »Ja ja, Herr Im- und Export.«

Weinrich überhörte den Spott in ihrer Stimme. Mit ihrem Kopf an seiner Schulter war das Leben mehr als erträglich, und dies wollte er unter keinen Umständen gefährden. Britta unterbrach den angenehmen Laufrhythmus und stoppte am Ausgang des Golfgeländes. Mit verführerischem Blick stellte sie die Frage, auf die Mario schon eine Weile gewartet hatte.

»Wie stellst du dir den Fortgang unseres gemeinsamen Abends vor?« Marios seliges Lächeln enthielt die eindeutige Antwort.

»Das sage ich dir, wenn wir die Schläger hier los sind, bei einem Drink an der Bar«, grinste Weinrich, dessen Angstschweiß mittlerweile von der Hormonflut fast restlos weggeschwemmt worden war.

»Du schwimmst ja hier wie ein Fisch im Wasser«, meinte Weinrich an der Bar, nachdem an der Rezeption »Frau Dupont selbstverständlich«, »Frau Dupont gerne« und »Aber sicher Frau Dupont« regelrecht inflationierte. Als sie die »Classic Margaritas« mit Salzrand am Glas zum Toast gehoben hatten, erinnerte Britta ihren Begleiter an ihre letzte Frage.

»Ach so, ja.« Von seinem ersten Gedanken abweichend, schlug Mario ein volles Programm vor: Essen beim Thailänder und danach zur After-Work-Party in seinen Stammclub nach Hanau-Wolfgang. Er malte sich den Abend weiter aus, aber sein Redefluss versiegte.

Britta merkte das wohl und fragte provozierend weiter: »Und dann?«

Mario schaute ihr tief in die Augen und erwiderte mit einem vielsagenden Lächeln: »Ein weiser Mann hat mir einmal gesagt: Plane die Zukunft nicht bis ins letzte Detail. Sei offen für das, was sie dir bringt.«

Britta Dupont musste laut lachen.

»Und was meinst du dazu?« Weinrich wollte jetzt eine Antwort.

»Schöne Vorstellungen. Wirklich. Aber ich habe nur gefragt, wie du dir den Abend vorstellst. Das heißt nicht, dass er auch so läuft.«

Weinrich schien ein wenig enttäuscht. »Und wie läuft der Abend?«

»Naja«, entgegnete Britta, »wir fahren an meinem Auto am Weinladen vorbei, dann bringst du mich nach Hause und den Wein in den Keller, und dann hast du den Rest des Abends frei.«

Man kennt die Bilder aus Filmaufnahmen, bei denen Schornsteine oder große Gebäude nach einer gezielten

Sprengung in sich zusammenstürzen und nichts übrig bleibt als Trümmer und riesige Staubwolken. Genauso erging es in diesem Moment Mario Weinrich. Das durch den bisherigen Verlauf des Treffens aufgeblähte Ego, es schnurrte zusammen auf die Größe eines schlappen Luftballons.

Britta spürte das wohl und legte ihren Arm um seine Schultern. »Sei nicht traurig. Ein andermal vielleicht. Aber für heute langt es mir einfach. Verstehst du?«

Weinrich nickte nur bekümmert. »Ja, verstehe, hab eh noch zu arbeiten.«

Und der Rest des Zusammenseins verlief – bis auf den Abschiedskuss an der Haustür – genauso schmucklos, wie es Britta gewünscht hatte.

Allein quälte sich Mario durch das Frankfurter Straßengewirr in Richtung Großauheim. Das einzig Beruhigende: Zu dieser Zeit war der endlose Strom von Berufspendlern zwischen der Mainmetropole und der Brüder-Grimm-Stadt schon versiegt.

Was trieb sein ehemaliger Kollege Schönfelder auf dem Golfplatz? Marios Gedanken umkreisten das nachmittägliche Erlebnis. »Der schnüffelt doch sicherlich im Mordfall Karl Schneider«, ging es Weinrich durch den Kopf.

Dass Schönfelder ihn über seine Nachforschungen im Dunkeln ließ, stieß Weinrich sauer auf. Bei Gelegenheit wollte er dem Kollegen eine kleine Ansprache zum Thema Teamgeist halten, nahm er sich vor. Denn mit den Insiderinformationen seines Kumpels Manfred, dem Greenkeeper, hatte Schönfelder jetzt sicherlich die Nase vorn.

»Mist«, dachte Weinrich. Aber durch seine Bekanntschaft mit Britta stand er auch nicht mit ganz leeren Händen da. Es galt einfach, diese Informationsquelle zu nutzen und in unverdächtigen Dosen anzuzapfen. Der Gedanke versöhnte Weinrich wieder mit der Situation. Zumal seiner Philosophie, das Angenehme mit dem Nützlichen zu

41

verbinden, auf höchstem Niveau Rechnung getragen worden war.

Unangenehm wurde es erst wieder am nächsten Vormittag. Weinrich hatte sich in seinem Bürostuhl noch einmal über das Vernehmungsprotokoll der Witwe Schneider hergemacht und versuchte sich die Schilderung einer intakten Ehe – »Natürlich gab es auch immer mal Meinungsverschiedenheiten oder Konflikte. Aber mein Gott! Das gibt es in jeder Ehe ...« – mit Höhen und Tiefen vorzustellen, als plötzlich sein Vorgesetzter die Bürotür lautstark aufriss und sich drohend vor ihm aufbaute.

»Hier Weinrich! Zeitung schon gelesen?«

Klatschend fiel das Morgenblatt auf den Schreibtisch. »Immer noch Rätsel um Schneider-Mord! Polizeiliche Ermittlungen in der Sackgasse?«

Als die Hanauer Tageszeitung noch als Mittagszeitung firmierte, war man wenigstens an den Vormittagen von den journalistischen Anwürfen verschont. Aber das war lange vor Weinrichs Zeit.

Der Dienststellenleiter trommelte unruhig mit den Fingern auf den Schreibtisch. »Ich hoffe zuversichtlich für sie, dass sie mittlerweile einen Ausweg aus dieser Sackgasse gefunden haben, Weinrich! Sonst ist diese Sackgasse auch Endstation für Sie, mein Lieber!«

Weinrich unterdrückte den Impuls, sein genervtes Gegenüber am Kragen zu packen und aus dem geschlossenen Fenster seines Büros im vierten Stock zu werfen. Deutlich hörbar ließ er Dampf ab, während die Vorstellung vom Vorgesetzten im freien Fall, verzweifelt mit Armen und Beinen rudernd, gedanklich verblasste.

»Die Ermittlungen gestalten sich schwierig«, begann Weinrich. »Der Fall ist nicht so einfach ...«

»Kein Fall ist einfach! Aber habe ich hier Ermittler in den Zimmern sitzen oder Idioten? Ich will endlich Fakten, Weinrich! Fakten! Und zwar auf der Stelle!«

Weinrich ordnete die Papiere auf seinem Schreibtisch

ebenso wie seine Gedanken, fixierte sein Gegenüber und bemühte sich, ganz wichtig zu wirken.

»So weit wir das zum jetzigen Zeitpunkt überblicken können, war Schneiders Tod nicht geplant. Es gibt keinerlei Einbruchsspuren, alle Schlösser und Fenster im Hause Schneider sind unversehrt. Der Täter muss also zum Bekanntenkreis der Familie gehört haben. Kann vielleicht auch ein Geschäftspartner gewesen sein. Man hat zu Beginn des Treffens wohl auch in Ruhe zusammengesessen und geredet. Hier, sehen Sie.«

Weinrich schob seinem Chef ein Foto vom Tatort zu. Auf einem Beistelltisch neben den Ledergarnituren zwei Espressotassen und ein Wasserglas. Das zweite Wasserglas zersplittert am Boden.

»Ist wohl bei der Handgreiflichkeit vom Tisch gefegt worden«, spekulierte Weinrich. »Was die Mordwaffe angeht, so hat die wahrscheinlich auch eher Zufallscharakter. Möglicherweise ein Brieföffner. Acht Stiche, alle von vorne in Brust- und Bauchbereich. Der Treffer ins Herz führte zum sofortigen Exitus. Aber auch ohne den Stich hätte Schneider wohl keine Chance gehabt. Bei Verletzungen innerer Organe wäre das tödliche Werk lediglich etwas langsamer vollendet worden.«

Der Polizeidirektor beruhigte sich allmählich. Seine Erwartungen an Weinrich waren gleich Null, aber jetzt kamen doch wenigstens ein paar Fakten auf den Tisch.

»Fingerabdrücke?«

Weinrich fingerte ein anderes Blatt aus den Unterlagen hervor. »Ja, hier. Aber nichts was uns weiterhilft. An den Espressotassen die von Schneider und seiner Ehefrau. Ansonsten keine Übereinstimmungen beim Abgleich mit unserer Datenbank, aber den nicht identifizierten sind wir auf der Spur. Wird halt schwierig, denn Schneider hat oft Besucher in dem Raum empfangen. Sagt seine Frau. Aber wir sind dran.«

Der Chef legte seine Stirn in Falten. »Motiv?«, fragte er.

»Unbekannt. Laut Aussagen der Witwe Schneiders fehlen keinerlei Wertgegenstände. Alles noch da. Und hierzu«, Weinrich zog zwei Fotos aus dem Stapel der Tatortbilder und reichte sie seinem Chef, »kann die Schneider nichts sagen.«

Der Chef nahm die Bilder entgegen und studierte sie. Ein geöffneter Aktenschrank, mehrere aus einer Reihe gezogene Aktenordner, wohl in Eile durchwühlt, als würde jemand etwas Bestimmtes gesucht haben.

»Was sind das für Papiere?«

Weinrich lehnte sich in seinem Bürostuhl zurück. »Schneider war Spezialist für Anlagenbau. Weltweit. Neuentwicklungen, Patente, technische Innovationen, Preise, Auszeichnungen, Lehraufträge, Fachvorträge. Soweit wir das bisher überblicken können, geht es in den Papieren um Projektbeschreibungen und Patentanträge. Solche Sachen halt. Wir werden jetzt mal die geschäftlichen Kontakte des Herrn Schneider unter die Lupe nehmen, um Licht in das Dunkel zu bringen.«

Weinrich hatte eine fast lässige Haltung in seinem Stuhl angenommen und tippte seinen Bleistift selbstbewusst an die Unterlippe.

Sein Chef legte die Bilder zurück auf den Schreibtisch. »Seien Sie bloß vorsichtig, Weinrich. Keine Schimanski-Methoden. In diesen Kreisen muss man hochsensibel agieren. Ich weiß nicht, ob Sie da der Richtige sind. Reißen Sie sich am Riemen, Mann. Und halten Sie mich auf dem Laufenden.«

»Klar, Chef«, gab Weinrich zurück, während Huber sich mit gequältem Lächeln erhob und zur Tür ging.

»Ach Chef!«, rief Weinrich hinter ihm her. »Wer ist eigentlich Schimanski?«

Unverständnis beim Chef, dass jemand den legendären Fernsehermittler mit den Rüpelmethoden nicht kannte.

Der Chef brummelte wütend und warf die Tür hinter sich zu. Die Retourkutsche war angekommen. Die Betriebstemperatur von Polizeidirektor Huber, die sich zwischenzeitlich dem Normalbereich genähert hatte, befand sich damit wieder im kritischen Stadium und würde nun sicherlich weitere Kollegen treffen, die unvorbereitet Hubers Bahn kreuzten. Weinrich grinste breit und griff zum Telefonhörer.

»Capital Golf, was kann ich für Sie tun?«, meldete sich die charmante weibliche Stimme eines Frankfurter Golfclubs am anderen Ende der Leitung.

»Ich brauche Trainerstunden«, hauchte er leise ins Telefon, aus Sorge, seine Kollegen im Nachbarraum könnten das Gespräch mithören.

»Wie bitte? Ich habe Sie nicht verstanden.«

»Trainerstunden, Golf, Sie verstehen?«, nahm er einen zweiten Anlauf, etwas lauter.

»Einzelstunden oder in der Gruppe?«

»Allein«, sagte Weinrich.

»Einmalig oder ein Zehnerpaket?«

»Verdammt, bin ich beim TÜV?«, maulte Weinrich. »Einfach nur ... Golf«, insistierte er, das letzte Wort fast zur Unkenntlichkeit verschluckt.

»Ich verstehe, einen Moment, bitte.«

Nach einer Weile meldete sich die Golfclubrezeptionistin erneut. »Dienstag zehn Uhr, gut?«

Offenbar hielt ihn die Empfangsdame für einen Türken auf Durchreise.

»Ihr Trainer heißt Emrhat Oglü«, fuhr sie fort. »Mit ihm können Sie auch in Ihrer Muttersprache reden.«

Weinrich biss die Zähne zusammen. »Danke«, zischte er und legte auf. Gerade zur rechten Zeit, denn Kollege Stieglitz streckte den Kopf durch den Türspalt und verlangte nach der Akte Schneider. »Der Chef will sich ein Bild vom Ermittlungsstand machen.«

»Schon wieder?« Offenbar war das Vertrauen seines Chefs in seine Ermittlungsarbeit gleich Null.

»Er will in kurzen Intervallen informiert werden«, ergänzte Stieglitz. Weinrich schob ihm die Akte widerwillig zu und bedeutete Stieglitz, das Büro zu verlassen. »Ich muss telefonieren!«

»Ja, und? Mit dem BND?«, grantelte Stieglitz, verließ dann aber doch Weinrichs hochsensiblen Sicherheitsbereich.

Das Verlangen seines Chef nach Akteneinsicht erinnerte Mario Weinrich unliebsam an den heimlich spionierenden Ex-Kollegen Schönfelder. Hatte er diesem nicht auch Einblick in den Stand seiner Nachforschungen gewährt, und war dieser nicht prompt danach am Golfclub aufgetaucht, um ihn dort zu bespitzeln?

»Mit dir hab ich noch eine Rechnung offen«, sagte Weinrich süffisant in Richtung Telefonhörer, während er die Nummer seines früheren Mentors wählte.

»Gerda Schönfelder.«

»Hier Mario ...«

»Herbert ist nicht da«, unterbrach ihn Schönfelders bessere Hälfte.

»Gut, naja, dann, wenn er von seinen Ermittlungen zurück ist, soll er mich mal im Büro anrufen.«

»Welche Ermittlungen?« Gerda stand offensichtlich auf der Leitung.

Mario wusste, dass Schönfelder des lieben Ehefriedens willen nichts von seiner Polizeiarbeit erzählt hatte. Beste Gelegenheit also, mit ein paar spitzen Bemerkungen Unruhe in das heimische Idyll zu bringen.

»Das kann ich am Telefon nicht näher erklären«, würgte er das Gespräch ab. Es hatte seinen Zweck erfüllt. Schönfelder hatte nun in den heimischen Gefilden Einiges zu erklären.

Ach, kann Rache schön sein, dachte Weinrich. Genießerisch lehnte er sich in seinem durchgesessenen Bürostuhl zurück und malte sich Schönfelders Rechtfertigungsdrama in allen Einzelheiten aus. Wenig später, der Rachedurst schien fürs Erste gestillt, erhob er sich von seinem Stuhl. Genug Büroarbeit für heute, entschied er.

»Ich bin dann mal auf Außentermin«, rief er in den Flur.

Der Außentermin war der örtliche Harley-Davidson-Händler. Weinrich hatte noch immer an dem Date mit Britta zu knabbern. Dass ihm eine Frau so offen das Wasser abkochte und ihn als Deppen dastehen ließ, stieß ihm sauer auf. Das Adrenalin in ihm, gepaart mit Testosteron und dem ganzen Cocktail männlicher Hormone, forderte ihn zur nächsten Runde im ewigen Spiel zwischen Mann und Frau. Es war wie Pferderennen. Mal war er vorn, mal landete er abgeschlagen auf den hinteren Plätzen. Jetzt wollte er siegen.

Dazu musste er nachlegen und sich als Mann der Männer präsentieren. Echte Kerle fahren Harley. Seit seiner Jugend hing er dem Mythos dieser hochpolierten Superbikes an. Aufgeputscht betrat er den Laden auf der Straße nach Hanau-Wolfgang. Chromblitzende Ungetüme standen aufgereiht wie wilde Pferde in ihrer Startbox im Schaufenster. Fat Boy, Road King, Cross Bones oder Rocker ... die illustren Namen einer Motorradlegende. Im Zentrum aber stand das Bike der Bikes – die Electra Glide.

Mario stoppte, sein schwärmerischer Blick wanderte bewundernd über den Chrom und die geschwungene Form des Rahmens.

»Das ist Schönheit«, hörte er den Verkäufer, einen kleinen kräftigen Kerl mit Pferdeschwanz und den für Harleyfahrer obligatorischen Tattoos am Oberarm, hinter sich sagen.

Weinrich, der nirgendwo Preisschilder entdecken konnte nickte und ließ sich zur Frage hinreißen: »Was soll denn der Pott kosten?«

Der Verkäufer spürte einen Stich in der Magengrube angesichts der Beleidigung eines Kunstwerks, biss aber die Zähne zusammen. Anstelle eine Zahl zu nennen, zeigte er auf den breiten V-Lenker, den Sundowner Ledersattel und die Extended Highwaypegs.

»Ja, wunderbar, ein Traum«, stimmte Weinrich anerkennend zu. »Damit kann man jedes Frauenherz erobern.«

»Aber hallo«, meinte der Verkäufer trocken. Das mit den Frauen war wohl selbstredend und schien von einer profunden Erfahrung des Harley-Manns gespeist zu sein.

»Also der Preis«, versuchte Weinrich einen zweiten Versuch und entlarvte sich damit in den Augen des Verkäufers als ignoranter Schnösel, blind für die Schönheiten aus Blech und Chrom.

»30 000«, sagte dieser schließlich, »aber sie ist jeden Euro wert.«

»30 000?«, wiederholte Weinrich und fuhr sich fahrig mit der Hand durchs Haar. Er versuchte Zeit zu schinden, aber sein erschöpftes Schnaufen, als habe ihn die Zahl dahingerafft, war längst vom Verkäufer bemerkt worden.

»Tja, kann sich nicht jeder leisten. Wir hätten aber noch eine günstige gebrauchte Maschine«, legte der nach und deutete mit der Hand auf ein im Lager stehendes Bike. »Ist auch ein sehr exklusives Stück.«

Weinrich rümpfte die Nase. Wollte ihm dieser kleine Fleischberg mit Tattooprägestempel allen Ernstes erzählen, er sei ein mittelloser Penner? Dieses Spiel sollte er nicht gewinnen. Nein, Weinrich zückte sein Portemonnaie aus der Hosentasche und reichte dem Pferdeschwanz die Kreditkarte.

»Soll ich das jetzt fertig machen?«, glotzte der verdutzt. »Aber hallo«, entgegnete Weinrich, »sehe ich aus wie ein Fußgänger?«

Jetzt blieb dem Verkäufer die Luft weg, und Weinrich fühlte sich gleich deutlich besser.

»Legen Sie noch einen Helm dazu, einen, wie ihn die Hells Angels gerne tragen, und ein Nummernschild«, rief er in Richtung des Tresen. Der Verkäufer brummte.

Weinrich brach erst zusammen, als er den Laden verlassen hatte. 30 000 Euro waren weit mehr, als sein Konto verkraftete. 30 000 waren mehr, als er im Jahr verdiente. 30 000 Euro war ein in Zahl gegossener Alptraum, aus dem er schlagartig erwachte.

»Das Nummernschild ist nur provisorisch«, rief ihm der Verkäufer zu, während er das Kennzeichen mit einer letzten Umdrehung des Schraubenziehers fixierte. »Gilt für drei Tage, dann müssen Sie zur Zulassung.«

Weinrich nickte und schwang sich auf den Sundowner Ledersattel, legte den Helm an, der an einen Kampfhelm deutscher Nazitruppen erinnerte, und betätigte den Starterknopf. Der tiefe und ebenso laute Harleysound ließ die Straße erbeben. Der Verkäufer salutierte lässig zum Abschied, hatte er doch eben das Geschäft des Monats getätigt, dann brauste Mario davon.

Es gab noch etwas zu erledigen. Manfred, der Greenkeeper war einen Besuch wert. Ein Mann mit dunkler Vergangenheit, wie ihm Britta verraten hatte. Vielleicht lag hier des Rätsels Lösung im Mordfall Schneider. Das schien auch Schönfelder zu ahnen. Warum sollte er sich sonst auf dem Golfplatz herumtreiben?

Das infernalische Gedonner der Harley hallte durch die Straßen. Weinrich genoss seinen Auftritt. Die Straße war der rote Teppich, die Laternen das Blitzlichtgewitter und die Passanten am Rand die johlenden Fans. Doch zuviel Aufsehen wollte Weinrich bei der Einfahrt in den Golfclub nicht riskieren. Dienst ist Dienst und Harley ist Harley. Zuviel Lärm kann manchmal das Wild verscheuchen. Vorsichtshalber stellte er seinen Donnerbügel in sicherer Entfernung zum Clubgebäude ab und lief die letzten Meter zu Fuß.

Der Greenkeeper war schnell gefunden, immerhin war der Golfplatz sein Zuhause. Tagsüber kümmerte er sich um den Golfrasen und nachts spielte er den Wachhund.

Manni war gerade dabei, die elektrobetriebenen Golfmobile mit frischem Saft zu versorgen und hantierte mit einem langen Stromkabel. Weinrich kam von hinten näher und hielt dem verdutzten Manni seine Polizeimarke vors Gesicht.

»Keine falsche Bewegung«, zischte Weinrich drohend, doch der Greenkeeper war viel zu verblüfft, um irgendetwas zu unternehmen. Mit großen Augen starrte er Weinrich an. »Ich hab doch Schönfelder alles gesagt.«

»So, dann erzählen Sie´s eben nochmal. Wie war das mit dem toten Schneider?«

»Wie bitte? Wie war was?«

»Stehen Sie auf Ihrer Stromleitung?«, blökte Weinrich. Er war sich sicher, Manfred musste hart angefasst werden. Auf zarte Töne konnte er hier verzichten.

»Also ich höre!« Weinrich lehnte sich betont locker an das neben ihm stehende Golfmobil.

»Ich hab nichts gesehen. Außer, dass der Herr Schneider öfter mit seinen Golfkumpels hier an der Bar einen gebechert hat. Das war manchmal eine ganz schön wilde Gesellschaft. Da machen die so auf schnieke, aber wenn sie unter sich sind, füllen die sich ab wie Spritis. Manchmal sind auch heiße Wagen vorgefahren, mit wirklich schicken Mädels drin. Wenn ich dann zufällig vorbei kam, hat mir der Schneider immer ein paar Scheine zugesteckt. Damit ich mich weiter um das Grün kümmere, hat er gemeint, aber wer schneidet schon nachts den Rasen? Das hat er auch mehr mit Augenzwinkern gesagt, damit ich mich verdrücke und die Klappe halte. Die Männer waren ja alle verheiratet. Gesehen habe ich nichts, nichts Wichtiges. Ich habe nur den Frauen nachgeschaut. Mann, das waren scharfe Granaten.«

Manni geriet ins Schwärmen. Wahrscheinlich war er von wackelnden Busen und schaukelnden Hintern tatsächlich so abgelenkt, dass er von den krummen Touren der Gesellschaft nichts mitbekam.

»Ach ja«, nickte Weinrich.

»So viel Geld war es jetzt auch nicht, dass man mich dafür wieder einbuchten müsste, das hab ich aber schon Schönfelder gesagt.«

»Für Sie immer noch Herr Schönfelder«, insistierte Weinrich und drücke Manni dabei unsanft an das Golfmobil, so dass ihm die Luft wegblieb.

»Schönfelder ist mein Freund«, japste Manni nach Luft. Weinrichs verzerrtes Gesicht versteinerte. Manni fiel wie ein zu schwer gewordener Fels aus seiner Hand.

»Scheiße.«

»Ja«, pflichtete Manni ihm bei, während er sich die Hals wirbel rieb. »Das ist Amtsmissbrauch«, wurde Manni ungemütlich, »damit kenn ich mich aus. Allerdings ...«

»Allerdings was?« Weinrich wurde hellhörig, jeder Satz, der mit allerdings anfängt, nimmt das gleiche Ende. Das hatte er nach unzähligen Verhören begriffen. Es war stets die Ouvertüre zu einem Handel, bei der die Gegenseite möglichst viel für sich herauszuschlagen versuchte. Doch Weinrich war blank, abgezockt von einem Harley-Händler. Schon allein deshalb erübrigte sich der Griff ins Portemonnaie. Auf einen weiteren Finanzdeal konnte er sich nicht einlassen. Vor seinen Augen sah er sein Geld Schein um Schein davonfliegen.

»30 000«, stöhnte er in Erinnerung an sein teures Harleyabenteuer.

Manni schluckte. »30 000, so viel?«

Weinrich kam abrupt in die Gegenwart zurück. Seine Augen verengten sich zu Schlitzen und fixierten Manni.

»Für Sie nicht«, beendete er Mannis Träume von Reichtum. »Woher kennen Sie überhaupt Schönfelder?«, ging Weinrich noch einmal in die Offensive.

»Ich war früher mal bei der Polizei«, erklärte Manni. »Dann ist etwas schief gelaufen. Naja, es ging um Geld, und ich musste meine Dienstmarke abgeben.«

»Unterschlagung?«

Manni nickte zerknirscht. »Herbert hat mir dann einen Job als Portier bei den Klein-Auheimer Gummiwerken verschafft, bis die pleite gemacht haben. Seitdem bin ich hier«, schloss Manni seine Erklärung. Nicht ohne mehrmals darauf hinzuweisen, wie viel er Schönfelder verdanke und was für ein guter Mensch er sei.

»Kann ich dann die Golfmobile weiter aufladen? Wenn ich nicht rechtzeitig fertig bin, krieg ich Ärger.«

Weinrich nickte und entließ den Greenkeeper, der sich umgehend seinen Stromkabeln widmete. Eine Spur ins Nichts, dachte Weinrich, als er sich auf seine neu erstandene Elektra Glide schwang und den Helm anlegte. Liebevoll glitt seine Hand über den geschwungenen Tank und versöhnte ihn für einen Augenblick mit seinem Schicksal.

Weinrich startete den Motor und fuhr langsam in Richtung Maintaler Straße, die direkt an das Wohngebiet von Hanaus Superreichen, der Hohen Tanne, grenzte. Von hier aus war es nur ein Katzensprung nach Frankfurt, und auch die Autobahn war nur ein Steinwurf entfernt. Der Mörder musste also nicht unbedingt aus der nächsten Umgebung des Opfers stammen. Die Fluchtwege gingen in alle Himmelsrichtungen.

»Bischofsheim«, schöner Name für ein gesichtsloses Vorortgebilde. Durch den Zuzug vieler Frankfurter, die der Großstadt entfliehen wollten, war der ehemals beschauliche Ort mit den Resten einer romantischen Fachwerksiedlung zu einer anonymen Schlafcity angewachsen, in der sich Einfamilienhaus an Einfamilienhaus reihte. Dazwischen, wie Leuchttürme, die Hochhäuser eines sozialen Brennpunkts, mit häufig wechselnden Mietern. Letztlich kannte hier niemand irgendwen. Die Namensschilder an den Briefkästen verrieten, dass die Bewohner aus aller Herren Länder kamen. An einigen Klingeln klebten rote Herzen, unmissverständliches Zeichen für Liebesdienste, die hier in der Hochburg der Einsamkeit für Geld zu kriegen waren. Schon des Öfteren hatten Einsätze sie hierher geführt. Aber meist waren es Kleindelikte wie der Verstoß gegen das Aufenthaltsrecht oder Diebstahl. Ein Mörder würde sich wohl kaum in solch exponierter Gegend aufhalten.

Weinrichs Gedanken wälzten den Fall hin und her. Das tiefe Tuckern der Maschine hatte etwas Beruhigendes. Am wahrscheinlichsten erschien ihm eine internationale Verschwörung, die den ehrenwerten Golfsport als Tarnung für ihre ausbeuterischen Geschäfte nutzte.

Aber damit konnte er seinem Chef nicht kommen. »Ich brauche keine Theorien, sondern Ergebnisse.« Er konnte ihn hören, den Kriminaloberrat, obwohl der sicher längst vor dem Fernseher saß und mit der Ehefrau an Salzbrezeln knabberte.

Die Nacht legte sich über die Stadt. Einzelne Laternen warfen ihr spärliches Licht in die Dunkelheit. Hilflose Versuche, die Schwärze zu vertreiben. Ein Gewerbegebiet lag zu seiner Linken, rechts ein kleines Waldstück. An einer Kreuzung zwang ihn das Rot der Ampel zum Halten. Plötzlich knallte ein Schuss. Weinrich stürzte zu Boden, wie von einem Hammer niedergestreckt. Sein Superbike kippte zur Seite. Bremsen quietschten. Menschen sprangen aus den Autos und rannten zur Stelle, an der Weinrich lag. Wie von fern hörte Weinrich das Wort Krankenwagen. Dann war Stille und Dunkelheit.

Seine Augen öffneten sich erst wieder in einem weißen Bett des Hanauer Stadtkrankenhauses. Über sich die Infusionsleitung und ein Kabel, das direkt in seine Armvene führte. Monitore links und rechts, die Puls, Atemfrequenz und Sauerstoffsättigung aufzeichneten. Das Zimmer war ansonsten leer. Genau wie sein Kopf. Was war passiert?

»Schulterdurchschuss«, erklärte der Oberarzt später. »Sie haben viel Blut verloren, aber sonst Glück gehabt.«

»Wer sollte auf mich schießen?«, fragte Weinrich ungläubig.

53

»Wenn Sie es nicht wissen ...« Der Oberarzt zuckte die Schultern. »Übrigens steht ein Kollege von Ihnen draußen, soll ich ihn rein lassen?«

Weinrich fühlte sich zwar noch zu schwach für eine Vernehmung, aber er wollte auch wissen, was wirklich los war. Und hierbei konnten ihm die Kollegen sicher helfen. Weinrich nickte.

»Gute Besserung noch«, meinte der Arzt auf dem Weg zur Tür. »Ich schau später noch mal bei Ihnen vorbei. In ein paar Tagen können wir Sie wieder laufen lassen.«

Kurz darauf betrat Herbert Schönfelder das Krankenzimmer. »Mensch Mario, was machst du für Sachen?«

Weinrich lächelte gequält. »Bin wohl in die Schusslinie geraten. Weinrich allein gegen die Dönermafia.« Er versuchte ein Siegeszeichen, doch der Arm fiel kraftlos auf das Krankenbett zurück. »Was ist eigentlich mit meiner Harley?«

»Welche Harley?« Schönfelder schien irritiert. »Seit wann fährst du Motorrad?«

»Das ist eine längere Geschichte«, schnaufte Weinrich. »Du musst mich nicht schonen. Wenn das Motorrad Schrott ist, werde ich das schon verkraften. Für euch Schreibtischermittler sieht es sicher eher wie ein UFO aus«, versuchte er den Kollegen zur Wahrheit zu ermutigen. »Das war ein sehr edles Stück. Verdammt teuer.«

»Das hat der Abschlepper aufgeladen. Allerdings wurde es kurz darauf vom Firmengelände als gestohlen gemeldet.«

»Was?« Weinrich stöhnte schmerzverzerrt. Die Blutdruckkurve auf dem Monitor war sprunghaft nach oben geschossen. »30 000«, wiederholte Weinrich wie im Fieberrausch und ließ sich in die Kissen fallen.

»Also was wisst ihr?«, hauchte er schwach in der Hoffnung, Schönfelders Antworten könnten ihn mit neuem Leben erfüllen.

»Wen meinst du mit ‚ihr‘? Wenn du damit mich meinst,

also ich weiß nichts weiter. Stieglitz hat mich angerufen. Du kennst ja die Buschtrommeln im Amt. Die dringen auch bis zu den Pensionären vor.«

Weinrich richtete sich wieder halb auf und fixierte Schönfelder.

»Ach ja! Die Pensionäre, die ihre Zeit ausschließlich mit Rosen verbringen. Und dann, rein zufällig, auf dem Hanauer Golfplatz rumschnüffeln. Hat natürlich nichts mit dem toten Herrn Schneider zu tun, der da ein- und ausgegangen ist. Ach iwo! Ging wohl nur um Studien des gepflegten Rasens und die gut gehüteten Gärtnergeheimnisse eines gewissen Greenkeepers mit durchaus zwielichtiger Vergangenheit! Mensch Herbert! Komm mir bloß nicht mit so einem Blech!«

Schönfelder blieb gelassen, rückte einen Stuhl ans Bett und setzte sich. »Manni ist ein alter Bekannter. Ich plaudere immer mal mit ihm. Zugegeben: Um Rosen geht's dabei weniger. Eher um ganz andere Pflänzchen, die in diesem speziellen Biotop wuchern. Oder auch um wild gewordene Kommissare, die sich bei einem rein informellen Gespräch zu Tätlichkeiten hinreißen lassen. Was hast du dir nur dabei gedacht, Mario?«

Weinrich sackte in seinem Bett ein Stück zusammen und spürte seine Schulter wieder.

»Oder gehst du mit Frau Dupont auch so um?«

Dieser Stich ins Herz ließ die Schulter wieder vergessen. »Ach du verstehst doch überhaupt nichts! Das ist rein beruflicher Natur. Britta lebt praktisch in diesen Kreisen, kennt alle und jeden im Club und ist eine wichtige Informantin. Sonst nichts!«

Schönfelder blickte auf die Monitore, die da Herzfrequenz, Kreislauf und Blutdruck überwachten und in Kurven und Diagramme übersetzten. »Britta, ja ja. Wenn diese medizinischen Geräte Lügendetektoren wären, mein Lieber, dann hätte es jetzt alle Sicherungen durchgehauen. Da halte ich jede Wette.«

Aber Weinrich blieb bei seiner Version. »Es ist so, wenn ich es dir sage.«

»Gut«, seufzte Schönfelder, »dann brauche ich dir nämlich nicht zu sagen, dass du die Finger von der Frau lassen solltest. Die spielt in einer anderen Liga als du, die spielt den großen Finanzjongleuren die Bälle zu. Da gelten andere Regeln als bei uns. Belasse es also bei den reinen Ermittlungen. Auch wenn es schwer fällt. Übrigens hat Stieglitz die Dame Schneider noch einmal befragt. Dein Protokoll hatte noch einige Fragen aufgeworfen.«

Weinrich murmelte etwas, das wie »zu viel Stress« klang und als Entschuldigung gemeint war.

In knappen Worten schilderte Schönfelder die Aussagen der Witwe. »Ihr Mann habe möglicherweise Besuch gehabt. Das fiel ihr allerdings erst ein, nachdem wir sie mit dem Stand der Ermittlungen konfrontiert hatten. Sie wisse aber nicht von wem.«

»Aha, der große Unbekannte«, stöhnte Weinrich.

Schönfelder nickte. Im Haus der Schneiders gingen die Geschäftspartner ein und aus. In privater Umgebung ließen sich die besten Abschlüsse machen, soll der Tote gesagt haben. Sie habe sich da raus gehalten.

»Also doch ein Streit unter möglichen Konkurrenten?«, bohrte Weinrich.

»Möglich«, bestätigte Schönfelder, obwohl das ihre Arbeit nicht leichter machte. Im Gegenteil. Noch mehr hochrangige Vertreter einer Klasse, die mit Samthandschuhen angefasst werden muss, und noch mehr Sekretärinnen, die wie Wachhunde auf den Terminplänen ihrer Vorgesetzten sitzen.

»Das wird nicht einfach, sie zur Befragung einzuladen«, befand Schönfelder.

»Was hat sie zu dem Brieföffner gesagt?«

»Ah, der Kollege hat doch das Protokoll gelesen.« Schönfelder konnte es nicht lassen, seinem Kollegen einen weiteren Stich zu zufügen. Weinrich simulierte einen

56

Schmerzensschrei, worauf die Schwester in der Tür erschien.

»Alles in Ordnung?«, wollte sie wissen und strafte Schönfelder mit einem bösen Blick. »Der Patient braucht Ruhe, keine Aufregung«, tadelte sie den Senior und rauschte davon, nicht ohne sich zuvor von Weinrichs fortschreitender Genesung zu überzeugen.

»An einen Brieföffner kann sie sich nicht erinnern«, fuhr Schönfelder fort, nachdem die fürsorgende Betreuung das Zimmer verlassen hatte.

»Seltsam«, meinte Weinrich. »Oder sind die so reich, dass sie nicht wissen, was sie im Haus haben?«

»Möglich«, schloss Schönfelder den Bericht. »Ich müsste selbst mal bei der Schneider reinschauen«, überlegte Schönfelder.

»Und jetzt wüsste ich gerne, was nach deinem Besuch bei Manfred passiert ist. Ist doch komisch, dass sich da der Kommissar nach dem Herrn Schneider erkundigt, quasi im Wespennest stochert und kurz darauf angeschossen wird, oder?«, wechselte der Altkommissar das Thema.

»Meinst du, dass da ein Zusammenhang ...«, überlegte Weinrich laut.

»Ich meine gar nichts. Ich mache mir nur so ein paar Gedanken. Aber irgendwie passt da nichts, aber auch gar nichts zusammen. Es macht einfach keinen Sinn«, bilanzierte Schönfelder und strich sich durch das immer lichter werdende Haar.

»So, der Besuch geht jetzt nach Hause«, flötete eine untersetzte Schwester mit dicker Brille in Weinrichs Krankenzimmer. »Wir müssen jetzt unseren Verband wechseln und dann ein wenig ausruhen. Gell, Herr Weinrich? Das wird schon wieder. Aber nur wenn der Herr Weinrich brav ist, gell?«

Weinrich verdrehte die Augen angesichts der bevorstehenden Prozedur und fragte sich, warum seine Krankenschwester nicht so aussehen konnte wie Britta. Schönfelder hatte das Gefühl, Gedanken lesen zu können und ein breites Grinsen in Richtung des leidenden jungen Kollegen sagte mehr als tausend Worte.

»Auf Wiedersehen der Herr«, sagte die Schwester in übertrieben freundlichem Ton und schob Schönfelder sanft zur Tür. »Bis morgen ...«

»Ja ja, ist ja gut. Ach und Mario ...«, Schönfelder stoppte die sich schließende Zimmertür mit dem Schuh, »wenn du wieder mal bei mir zu Hause anrufen solltest und Gerda ist dran, dann verkneife dir das Wort Ermittlungen, was mich angeht. Sonst hast du blitzschnell noch ein blaues Auge zu deinem Schussloch in der Schulter.«

Der fast bittere Gesichtsausdruck auf dem Gesicht des Kollegen Schönfelder zeigte dem Patienten immerhin, dass sein Anruf bei Gerda Schönfelder den gewünschten Effekt erzielt hatte. Herbert Schönfelder stand unter verschärfter und misstrauischer Beobachtung seiner Frau.

»Geschieht ihm ganz recht«, dachte Weinrich. Dann klappte die Tür ins Schloss und der Weißkittel näherte sich breit grinsend mit neuem Verband dem Krankenbett.

»So, dann wollen wir mal. So ein schöner, junger, stattlicher Kommissar. Da lege mer doch gerne mal Hand an ...« Weinrich wäre gern zu einem Spielchen dieser Art bereit gewesen, vorausgesetzt die Schwester hieße Britta. Doch so blieb es bei einer scherzhaften Anspielung.

Schönfelder schritt bedächtig durch den Krankenhausflur. Vorbei an Patienten, die in Trainingsanzug und Hausschuhen durch den Gang schlurften, die Gestelle der Infusionsflaschen neben sich herschoben oder versuchten, die vollen Tassen aus der Teeküche mit möglichst geringen Verlusten in ihre Zimmer zu transportieren. Der Kommissar im Ruhestand hatte dafür allerdings kein Auge. Auch nicht für die im Flur untergebrachten Patienten, deren Betten notdürftig mit Paravants vom Durchgangsbetrieb abgeschirmt waren. Das rhythmische Piepen der Überwachungsgeräte aus den Zimmern mit halb geöffneten Türen nahm er auch nicht wahr. Schönfelder war in Gedanken, er versuchte, die wenigen Puzzleteile im Mordfall Schneider zusammenzufügen und auch den Anschlag auf Mario Weinrich in das Bild einzupassen.

»Technologieklau auf höchstem Niveau als Motiv für den Mord an Schneider«, spekulierte Schönfelder vor der Fahrstuhltür. »Anschlag auf einen Ermittler, quasi als Schuss vor den Bug. Eindeutiges Signal an den Schnüffler, sich da rauszuhalten.« Der Aufzug wollte nicht kommen. »Oder der Anschlag war die Tat eines Verrückten. Gibt ja genug Wahnsinnige, die Steine von Autobahnbrücken schmeißen oder mit einem Schießprügel um sich ballern. Egal, wen es trifft.«

Seufzend wandte sich Schönfelder vom Fahrstuhl ab und setzte sich Richtung Treppenhaus in Bewegung. Nach der zweiten Stufe nach unten vernahm er deutlich, wie der Lift einrastete und die Türen sich surrend öffneten. »Nicht mein Tag heute«, ging es ihm durch den Kopf, und er beschleunigte seine Schritte. »Ist gut für den Kreislauf«, tröstete er sich halbherzig auf den Stufen und war froh, als er im Erdgeschoss angelangt war und die Ausgangstür hinter sich zufallen lassen konnte. Die frische Luft tat gut. Und selbst der aus der »Raucherecke« herüber wehende Zigarettenqualm von schnell und heimlich inhalierten Glimmstängeln war ihm jetzt weniger unangenehm als der Geruch der penetranten Desinfektionsmittel innerhalb des Gebäudes.

Der Kommissar im Ruhestand schlenderte Richtung Marktplatz. Vorbei an Dönergeschäften, Reisebüros, die offensiv für Billigflüge nach Istanbul warben, Telefon- und Gemischtwarenläden, die angesichts des freundlichen Wetters Teile ihres Warensortimentes ausgelagert hatten. Koffer, Trollies in verschiedenen Größen, »best price in town«, und Ständer mit bunten Schals und anderen Textilien »made in China« sorgten immer wieder für

Engstellen auf dem Gehweg. An der Ecke zur Rosenstraße ein Straßenmusiker, der zur Gitarre alte Lieder von Dylan, Donovan und Cat Stevens sang. Nicht mal so schlecht, wie Schönfelder fand, anscheinend der Einzige, der den armen Kerl wahrnahm. Doch den Euro, den er bereits in der Hand hielt und in den geöffneten Gitarrenkasten vor dem schon betagten Musiker werfen wollte, sparte er sich dann doch. Er setzte ihn auf dem Marktplatz an Luigis mobiler Kaffeebar, einem roten, dreirädrigen Gefährt mit kompletter Café-Ausstattung, in einen kleinen Becher Espresso um. Heiß, schwarz und stark. So wie Gerda ihrem Herbert wegen seines Blutdrucks nie einen Espresso vorsetzen würde.

Immer an Markttagen bezog Luigi seinen Verkaufsstand mitten auf dem Hanauer Marktplatz. Das wusste Schönfelder aus seiner aktiven Zeit. Und seit dieser Zeit schätzte er auch das schwarze Gold aus Luigis Papptassen.

»Ah Commissario! Alles gut? Was ist Neues?«

Schönfelder nahm seinen kleinen Becher in Empfang, schnupperte erst genießerisch, nahm dann den ersten kleinen Schluck und fühlte die belebende Wirkung von Luigis »Stoff«, wie er den Kaffee nannte.

»Ach Luigi, du hast es gut«, gab Schönfelder zurück.

»Ah ja, ich weiß. Viele Probleme mit die Mord und jetzt noch Collega angeschissen.«

Schönfelder unterdrückte ein Grinsen. »Angeschossen, Luigi. Angeschossen.«

Schon einige Fälle hatte Schönfelder in der Vergangenheit mit seinem Kaffeezauberer am Marktplatz diskutiert. Warum also nicht auch jetzt was über den Fall Schneider auf den kleinen Stehtisch packen und hören, wie Luigi als Außenstehender die Dinge kombinierte. Kurz und knapp teilte Schönfelder den Sachstand wohl dosiert mit, während die Marktkunden mit vollen Tüten frischen Obstes und Gemüse an ihnen vorüberzogen, die Gunst der nahenden Schlussstunde nutzten und verbissen um

Preisnachlass für Tomaten, Kartoffeln oder grünen Salat kämpften, während die Marktbeschicker ohnehin bereits Supersonderangebote ausriefen, um noch möglichst viel Ware unter die Menschen zu bringen.

»Nee Commissario! Nix wirtschaftskriminell. Ist pure Blödsinn. Ist was anneres. Ich spür des, ehrlich. Momente Mal. Ich hab Kundschaft.«

Luigi eilte dienstfertig zu seiner verchromten Kaffeemaschine, bereitete einen Cappuccino und einen Latte Macchiato, ehe er wieder zu Schönfelders Stehtisch kam und sofort los polterte: »Ist Eifersucht. Sowas ist immer Eifersucht. Das sagt misch mein gesunde Menscheverstand, Commissario. Ehrlich. Ich kenn mich da aus.«

Schönfelder lächelte milde ob Luigis zielsicherer und ewig gleicher Diagnose und nahm den letzten Schluck seines Espresso. Kalt. Schade.

»Das hast du bei meiner Autoschieberbande im letzten Jahr auch gesagt. Weißt du noch?«

Luigi schaute Schönfelder treuherzig an und entgegnete: »Ich weiß. Un ich habe reschd. Ihr von die Polizia gucke nur immer viel zu kurz. Musst du mache suche nach de Grund für schiefe Bahn, un schon habbe du die Eifersucht. Wann ich dir sach, Commissario. Müsse immer gucke hinner die Dinge, dann du finde Eifersucht. Wann ich dir sach.«

Schönfelder versenkte seinen kleinen Pappbecher im Mülleimer mit dem Schwingdeckel und hob den Arm zum Gruß. »Ciao Luigi.«

»Ciao Commissario! Un denke an mich, was ich gesacht hab.«

Schönfelder nickte und machte sich auf den Weg. Vorbei an den Ständen, die langsam ihren Zauber verloren. Obst aus dem Süden und Gemüse aus heimischem Anbau wurden wieder verladen, Bäcker, Metzger und Käsehändler verschlossen ihre fahrbaren Verkaufsstände. Die Imbissbetreiber säuberten Pfannen und Fritteusen vom klebrigen Fett des Tages. Zurück blieben Papier, Verpackungsmaterial und leere Holzsteigen. Die Tauben machten sich streitend über die Gebäckkrümel her, die aus den geflochtenen Aufbewahrungskörben geschüttelt wurden. Die städtischen Kehrmaschinen standen schon in den Startlöchern, und bevor sie ihre Bahnen auf dem sich zusehends leerenden Wochenmarkt ziehen konnten, waren andere Menschen damit beschäftigt, noch brauchbare Lebensmittel aufzuklauben und die zum Abtransport auf den Müll getürmten Steigen nach übersehenen oder absichtlich zurückgelassenen Obst- oder Gemüseresten zu durchsuchen.

»Welch ein Kontrast zum Mordfall Schneider, der in einer ganz anderen Welt zu spielen scheint«, ging es Schönfelder durch den Kopf, als er zu seinem Wagen auf dem Parkplatz an der wallonisch-niederländischen Doppelkirche zuging. »Und was hat er jetzt von seinem Reichtum? Nichts. Überhaupt nichts.«

Auf dem Parkplatz neben der altehrwürdigen Kirche fielen ihm zwei ungewöhnliche Motorräder auf. Bullige Hinterreifen, weit ausladende Zylinder, Fetische aus Stahl, Lack und Chrom. Der Schriftzug »Harley Davidson« auf den verhältnismäßig schlanken Tanks lenkten Schönfelders Gedanken wieder in eine andere Richtung. Hatte Mario vorhin nicht mehrfach gefragt, was mit seiner Harley los sei?

»Seit wann fährt der Kerl Motorrad?«, überlegte Schönfelder. »Der kann ja nicht mal TÜV und Jahresinspektion für seinen Mini zahlen.«

Schönfelder löste den Blick von den beiden Ungetümen im Schatten der Kirche, die vor vierhundert Jahren von Glaubensflüchtlingen erbaut worden war, die nicht nur die Neustadt gründeten, sondern Hanau auch zu wirtschaftlicher Blüte brachten. Alles auf der Grundlage eines klugen Vertrages zwischen dem jungen Hanauer Grafen und den Asylsuchenden aus dem Norden. Weder Integrations- noch Präventionsbürokratie waren damals nötig, um ein sinnvolles Miteinander hinzubekommen, ging es Schönfelder durch den Kopf.

Schönfelder wandte den Blick von dem imposanten Bauwerk ab, dessen kleinere Hälfte nach der totalen Zerstörung bei der Bombardierung Hanaus im Zweiten Weltkrieg wieder aufgebaut worden und als Gotteshaus für die Calvinisten in Betrieb war. Die Reste des größeren Teils stehen als mahnende Ruine auf dem Platz. Von der einstigen Lebendigkeit eines Zentrums des Handwerks und Handels ist heute nichts mehr zu spüren in der ehemaligen Hanauer Neustadt. Baugesellschaftsblocks umgeben den Kirchplatz und bieten preisgünstigen Wohnraum, der gemäß städtischer Zukunftsvision bald gehobenen Ansprüchen weichen soll. Schönfelder empfand es als Beruhigung, dass in seinem Steinheimer Wohnviertel wohl kaum mit solch gravierenden Strukturveränderungen zu rechnen sein würde. Noch ein paar Schritte, und er stand vor seinem Wagen.

Auf der Fahrerseite zeigte sein kleiner Opel deutliche Kratzspuren an Tür und Kotflügel. Der hintere Radkasten war so eingebeult, dass er das Rad blockierte, und die Kunststoffstoßstange hing in armseligen Splittern von der Karosserie herab. Der Rest verteilte sich als Stoßstangenpuzzle auf dem Asphalt des Parkplatzes hinter dem Wagen.

Schönfelder stand zunächst mit offenem Mund vor seiner ansonsten gepflegten Familienkutsche aus Rüsselsheim, fuhr dann ungläubig mit der Hand über die schadhaften Stellen, als müsse er sich so den Zustand seines fahrbaren Untersatzes vergegenwärtigen. Schönfelder hörte beim Abtasten der Beulen, Kratzer und Schrammen förmlich, wie Blech auf Blech trifft und aneinander schürft, er fühlte, wie der Radkasten krachend und knirschend gegen den ganz neuen Hinterreifen gedrückt wurde, und dann das

Splittern der Stoßstange, die ihren Namen eigentlich nicht verdient, aber den Werkstätten mit runden 1200 Euro doch einen nicht zu unterschätzenden Auftrag bringt. Zusammen mit den Karosseriearbeiten und der Neulackierung, Schönfelder überschlug den Schaden grob, eine Affäre von rund 3500 Euro, zuzüglich Ersatzwagen während der Reparatur und einem Haufen Scherereien mit Versicherungen, Ämtern und Gutachtern.

Schönfelder war den Tränen nahe. Nicht allein wegen des Schadens, sondern auch wegen der ganzen Unannehmlichkeiten, die ihm mehr als ungelegen kamen. Gerade hatte er das Handy gezückt, um Anzeige gegen Unbekannt zu erstatten. Doch das Handy war schneller. Schönfelder drückte auf »Gespräch annehmen« und hatte die Stimme des Dienststellenleiters der Hanauer Polizeidirektion im Ohr.

»Schönfelder! Hier Huber. Hallo, wie gehts denn so? Was machen die Rosen?«

Schönfelder brauchte einen Moment, um umzuschalten. Dann aber war er, gerade nach der letzten Frage, in seinem Element. »Ah ja, Chef, die Rosen! Bestens. Ich habe von einem Kollegen vor Kurzem eine historische Rosensorte aus Großbritannien erhalten, die am englischen Hof bereits ...«

»Ist ja gut, Schönfelder! Kriegen Sie sich wieder ein«, würgte Huber den Redefluss des Ruheständlers ab. »Ist jetzt alles unwichtig! Wir wollten Sie über einen Zeitvertrag wieder in den Dienst stellen, solange Weinrich ... Naja, Sie wissen ja, was vorgefallen ist. Böse Geschichte. Und wir haben Druck von allen Ebenen, um in dem Fall weiterzukommen. Ich kann doch auf Sie zählen?«

Schönfelder fühlte sich auf dem linken Fuß erwischt. »Ja, aber ...«, wollte Schönfelder erst einmal Zeit gewinnen.

»Ja! Ich hab ein Ja gehört. Das habe ich auch von Ihnen erwartet, Schönfelder. Sehr gut, dass Sie wieder mit im

Boot sind. Kommen Sie so schnell wie möglich am Freiheitsplatz vorbei wegen der Dienstmarke, und den Vertrag unterschreiben Sie dann auch. Wusste ich doch, dass wir uns schnell einig werden. Ja ja, einmal Bulle, immer Bulle. Wenn man nur Ochs gelernt hat, dann muss man eben ziehen. Bis dann, Schönfelder.«

Der Chef hatte das Gespräch beendet. Schönfelder stand da wie vor den Kopf geschlagen und blickte ungläubig auf das Display seines Handys. Kein Zweifel, das war kein Scherz eines Spaß verstehenden Fernsehsenders. Die angezeigte Nummer war tatsächlich die seines ehemaligen Chefs.

Nachdem Schönfelder den Blick vom Display gelöst hatte, fiel ihm ein Zettel an der Windschutzscheibe seines Autos auf. Mit zitternden Fingern zog der Ex- und seit fünf Sekunden »exhumierte« Kommissar das Papier unter dem Scheibenwischer hervor und faltete es auseinander.

»Lieber Verkehrsteilnehmer. Tut mir schrecklich leid, was passiert ist. Hatte aber keine Zeit zu warten. Komme in voller Höhe für den Schaden auf, bitte rufen Sie mich an.«

Schönfelder fühlte einen leichten Hauch, der ihm den Glauben an die Menschheit zumindest ansatzweise wieder zurückbrachte. Schnell wählte er die angegebene Handynummer und wartete, bis das Freizeichen abbrach und eine Damenstimme sagte: »Ja, hier Magda Spiegler-Wattenbroich, wer spricht da bitte?«

»Schönfelder, Polizei Hanau«, meldete sich der frisch reaktivierte Ermittler am Telefon. »Sie haben mir da einen ganz schönen Schlag versetzt«, fuhr er fort.

»Wie bitte?«

»Mein Wagen«, ergänzte Schönfelder. Mein Wagen ist kaputt.«

»Ja ja. Ich bitte vielmals um Entschuldigung. Ich war so in Eile, und da hat es Bumms gemacht. Aber das wird sich doch sicher regeln lassen? Oder?«

Die Dame am anderen Ende der Leitung startete eine Charmeoffensive. »Nehmen Sie sich doch einfach auf meine Rechnung ein Taxi.«

»Wie? Soll ich jetzt für den Rest meiner Ermittlungsarbeiten mit der Taxe vorfahren?« Schönfelder war einigermaßen verwirrt angesichts der unaufgeregten Nonchalance seiner Telefonpartnerin. »Wer sind Sie überhaupt?«

»Magda Spiegler-Wattenbroich, das sagte ich Ihnen doch bereits. Sind Sie verletzt?«, fühlte sich die Dame bemüßigt zu fragen. Sie schien einen Dachschaden bei Kommissar Schönfelder zu vermuten.

»Ähh nein, natürlich nicht. Wäre ja noch schöner.«

»Kommen Sie doch einfach vorbei, und wir regeln die Formalitäten bei einer Tasse Kaffee«, fuhr die Dame mit dem unaussprechlichen Namen unbeirrt fort.

»Wo wohnen Sie denn?«

»Hohe Tanne, Unter den Tannen 3«, kam die Antwort prompt.

Schönfelders innerer Alarmwecker klingelte. Der Ortsteil Hohe Tanne war seit dem Schneider-Mord die heiße Ermittlungszone. Der innere Ring des Verbrechens sozusagen. Ausgerechnet hier sollte er zum Kaffee vorfahren. Eine verlockende Aussicht, wie ihm schien.

»Bin in zehn Minuten da«, sagte er nach kurzer Bedenkzeit und legte auf.

Der Taxifahrer zeigte sich als Zierde seiner Zunft. Die Hundedecke im Fond verriet ihn als Tierfreund und Tiertransporteur.

»Was gibt's Neues in Hanau?«, versuchte Schönfelder ein Gespräch anzuknüpfen. Doch der Fahrer zeigte nur stumm auf einen kleinen Aufkleber am Armaturenbrett. „Bitte während der Fahrt nicht mit dem Fahrer sprechen", stand da. Schönfelder schnaufte schwer und beklagte innerlich den Untergang dieses Gewerbes. Strenger Geruch nach feuchtem Fell schwappte in jeder Kurve nach vorn.

»Ja ja, Tiere sind die besseren Menschen«, versuchte Schönfelder einen zweiten Anlauf, um den Fahrer aus der Reserve zu locken. »Die Tierheime sind voll von diesen armen Dingern, die vom Menschen verstoßen wurden, nur weil sie ihnen nicht in den Kram passen.«

Langsam drehte sich der Kopf des Fahrers in Schönfelders Richtung. Doch die Augen blieben misstrauisch, wie bei einem geprügelten Hund, der schlechte Erfahrungen mit dem Menschengeschlecht gemacht hat und sich deshalb von ihnen fern hält.

»Da haben Sie recht«, ließ sich der Fahrer zu einer Kurzmitteilung herab.

Schönfelder nickte, und sie schwiegen wieder. Stumm, nur begleitet vom leisen Brummen des Diesels erreichten sie ihr Fahrziel. Schönfelder zahlte den angezeigten Betrag und suchte sich instinktiv nach Hundehaaren ab.

»Ich habe einen Pudel, der haart nicht«, ließ sich der Fahrer zu einem vollständigen Satz hinreißen.

»Vielleicht transportieren Sie ja auch Kamele, Affen und sonstiges Getier«, revanchierte sich Schönfelder für die Servicewüste, doch der Fahrer quittierte die Anspielung nur mit einem »Häh?«. Schönfelder winkte entnervt ab.

Kurz darauf entschwand das Taxi auf der Suche nach neuer Kundschaft. Die Tür Unter den Tannen 3 öffnete sich vollautomatisch.

»Hier muss es wohl eine Lichtschranke geben«, überlegte Schönfelder irritiert.

Die Hausherrin erschien auf dem dunklen Parkett im Flur. In ihrem hellen Kleid leuchtete sie wie ein Engel in der Sixtinischen Kapelle.

»Sie müssen das Opfer meiner Fahrkünste sein«, versuchte die Dame, Mitte fünfzig, mit strahlendem Lächeln einen Scherz. »Trinken Sie Ihren Kaffee schwarz oder mit Milch und Zucker?«

»Letzteres«, antwortete Schönfelder, während er im gediegenen Ledersofa im Stile des britischen Empire Platz nahm. Sofort versank er in den Tiefen des Möbels, das ihn scheinbar nie mehr freigeben wollte.

»Hier kann man es aushalten«, sagte er anerkennend und ließ den Blick über die Einrichtung schweifen. In einer Vitrine standen Pokale aufgereiht, mit dezenter Hintergrundbeleuchtung illuminiert.

»Wie bei Real Madrid«, bemerkte Schönfelder.

»Das ist das Hobby meines Mannes«, erklärte die Dame, deren Blick dem Schönfelders gefolgt war. »Er spielt leidenschaftlich gerne Golf.«

Da war er wieder, der alarmierende Warnton, der ihn zur Vorsicht mahnte. »Hier spielt jeder Golf, nicht wahr?«

Sie nickte und blickte dabei etwas gelangweilt.

»Ich habe schon alles vorbereitet«, sagte sie, als sie ihr Lächeln wiedergefunden hatte, und nahm die Papiere vom Schreibtisch. »Wegen der Versicherung und so.«

Schönfelder überflog die Erklärung zum Schuldeingeständnis und die Versicherungsunterlagen.

»Neulich soll hier ja ein Mord passiert sein«, wagte er schließlich einen Frontalangriff.

»Ja ja«, bestätigte die Dame des Hauses. »Aber da müssen Sie besser Bescheid wissen als ich. Sie sind ja der Mann von der Polizei.« Dabei betonte sie das Wort Mann etwas zu stark.

Sofort begann Schönfelder zu schwitzen. Er war in eine Falle getappt. Der Unfall, der Zettel mit der Telefonnummer, die Einladung zum Kaffee. Wahrscheinlich war die Dame auf ein Abenteuer aus. Während der Ehegatte in Kuala Lumpur die Millionengeschäfte abschloss, sollte er hier als Kaffeehappen enden. Instinktiv suchte er den Kaffee mit seinem Löffel auf Rückstände eines Betäubungsmittels oder Aphrodisiakums ab, das seine Männlichkeit beflügeln sollte. Aber er konnte keine Spuren eines verräterischen Pulvers entdecken.

»Hören Sie, so ist es nicht«, unternahm er einen Abwehrversuch.

»Nicht?«, wiederholte sie enttäuscht. »Ja sind Sie denn nicht bei der Polizei?«

»Doch das schon aber, ...« Schönfelder wand sich und suchte den Ausweg aus der Sackgasse. Hatte er alles gründlich missverstanden und war die Zweideutigkeit der Unterhaltung nur in seiner Fantasie vorhanden?

Magda Spiegler-Wattenbroich hatte inzwischen wieder Platz auf dem schweren Ledersofa genommen. Der Abstand zwischen ihnen betrug nur einen Hauch von Luft. Schönfelder konnte ihr teures Parfum riechen, das sich wie eine dezente aber nachdrückliche Aufforderung in seine Nase bohrte.

»Was war das eigentlich für ein Mensch, dieser Tote?«, versuchte Schönfelder das Gespräch auf ein Gebiet zu lenken, wo er sich mehr zu Hause fühlte.

»Ach der, der war ja nie da. Seine Frau ist genauso vereinsamt wie ich.« Magda atmete hörbar und schaute zu Schönfelder mit einem resignierten Lächeln. »Tja, so ist es. Die Männer machen Geschäfte und bauen Paläste, in denen sie ihre Reichtümer aufbewahren. Manchmal wird das Schloss allerdings zu einem Gefängnis. Ich freue mich ja schon über jeden Herrenbesuch, selbst wenn er deutlich älter ist als ich.«

Schönfelder musste unwillkürlich husten. Die direkte und offene Art der Hausherrin verschlug ihm die Sprache.

»Oder ich fahre absichtlich die Autos anderer Verkehrsteilnehmer zu Schrott, nur um etwas Gesellschaft zu haben. Sie sind schon mein vierter Unfall diesen Monat.« Sie lachte entwaffnend. »Noch einen Kaffee?«

Schönfelder schüttelte den Kopf. »Ich muss dann gehen«, sagte er leise. Flucht schien ihm die einzige Möglichkeit, um dem Zugriff der Dame zu entkommen.

»Schade. Darf ich Sie wenigstens zur Tür begleiten?«

Schönfelder nickte und stand wenige Augenblicke später auf dem Treppenabsatz.

»Mit wem hatte Schneider eigentlich zu tun?«, stellte er eine letzte Frage.

»Geschäftsleute aus aller Welt. Schneider hatte mit jedem zu tun, mit dem sich Geld verdienen ließ. Mein Mann war auch oft genug auf diesen Schneider-Partys. Manchmal konnte man glauben, Schneider sei der Chef der Firma. Dabei war er doch auch nur ein Angestellter, wenn auch ein hochbezahlter. Also dann: Das nächste Mal mache ich um Ihr Auto einen Bogen, einverstanden?«

Schönfelder lächelte, und die Wohnungstür fiel ins Schloss. Ihn fröstelte angesichts Frau Spiegler-Wattenbroichs Einsamkeit. Der Herbstwind tat ein Übriges, und so stellte der Ermittler den Kragen seines Mantels hoch. Gewappnet gegen innere und äußere Kälte lief er die Straße entlang, die links und rechts mit Platanen bepflanzt war, in Richtung Innenstadt. Nachdem ein halbes Dutzend vorbeifahrender Taxen seine wilden Winkbewegungen ignorierten, erbarmte sich ein Fahrer und hielt am Straßenrand.

»Wo soll's hingehen?«, fragte der Mann am Steuer nach dem Ziel.

Schönfelder hob hilflos die Schultern. »Irgendwohin«, sagte er. »Ich muss überlegen.«

»Geht es etwas genauer«, grantelte der Fahrer.

Schönfelder seufzte. »Wo treffen sich hier die Reichen, ich meine, die, die wirklich Geld haben?«

»Treffen kann man die nicht«, sagte der Taxifahrer. »Die bleiben unter sich. Die spielen Golf, gehen in den Reitverein oder sind bei ihren Clubs. Dort lassen sie sich als gute Menschen feiern und spenden eine Wasserleitung für ein Dorf in Burundi. Wenn Sie die Millionäre suchen, dann müssen Sie nach Bad Homburg oder in den Vordertaunus. Dort steht eine Villa an der nächsten. Wenn Sie wollen, fahre ich Sie gerne hin.«

Der Fahrer mit den profunden Kenntnissen gesellschaftlicher Verhältnisse witterte das Geschäft des Tages. »Aber so kommen Sie da nicht rein«, meinte er mit abschätzendem Blick auf Schönfelders Äußeres. Abgewetztes Jackett, verbeulte Hose, Schuhe, an denen der Lack längst ab war. Schönfelder konnte eher als Hartz-IV-Empfänger durchgehen denn als wohlhabender Goldesel.

»Also? Wie sieht es aus?« Die Hand des Fahrers bewegte sich in Richtung Taxometer, als Schönfelder intervenierte. »Danke. Ich steig lieber aus. Ich muss laufen, da komme ich auf die besten Gedanken«, sagte er, und drückte dem verdutzten Chauffeur einen Zehn-Euro-Schein als Entschädigung in die Hand. »Für die Beratung.«

Schönfelder setzte sich in Bewegung. Seine Gedanken kreisten um die bessere Gesellschaft. Irgendwie musste er Zugang zu ihr gewinnen. Er brauchte eine Eintrittskarte. Weinrichs Trick, Golf zu spielen, erschien ihm nun in einem ganz neuen Licht. Verdammt schlau, sinnierte er anerkennend. Ich muss mir etwas Ähnliches einfallen lassen.

Der kühle Herbstwind tat dem auf Hochtouren arbeitenden Ermittlerhirn gut. In Gedanken versunken, schritt er den Gehsteig entlang. Vorbei an den Villen, die mit schmiedeeisernen Zäunen und Türen gesichert waren, versteckt hinter gepflegtem Buschwerk lagen oder mit weitläufigen Balkons und Wintergärten vor den verglasten Fronten im ersten Stockwerk prahlten. Hinter diesen Fassaden jedoch scheinbar die gleichen alltäglichen menschlichen Dramen. Stärker ausgeprägt vielleicht noch, weil materiell satt. Keine Möglichkeit mehr, sich zu freuen auf das neue, über lange Zeit zusammengesparte Sofa, Auto oder die Einbauküche.

Schönfelder musste unwillkürlich grinsen, als er an den Überfall der Handwerker dachte, die vor vielen Jahren Gerdas sorgfältig ausgewählte Einbauküche installierten. Über ein Jahr lang war von jedem Gehalt ein Teil abgezweigt worden. Weil Frau Schönfelder es leid war, sich am alten Gasherd die Finger zu verbrennen. Ein Ceranfeld sollte es jetzt schon sein. Und helles Furnier an den Ober- und Unterschränken. Freundlich, hell, zweckdienlich. Und wie sie mit Adleraugen darüber wachte, dass die Schrank- türen weder schleiften noch quietschten. Eine regelrechte Prüfung für die Monteure, die in Gerda ihre unerbittliche Meisterin gefunden hatten. Aber für knappe 10 000 Euro war ja wohl auch Qualitätsarbeit zu erwarten.

Schönfelder blickte die Straße mit den großzügigen Bau- ten entlang. Das Haus dort, das musste die Villa Schneider sein. Schönfelder verlangsamte seinen Schritt, betrachtete die breite Einfahrt zur Garage und das Tor zum gepflegten Weg, der zur Haustür führte. Der Türknauf ließ sich dre- hen. Lautlos schwang das Eisen zur Seite, und Schönfelder ging mit knirschenden Schritten auf die Haustür zu.

Warum nicht der Witwe einen Besuch abstatten? Schließlich war er wieder in offizieller Mission unterwegs. Und die schrie geradezu danach, die Lücken der ersten Vernehmungen zu schließen.

»Schlamperei«, dachte Schönfelder, während er tief durchatmete und den Klingelknopf drückte.

»Ja bitte?«, meldete sich eine helle Stimme durch die Sprechanlage.

»Schönfelder. Kommissar Herbert Schönfelder. Ich hät- te da noch ein paar Fragen, Frau Schneider.«

Im Lautsprecher klickte es, dann wurde die Tür geöff- net. Witwe Schneider schien nicht sehr über den Besuch erfreut.

»Ich habe doch schon alles ausgesagt. Was wollen Sie denn noch?«

Während sie ihre Standarderöffnung herunterleierte, glitt ihr Blick über das Äußere des Kommissars, und ihre Stirn legte sich ob des überalterten Anzuges unter einem längst nicht mehr modernen Herbstmantel in Falten.

»Mhmm«, ließ sie nach der Musterung betont gering- schätzig vernehmen.

»Meine Dienstkleidung. Für das Waschen der schmutzigen Wäsche anderer genau das richtige«, erwiderte Schönfelder und drückte die Haustür auf, die Frau Schneider nach wie vor nur einen Spalt breit geöffnet hatte. Schönfelder schlüpfte an der Witwe vorbei und stand im Flur.

»Sie können die Tür jetzt schließen. Ich bin allein gekommen.«

Witwe Schneider drückte leicht überrascht die Tür ins Schloss und ergab sich ins Unvermeidliche.

»Kommen Sie bitte!«

Freundlichkeit war nicht in ihrer Stimme, als sie Schönfelder voraus ins Wohnzimmer ging. Doch Schönfelder bemühte sich um Verständnis.

»Ich weiß, es ist nicht gerade angenehm an den Tod des Mannes erinnert zu werden.«

Die Witwe nickte.

»Der Tatort, wie ich annehme?« Schönfelder hatte das Wohnzimmer betreten. Nichts deutete mehr auf die blutige Auseinandersetzung hin, die vor wenigen Tagen hier stattgefunden hatte.

»Gereinigt oder ausgewechselt?«, fragte der Kommissar mit Blick auf den Teppich, auf dem Karl Schneider in der Morgendämmerung verblutet war.

»Ausgewechselt«, ließ Witwe Schneider vernehmen.

Schönfelder fixierte die Hausherrin. »War vielleicht voreilig. Heute ist da so viel möglich.« Und ehe er sich versah, befand sich der Kommissar in einem Vortrag über moderne Fleckenentfernung. Aufgeschnappt aus Gerdas Erzählungen, die ihrem Gatten zum Essen oft auch begeistert die Werbetexte aus den Dauerwerbesendungen der Privatprogramme servierte. »Und nicht mal teuer«, endete Schönfelder seine Ausführungen über faserschonende Nanotechnologie, die selbst hartnäckigsten Schmutz rückstandslos entfernt. »Werden unsere Kommissare so schlecht bezahlt, dass sie sich als Putzmittelvertreter noch etwas nebenher verdienen müssen?«

Der Stich der Witwe brachte Schönfelder keineswegs aus dem Konzept. Er nahm die Einladung zum Wortduell an. Pietätvolle Rücksichtnahme schien ihm nun fehl am Platz.

»Jetzt, wo Sie wohl als Alleinerbin über ein wie ich höre recht beträchtliches Vermögen verfügen können, ist Sparsamkeit kaum von Nöten.«

Die Witwe quittierte die Attacke mit einem dünnen Lächeln. Schönfelder setzte sich ihr in einen der Ledersessel mit Überbreite gegenüber und legte nach.

»Frau Schneider, Sie haben ausgesagt, dass Sie Ihren Mann bei Ihrer Rückkehr gegen drei Uhr morgens in diesem Zimmer tot aufgefunden haben. Wo waren Sie vorher?« Schönfelder zog einen kleinen Block und einen Kugelschreiber aus der Innentasche seines Jacketts.

»Ich war auf einer Sitzung der Engelsflügel. Eines Frauenserviceclubs, der gemeinnützige Projekte unterstützt.«

Der Kommissar blätterte in seinem Block. »Und nach Ende der Sitzung sind Sie gleich hierher gefahren?«

Die Witwe nickte bestimmt. »Das habe ich doch schon ausgesagt.«

Schönfelder beugte sich nach vorne, stützte die Ellbogen auf die Knie, um nicht gänzlich in dem Ledersessel zu versinken.

»Ihre anderen Engelsflügel haben aber zu Protokoll gegeben, dass die Sitzung gegen 23.45 Uhr beendet war und die Versammlung sich dann aufgelöst hat. Uns fehlen also knapp drei Stunden.«

Witwe Schneider blickte auf ihre Knie und knetete ihre Finger. Unsicher versuchte sie zu erklären, dass sie mit Freundinnen noch auf ein oder zwei Wein geblieben sei. Bei der Vernehmung am Tatort sei sie wohl so durcheinander gewesen, dass sie das nicht zu Protokoll gegeben habe.

»Hören Sie! Ich war ja im Schock! Ich komme nach Hause, und da liegt mein Mann ...«

Der Rest ging in Schluchzen unter.

»Und wer war der männliche Engelsflügel im Golfclub, mit dem Sie sich dann später in der Tatnacht so angeregt unterhalten haben?«

Das Schluchzen hörte auf, und Witwe Schneider starrte den Kommissar mit offenem Mund an.

»Woher ...?«

Schönfelder hob abwehrend die Hand. »Ich stelle hier die Fragen.«

Aber so sehr er auch bohrte, bei der Witwe Schneider biss Schönfelder trotz seiner zuverlässigen Informationen von Greenkeeper Manni, der die Schneider in der fraglichen Nacht mit einem Mann – »hat ausgesehen wie ein Mahardja ...« – gesehen hatte, auf Granit und schon fiel das Wort »Anwalt«. Auf das Beisein eines Anwaltes legte der Kommissar in diesem Moment keinen Wert.

»Frau Schneider! Es geht hier um den Mord an Ihrem Mann. Und zur Aufklärung ist es nötig, die Puzzleteile der Mordnacht zusammenzusetzen. Also kommen Sie mir nicht mit Ihrem Anwalt.«

Die Witwe strich sich ihr elegantes schwarzes Kostüm zurecht und fand wieder zu ihrer Überlegenheit zurück.

»Herr Kommissar, Sie können gar nicht nachvollziehen, wie in meinen Kreisen die Kontakte gepflegt werden und die Verbindungen laufen, um wichtige Maßnahmen für die Gesellschaft auf den Weg zu bringen. Das ist oft auch mit einem Stück Geheimdiplomatie verbunden. Und so etwas gehört nicht in Vernehmungsakten. Fragen Sie doch Ihren Vorgesetzten Huber. Der wird Ihnen das bestätigen können.«

Schönfelder spürte, dass er hier nicht weiter kam. Also blätterte er seine Theorie über den Technologieklau auf, befragte die Schneider nach geschäftlichen Kontakten des Opfers, nach Freunden und Feinden, nach Partnern und Neidern, alles ohne Ergebnis.

»In seine Geschäfte hat mich mein Mann nie eingeweiht«, war ihr Standardsatz. Schon möglich, dass es Streit wegen einer technischen Entwicklung gegeben habe. Mit wem? Da gab die Witwe wieder vor, passen zu müssen. Auseinandersetzungen? Ja, natürlich, die seien ja wohl selbstverständlich. Aber wenn jede Auseinandersetzung oder Meinungsverschiedenheit mit einem Mord enden würde, dann müsste die gesamte Führungsetage in Karl Schneiders Umfeld bereits auf dem Friedhof liegen. In ihren Kreisen sei das alles etwas komplizierter, als es sich ein einfaches Kriminalistenhirn zusammenreimen könne.

Witwe Schneider ließ keinen Zweifel daran, dass sie Schönfelder keineswegs für den geeigneten Mann hielt, um Licht in das Dunkel der Tat zu bringen. Allein sein äußeres Erscheinungsbild lege schon den Schluss nahe, dass er sich doch besser auf Autoknacker und minderjährige Ladendiebe konzentrieren solle. Eine Abfuhr, die Schönfelder wieder tiefer in die Lederpolster drückte.

Ja, das war wirklich nicht seine Welt. Hier liefen die Fäden zusammen, wusch eine Hand die andere, kannte jeder jeden, und jeder war dem anderen noch einen Gefallen schuldig. Hier galten andere Gesetze. Solche, die in keinem Gesetzbuch niedergeschrieben waren.

»Frau Schneider, ich muss Sie bitten, sich zur Verfügung zu halten.« Schönfelder hatte zwar seinen Fragenkatalog noch nicht abgearbeitet, aber ihm war die Lust auf die weitere Befragung vergangen.

»Ich werde Sie gegebenenfalls in die Dienststelle bitten.« Er fühlte sich nach den Wortattacken der Witwe nun wirklich nahezu wie ein Unberührbarer in diesem mit chinesischen Vasen und dicken Teppichen ausgestatteten Wohnzimmer. Wenn, dann wollte er sich die trauernde Witwe in seinem Umfeld vornehmen.

»Das war zunächst einmal alles, Frau Schneider.« Schönfelder erhob sich mühsam. Das Leder des Sessels wollte ihn nicht freigeben und drohte nun, ihn gänzlich zu verschlucken. Schwankend kam Schönfelder auf die Beine.

»Höchst unpraktisches Möbelstück«, entfuhr es dem Kommissar, als er endlich auf den Beinen war.

»Nur wenn man es nicht gewöhnt ist«, lächelte die Witwe eiskalt zurück, die ebenfalls aufgestanden war, um Schönfelder an die Tür zu bringen.

»Nicht nötig. Ich finde den Weg schon selbst.« Gruß-los durchmaß Schönfelder den Flur und war froh, als er draußen wieder die kühle Herbstluft atmen konnte. »Bei Inspektor Colombo funktioniert das immer wie im Bilderbuch«, ging es dem Kommissar durch den Kopf.

Vor ihm lag ein halbstündiger Fußmarsch in die Hanauer Innenstadt. Genug Zeit also, um den Gedanken freien Lauf zu lassen. Schönfelder entschied sich zuvor für einen Abstecher in den benachbarten Wilhelmsbader Kurpark. Zwar hatte das Bad schon lange keinen Kurgast mehr gesehen, doch der morbide Charme der Pavillonbauten und Arkaden mit ihrer abblätternden Farbe und den gewundenen Wegen durch die Parkanlage inspirierten den Ermittler. Mitten im Park befand sich ein altes Karussell, das zu Zeiten des Erbprinzen Wilhelm Kurzweil gebracht hatte. Die Holzpferde, die mit einer komplizierten Mechanik bewegt wurden, standen nun still. Ein Pferdekopf von Fäulnis in zwei Hälften gespalten, irgendwo am Boden lag ein Pferdeschweif. Für einen kurzen Moment konnte er sich das einstige Leben im Park vorstellen. Spaziergänger, mit einem Glas Mineralwasser in der Hand, wandelten an Buden und kleinen Geschäfte entlang und vergaßen dabei die Zeit, gepuderte Herrschaften, die sich koketten Amüsements hingaben. Dann löste er sich von dem melancholischen Gefühl, welches das Karussell stets bei ihm auslöste, und lenkte seine Schritte weiter. Vorbei am Comoedienhaus, einem höfischen Theater und heiteren Ort frivoler Lustbarkeiten.

Entlang der Wilhelmsbader Allee mit ihren alten Linden kehrte er zurück in das Hanauer Alltagsgesicht aus Straßenkreuzungen, schmucklosen Nachkriegsbauten, Brachflächen und rostigen Eisenbahngleisen. »Hanau, die Stadt von Morgen«, kündete ein Plakat von der neuen Zeit, die mit einem großen Bauvorhaben eingeläutet werden sollte, mit dem sich die Stadt ihrer Vergangenheit und der damit verbundenen Bausünden durch neue entledigen wollte. Doch das zukünftige Hanau, das mit vielen Geschäften und glücklichen Menschen von der Plakatwand strahlte, hing bereits in papierenen Fetzen.

Endlich erreichte Schönfelder den Freiheitsplatz, Hanaus größten Parkplatz, wie Spötter behaupteten, und lenkte seine Schritte unwillkürlich in Richtung eines neu eröffneten Herrenausstatters, der sich als Vorbote der neuen Zeit wohl einen Wettbewerbsvorteil durch Ich-war-als-Erster-hier sichern wollte.

Edle Anzüge hingen an ebenso edel geformten Modellkörpern und versprachen Status und Geltung. »Was kann ich für Sie tun?«, begrüßte ihn eine Verkäuferin mit liebreizendem Lächeln.

Schönfelder hielt inne und zeigte mit seinen Händen auf sein mangelndes Erscheinungsbild. »Ich brauche etwas Frisches, wie sie sehen.«

Verständnisvoll führte ihn die Dame nach oben in den ersten Stock und präsentierte eine Fülle von Anzügen mit klangvollen Markennamen. Es folgte ein Verkaufsgespräch mit Kaffeeservice, netten Komplimenten, »der steht Ihnen gut«, oder »dieser Stoff bringt Sie voll zur Geltung«, und »hierin wirken Sie sehr dynamisch und entschlossen, den Anzug kann man gut zu einem Clubabend anziehen«. Die Dame musste es wissen. Sie war vom Fach. »Dynamisch, entschlossen, Clubabend«, das überzeugte Schönfelder.

Dezent erkundigte er sich nach dem Preis. Die genannte Summe versetzte ihn in Schwindel. Wie sollte er den Kauf eines Luxusanzugs gegenüber seiner Frau rechtfertigen? Er sah nur eine Möglichkeit. Er musste seinen Dienstherrn von der Notwendigkeit der Geldanlage überzeugen, wenn er nicht einen erneuten Gesprächsabend mit Gerda riskieren wollte. Bei der Vorstellung, mit Huber über die erhöhte Verbrechungsaufklärung bei entsprechend makelloser Dienstkleidung zu sprechen, kam das Lächeln in sein Gesicht zurück, denn das erschien ihm eine weit weniger schwierige Aufgabe als eine Diskussion mit seiner Ehefrau. Er zahlte, die Dame begleitete ihn zur Tür und hatte einen abschließenden Tipp parat: »Ich würde noch einen Besuch beim Friseur empfehlen.« Dabei lächelte sie entwaffnend, und Schönfelder fühlte sich genötigt, ein paar Euro Trinkgeld springen zu lassen.

Mit Tüten schwer bepackt, reihte er sich in den Strom der Passanten ein. Trotzdem fühlte er sich seltsam leer. 799 Euro hinterließen eben doch ein fühlbares Loch in der Kasse eines Pensionärs. An Einkäufen hatte er noch nie Vergnügen gefunden, es sein denn, eine seltene Rosenstaude erregte seine Begierde.

Schönfelder überquerte den Freiheitsplatz. Das Polizeigebäude erhob sich in den Himmel. »Zum Chef«, sagte er zum Portier, als er das Eingangsportal durchquerte, und bestieg den Fahrstuhl in den siebten Stock.

»Ah, der Herr Schönfelder«, begrüßte ihn die Sekretärin. »Sie können rein, aber er hat nicht die beste Laune«, flüsterte sie.

»Immer noch wegen des Schneider-Falls?«

Sie nickte.

»Naja, dann bringe ich ja gute Neuigkeiten«, sagte er und betrat das Büro des Polizeidirektors Huber, dem Familie über alles ging. Die Bilder seiner Liebsten standen aufgereiht auf dem großen Schreibtisch. Frau, Hund und Kinder strahlten ihn aus goldgerahmten Fotografien aufmunternd an, Kraftquelle für einen Beamten am Ende seiner Arbeitstage. Fast vierzig Dienstjahre hatten ihre Spuren hinterlassen. Gebeugt von der auf seinen Schultern ruhenden Last der Verantwortung, saß er in einem Rücken schonenden Bürostuhl. Doch wer ihn für einen schwächelnden Bürohengst hielt, tat ihm unrecht. Noch immer war er das Alphatier der Hanauer Polizei, und er wusste sich, durch unzählige Kämpfe erprobt, auf dieser Position zu behaupten.

»Ah, der gute Herr Schönfelder«, begrüßte er ihn freudig. »Endlich sehen wir uns mal wieder. Der Ruhestand ist was für alte Leute, nicht wahr?«

Huber lachte brüllend über seinen Scherz. Schönfelder tat ihm den Gefallen und lachte mit. Dann holte er zum Angriff aus. »Ich habe Neuigkeiten im Fall Schneider.«

»Ah, Sie sind ein Segen. Ich wusste, warum ich Sie zurückhole. Dieser Weinrich treibt mich in den Wahnsinn. Trinken Sie einen Schluck?« Huber schien so erleichtert, dass er aus dem Schreibtischfach die Cognacflasche mit zwei Gläsern zog. »Das müssen wir feiern.«

Huber schenkte ein und reichte Schönfelder ein Glas. »Ich vermute den Täter im Milieu der Spitzen der Gesellschaft.«

Huber verschluckte sich augenblicklich. »Verdammt Schönfelder. Machen Sie nicht den gleichen Fehler wie Ihr Kollege Weinrich.«

»Ich brauche eine Tarnung«, fuhr der Kommissar unbeirrt fort. »Schauen Sie mich doch einmal an. Ich sehe ja schon von Weitem wie ein verarmter Beamter aus. Das Klientel rümpft die Nase, wenn ich mich nähere. Deswegen habe ich mich neu eingekleidet.«

Die Rechnung ließ Schönfelder beiläufig auf den Tisch fallen. Doch dem aufmerksamen Blick des Dienstherrn entging nichts. Mit schnellem Griff packte der den Quittungsbeleg.

»799 Euro. 799 Euro ...« Huber schnappte nach Luft. »Sind wir hier die Wohlfahrt?«, donnerte er.

Huber ließ sich in seinen schwarzen Ledersessel fallen. »Mein lieber Kollege. Ich beginne an Ihrem Geisteszustand zu zweifeln. Vielleicht sollten Sie sich doch nur um Ihre Rosen kümmern und das Tagesgeschäft meiden.«

Huber war blass geworden und wirkte als sein er innerhalb von Minuten um Jahre gealtert.

Schönfelder blickte auf den zusammengesunkenen Polizeidirektor und bekam so etwas wie Mitleid.

»Wir brauchen Zutritt in die Kreise dieser ...« Schönfelder suchte nach einer passenden Bezeichnung.

»Menschen«, sprang ihm Huber bei.

»Genau, denen kommt man nicht allein mit Online-Durchsuchungen oder Telefonabhören auf die Schliche. Sie müssen uns ihre Geheimnisse anvertrauen, weil sie denken, wir wären einer von ihnen«, sprach er eindringlich auf Huber ein. »Wenn der Täter wirklich aus diesem Milieu stammt ...«

»Ja, wenn«, unterbrach ihn Huber. »Und was wenn nicht? Was glauben Sie, wie dann der Bürgermeister reagieren wird? Der macht sich in die Hosen aus Angst vor Arbeitsplatzverlagerungen, dem Ausfall von Steuergeldern. Die Stadt wird ruiniert sein und alles nur wegen Ihrer Ermittlungen. Und meinen Sie wirklich im Ernst, ich werde dann das Ende meiner Dienstzeit in Amt und Würden erleben?«

»Aber wenn wir den Täter auf diese Weise fassen, dann strahlt Ihr Stern, mein lieber Herr Direktor, um so heller. Über die Landesgrenzen hinaus. Ihr Name wird in der ganzen Republik mit Mut und Entschlossenheit verbunden sein. Als ein Mann, der keine Angst vor großen Namen hat, sondern dynamisch und entschlossen und mit Mut und Weisheit, Geschick und ...«

»Um Gottes Willen, hören Sie auf«, unterbrach ihn Huber. »Seien Sie bloß vorsichtig«, schloss er die Unterredung. »Ermitteln Sie mit Umsicht und Fingerspitzengefühl. Ich bitte Sie, und haben Sie ein Auge auf diesen Weinrich.«

Schönfelder reichte Huber zum Abschied die Hand, doch der winkte nur entkräftet ab.

»Ich glaube, der Direktor braucht ein Glas Wasser«, flüsterte er diskret zur Sekretärin, als er das Büro verließ.

Kurz darauf fiel die schwere Glastür des Eingangsportals hinter ihm zu. Mit zufriedenem Lächeln machte er sich auf den Weg zum Taxistand am Freiheitsplatz. Bald kenne ich jeden Fahrer mit Namen, dachte er, als er seine Einkaufstaschen auf dem Rücksitz eines blankgeputzten Benz platzierte. Der Fahrer schien seinem Wagen beste Pflege angedeihen zu lassen. Diesmal erwartete ihn keine Hundedecke. Stattdessen verströmte ein Duftbaum Zimtaroma im Fond des Wagens.

»Steinheim, Schönbornstraße«, gab Schönfelder das gewünschte Fahrziel an. Der Fahrer nickte stumm, ließ das Fahrzeug an und steuerte aus dem Hanauer Zentrum hinaus. Schönfelder spürte so etwas wie Entspannung, während er seinen Gedanken nachhing. Weinrich im Krankenhaus, das kaputt gefahrene Auto, eine kontaktfreudige Unfallverursacherin, seine Wiedereinsetzung in Amt und Würden, ein nahezu ergebnisloses Verhör mit Witwe Schneider, die mehr zu wissen scheint, als sie zuzugeben bereit ist, der Chef im Zustand tiefster Depression und ein 799 Euro teurer Anzug für eine repräsentative Identität zum Auftritt in der Arena des Hanauer Geldzirkus.

Schönfelder wurde fast schwindelig angesichts der jüngsten Ereignisse. Am liebsten wäre er zurückgerudert, was den Anzug und das damit verbundene Vorhaben betraf. Denn eines war ihm klar: Der teure Markenanzug machte aus ihm noch lange keinen Herren der besseren Gesellschaft. Schönfelder stöhnte ob der Leichtigkeit, mit der die Undercover-Agenten im Fernsehen immer in ihre Rolle finden und dort, wo sie eingeschleust werden, überzeugen. Meistens. Der Kommissar fühlte sich nicht wohl in seiner Haut bei der Vorstellung, dabei zu sein, wenn die Großen sich bei Cocktails oder Champagner über ihre Immobilien austauschten. Und er?

»Ja, ich habe da in der Schönbornstraße ein Einfamilienhäuschen mit kleinem Vorgarten für meine Rosen. Nichts

Besonderes, aber längst abbezahlt. Hatte einen guten Bausparvertrag ...« Schönfelder fröstelte auf dem Rücksitz angesichts der fiktiven Konversation und stellte sich vor, wie die Gesprächspartner der High Society ihn nach solch einer Offenbarung anschauen würden.

»Alles in Ordnung, Meister?« Der Taxifahrer, der gerade den Blinker zum Rechtsabbiegen am Hanauer Hafentor in Richtung Mainbrücke setzte, blickte beunruhigt zu seinem Fahrgast.

»Ja, ja. Alles gut«, gab der auf der Rückbank ziemlich in sich zusammengesunkene Schönfelder zurück.

»Sagen Sie nur, wenn etwas nicht stimmt. Soll ich ein Fenster öffnen, wollen Sie es wärmer haben, soll ich einen Moment anhalten?«

Schönfelder wedelte mit der Hand zum Zeichen, dass der Fahrer einfach weiterfahren solle. »Alles bestens bei mir. Keine Sorge. Ich bin nur etwas abgespannt.«

Der Taxifahrer nickte. »Wissen Sie, ich bin da vorsichtig. Hatte erst neulich so jemanden im Wagen. Der wollte nur nach Maintal. Und am Schloss Philippsruhe hustet der dreimal und sackt weg. Hab gedacht, der schläft. Erst am Ziel hab ich gemerkt, wie tief der schläft. Rettungswagen, Reanimation, Abtransport. Herzinfarkt. Schöne Scheiße so was.«

Das waren Geschichten, wie sie Schönfelder jetzt am allerwenigsten brauchte.

»Dann der ganze Papierkram. Kostet eine Menge Zeit. Und die Anträge auf Fahrtkostenerstattung! Sie glauben nicht, wie da der Amtsschimmel wiehert! Mannomann, ich kann Ihnen sagen ...«

»Ja, glaube ich. Aber Sie brauchen es mir nicht zu sagen. Fahren Sie einfach weiter und konzentrieren Sie sich auf den Verkehr.« Schönfelder wollte nur noch, dass diese Fahrt möglichst schnell zu Ende ginge.

»Das mache ich immer, Meister. Sonst hätte ich den falschen Beruf. Ich sitze ja schon dreißig Jahre hinter dem

Steuer. Mannomann, was man da so alles erlebt. Einmal, da erinnere ich mich mein Lebtag dran, da sind in der Lamboystraße vor der Kaserne drei amerikanische Soldaten eingestiegen und wollten nach Wiesbaden ...«

»Das ist mir vollkommen egal!«, intervenierte Schönfelder entnervt. »Seien Sie einfach still und fahren Sie!«

Der Fahrer schickte einen enttäuschten und prüfenden Blick durch den Rückspiegel zu seinem Fahrgast.

»Ja, Meister. Wie Sie wünschen. Man muss ja nicht dauernd reden. Schweigen ist auch etwas Schönes. Die Ruhe genießen, sich dem Augenblick hingeben, die Gedanken ziehen lassen. Die Welt ist ohnehin viel zu laut, viel zu geschwätzig. Und wenn Sie sich ansehen, über was da meistens geschwätzt wird. Vollkommen belangloses Zeug. Brauchte man kein einziges Wort darüber zu verlieren. Neulich zum Beispiel. Da habe ich drei Frauen aus dem Café Menges abgeholt. Da ging's hier drinnen aber zu wie im Hühnerstall, kann ich Ihnen sagen. Ununterbrochen haben die geschnattert und den letzten Mist zusammengeredet. Wie viel Butter an die Mandeltorte gehört und wie unanständig sich Ellen gegenüber ihrem Mann verhalten hat, wo der doch so ein lieber Mensch ... Mann, Meister, war ich froh, wie ich die wieder draußen hatte.«

»Ich kenne die Situation eher umgekehrt«, gab Schönfelder resignierend von sich.

»Ja, gibt es auch. Aber selten. Wissen Sie, Meister, ich sage immer, wer den Mund nicht halten kann, der soll zum Fernsehen oder in die Politik gehen. Aber weil da die besten Plätze meist schon besetzt sind, fahren dann einige Taxi, um die Wartezeit zu überbrücken. Hahaha! Der war gut, gell?«

Schönfelder wünschte sich in der Tür neben dem Fensterheber einen weiteren Knopf für einen Schleudersitz. Nicht für sich, sondern für den Fahrer. Aber für die wirklich wichtigen Dinge haben die Konstrukteure offenbar immer noch kein Gefühl.

»Halten Sie dort an der Schneiderei Faruk«, wies der Kommissar den Fahrer an.

»Was? Warum ...«

»Halten Sie einfach!«

Der Fahrer trat in die Eisen, der Wagen kam vor der türkischen Schneiderei in der Steinheimer Ludwigstraße zum Stehen.

»Und jetzt?«, fragte der Fahrer irritiert.

»Jetzt gehen Sie da rein und lassen sich den Mund zunähen. Auf meine Rechnung!«

Der Fahrer starrte Schönfelder entgeistert und mit offenem Mund an. Als er endlich kapierte, klappte er den Mund zu und startete den Wagen wieder. »Ist ja gut Meister. Kriegen Sie sich wieder ein. Ich bin ja schon still. Andere Fahrgäste freuen sich, wenn sie ein wenig unterhalten werden. Schließlich erlebt unsereiner die wunderlichsten Geschichten. Da würden andere ganze Fernsehserien daraus machen ...«

»RUHE!« Schönfelder platzte der Kragen endgültig. »Kein einziges Wort mehr bis zur Schönbornstraße!«

Der eben noch hochrote Kopf des Kommissars nahm eine erschöpfte Blässe an. Noch zweimal Abbiegen, dann war der Spuk vorbei. Endstation Casa Schönfelder. Gut. Geschafft. Das Fahrtgeld war abgezählt, Trinkgeld war nicht drin. Wortlos stieg Schönfelder aus, warf die Wagentür ins Schloss und nestelte nach seinem Hausschlüssel, als er hinter sich das Surren eines automatisch öffnenden Autofensters hörte. »War mir ein Vergnügen! Und wenn Sie wieder mal eine Taxe brauchen, hier meine Karte!«

Schönfelder ließ seine Einkaufstaschen auf den Gehweg klatschen, krallte sich die Visitenkarte und zerriss sie in mindestens ein Dutzend Schnipsel, ehe er sie in die Luft warf und die Einzelteile der Karte wie Schneeflocken auf den Gehweg sanken. Laut lachend ließ der Fahrer das Fenster wieder nach oben gleiten und trat auf das Gaspedal.

Immerhin hatte der Kommissar jetzt beide Hände frei, um in allen Taschen nach seinem Hausschlüssel zu suchen. Vergeblich. Sein »Sesam-öffne-dich« blieb verschwunden. Ausgehändigt an den Abschleppdienst, der seinen Wagen vor einigen Stunden in die Werkstatt gebracht hatte. Auch das noch! Gerda wird ja wohl zu Hause sein, dachte sich Schönfelder, während er die Beutel mit seinen Neuerrungenschaften aufsammelte.

Und schon öffnete sich die Haustür. »Was? Der Herr Schönfelder kommt mit dem Taxi heim? Was ist denn mit dem Auto?«

Mit hängenden Schultern schlurfte Schönfelder auf die Haustür zu. »Auf dem Parkplatz kaputt gefahren worden von so einer reichen Schnepfe«, knurrte er und versuchte, sich an Gerda vorbei ins Haus zu drängeln. »Ist alles schon geregelt. Die ist schuld und zahlt.«

»Anscheinend weit mehr als nur den Blechschaden«, giftete Gerda Schönfelder und wies auf die Einkaufstüten mit den Nobelnamen.

»Ach das? Nein, das ist rein geschäftlich«, brummte Schönfelder, während Gerda die Haustür schnell schloss, voller Neugier auf die Tüten schielte und plötzlich von einer Woge des Misstrauens erfasst wurde.

»Wie, geschäftlich?«, fragte sie spitz. Und sie traf damit einen ganz empfindlichen Nerv ihres Mannes, der ihr seit seinem letzten Fall versprochen hatte, sich aus der Polizeiarbeit ein für allemal herauszuhalten. Hatte er sich etwa wieder breit schlagen lassen? Herbert Schönfelder spürte das Eis, auf dem er sich bewegte, immer dünner werden, während er sich aus seiner Jacke schälte.

Jetzt war nicht der Zeitpunkt für langatmige Erklärungen, die Gerda ohnehin nicht verstehen würde. Oder sie verstand sie doch, und dann nur zu gut, und der Haussegen würde wieder monatelang mehr als schief hängen.

»Ja, für Weinrich halt. Der kommt bald wieder raus. Und der muss halt im Fall Schneider ... du weißt schon«, stammelte Schönfelder recht unbeholfen. »Viele Grüße übrigens von Mario«, ergänzte er, grapschte sich die Tüten und verschwand im Wohnzimmer.

Die hoch aufmerksam gewordene Gerda blieb in seinem Schlepptau. »Was? Der wird doch nicht gleich nach seiner Entlassung wieder an diesen verfluchten Mordfall gehen! Der Junge soll sich erst mal richtig auskurieren mit Reha und so.«

Der Herr des Hauses hatte bereits die Flasche mit dem Schwarzgebrannten und ein Glas in der Hand. »Geht nicht. Der Chef im Amt hat mächtig Druck von oben. Die wollen Ergebnisse sehen. Und zwar ganz schnell. Da gehts auch ins Politische. Ganz kniffelige Lage. Und Mario leitet die Ermittlungen.«

Schönfelder ließ sich in die Polster sinken und goss sich einen Doppelten ein.

»Ach ihr Ermittler habt doch alle einen ausgewachsenen Dachschaden!« Gerda setzte sich auch. »Hier geht es doch in erster Linie mal um die Gesundheit von Mario! Das muss doch vor allem Anderen stehen!«

Herbert Schönfelder hatte die Augen auf das mit einem Zug halb geleerte Glas gerichtet, sog die Luft durch die Lippen ein und schmeckte genüsslich nach.

»Du weißt genau so gut wie ich, dass nicht immer alles so ist, wie es sein sollte«, brummelte Schönfelder.

»Danke für den Hinweis, du Feierabendphilosoph! Ihr geht doch echt alle über Leichen! Und wenn es eure eigenen sind! Bin ich froh, dass du damit nichts, aber auch gar nichts mehr zu tun hast.«

Gerdas Augen waren feucht geworden angesichts der Sorge um den jungen Weinrich. Herbert Schönfelder vermied den direkten Augenkontakt mit Gerda und schenkte sich nach. Denn aus seinem Blick, so bildete er sich ein, sprach das schlechteste Gewissen, das er seiner Frau gegenüber seit etwa zwei Jahren hatte, als ihn die Dienststelle bei einem kniffeligen Gewaltverbrechen schon einmal reaktivierte. Damals war weit mehr als der Haussegen bedroht, und Scheidung war plötzlich etwas, über das im Hause Schönfelder als Problemlösung ernsthaft nachgedacht wurde. Doch Gerda setzte die Strafe für Herbert zur Bewährung aus, der bestand tapfer und war aus dem Schneider.

Zack! Da war sie wieder, die Gegenwart. Der Fall Schneider! Herbert Schönfelder legte die Füße auf den Tisch, schloss die Augen und bedeckte sie zur Sicherheit noch mit einem Ellbogen.

»Morgen ist auch noch ein Tag«, war Herbert Schönfelders letzter Gedanke vor dem Abdriften in einen unruhigen Halbschlaf, in dem ein blutüberströmter Schneider im Krankenzimmer mit einem Golfschläger auf Mario Weinrich eindrosch. Aus einem total zerbeulten Auto heraus, angefeuert von Magda Spiegler-Wattenbroich. Nach jedem Schlag ließ sich die als Krankenschwester verkleidete Britta Dupont von der Decke des Zimmers herab und heilte die Blessuren Marios mit Küssen, bevor Schneider zum nächsten Schlag ausholte.

»Verhaften! Alle verhaften«, murmelte Dienststellenleiter Huber im Arztkittel und fuchtelte mit einer Cognacflasche vor Schönfelders Gesicht herum. Schönfelder selbst wollte auf Schneider zugehen, ihm den Golfschläger entreißen. Doch so sehr er sich auch bemühte, Herbert Schönfelder kam nicht vom Fleck. An der Außenseite der Fensterscheibe des Krankenzimmers klebte plötzlich Gerda wie ein Gecko.

»Da ist er ja, der Lügner«, hörte Schönfelder seine Gattin rufen, und ihr ausgestreckter Zeigefinger – direkt auf ihn gerichtet – bohrte sich durch die Glasscheibe. Gespannte Stille im Raum, alle Augen sind auf ihn gerichtet, und die Gestalten kreisen ihn langsam und bedrohlich ein, zum Zuschlagen bereit. Spiegler-Wattenbroich mit einem Golfpokal ihres Mannes, Britta mit dem Kleiderbügel einer Edelmarke, Schneider mit seinem Golfschläger und Huber mit dem abgeplatzten Teil einer Stoßstange. Nur der in seine zappelnden Einzelteile zerfallene Mario Weinrich verflüssigte sich friedlich in seinem Bett, tropfte auf den gekachelten Boden und versickerte mit leisem Glucksen zwischen den Fugen. Aus dem Augenwinkel bekam der hilflose Schönfelder gerade noch mit, wie Schneider mit dem Golfschläger ausholte und ihm die Beine wegschoss.

»Füße vom Tisch! Du bist hier nicht in Amerika!«

Schönfelder schreckte schweißgebadet hoch und blickte Gerda ins Gesicht, die sichtlich erbost und unsanft dafür gesorgt hatte, dass die so bequem auf dem Couchtisch gebetteten Füße Herberts wieder dort landeten, wo sie eigentlich hingehörten.

»Alles in Ordnung, Herbert?«

Herbert fand sich in der vertrauten Umgebung wieder und atmete tief durch.

»Ja, alles in Ordnung. War ein bisschen viel heute.«

»Komm was essen. Dann sieht die Welt wieder anders aus.« Gerda tätschelte Herbert auf die Wange und steuerte Richtung Küche. Schwer erhob sich der Kommissar aus dem Sofa und folgte. Mit dem sicheren Gefühl, dass dies nur der Anfang der zu erwartenden Probleme war.

Der Chefarzt betrat das Krankenzimmer von Mario Weinrich mit dem Siegerlächeln des Erfolgreichen. Im Schlepp die übliche Delegation aus Schwestern, Assistenzärzten und Studenten. Schweigend gruppierten sie sich um sein Krankenbett wie die Tentakel einer gefräßigen Krake, bereit, ihr Opfer zu verschlingen.

Der Chefarzt winkte mit Weinrichs Krankenakte. »Alles in Ordnung«, sagte er zufrieden. »Wir können Sie heute entlassen.«

Nie klang das Wort entlassen schöner. Weinrich ballte die Faust als Zeichen des Triumphs. Er hatte den Schatten des Todes besiegt und den Zeitpunkt des Sterbens auf später verschoben.

»Allerdings sollten Sie sich die ersten Wochen schonen und einem eventuellen Schusswechsel aus dem Weg gehen.«

»Logisch«, meinte Weinrich. »Ich habe nicht vor, mich in einen Bandenkrieg einzumischen.«

»Und Motorradfahren ist zur Zeit auch noch nicht drin. Ihre Schulter ist noch nicht allzu belastbar«, ergänzte der Mediziner.

Weinrich spürte einen stechenden Schmerz. Wo war eigentlich sein teures Prachtstück? Eine Frage, der er unbedingt nachgehen musste. »Wann kann ich gehen?«

Der Arzt blickte auf seinen Tross medizinischen Beistands. Dieser schwieg beharrlich wie ein Schwarm stummer Fische: »Von uns aus gleich, wir schreiben nur noch den Arztbrief für Ihren Hausarzt, dann können Sie Ihre Sachen packen.«

Das war das Schlusswort eines mehrtägigen Aufenthalts im Klinikum. Die Gruppe weißer Kittelfische bewegte sich in Richtung Tür.

»Herr Doktor?«, rief ihnen Weinrich nach.

»Ja?«

»Vielen Dank.«

»Keine Ursache, dafür sind wir da. Wir freuen uns, dass es Ihnen besser geht.« Der Arzt nickte Weinrich aufmunternd zu. »Wir haben uns übrigens erlaubt, Ihrer Freundin Bescheid zu sagen. Sie wartet draußen, um Sie abzuholen und Sie vor Dummheiten zu bewahren.« Damit schloss sich die Zimmertür.

Weinrich atmete tief durch. Die Zeit des Nichtstuns war vorbei. Das Leben hatte ihn wieder. Und dass Britta auf ihn wartete, war Teil dieses neuen Lebensgefühls.

»Kann ich reinkommen?« Ein blonder Haarschopf erschien im Türspalt und stand kurz darauf neben Weinrichs Bett. »Schon gepackt?«

»Bin ich Rennfahrer?« Weinrich wand sich aus der Bettdecke. Der Versuch, es so cool wie Bruce Willis aussehen zu lassen, misslang. Die ersten Schritte waren wackliger, als er es sich eingestehen wollte.

»Das kriegen wir schon«, sagte Britta mitfühlend. »Ich fahr dich erst mal nach Hause, und um dein Geschäft kann ich mich auch kümmern. Ich habe mir extra die nächsten Tage freigenommen.« Sie strahlte.

»Welches Geschäft?« Weinrich stockte, eine neue Nadel schien sich in seinen Körper zu bohren. Wusste Britta von seinem Polizeidienst?

»Naja, dein Import-Export.« Britta wirkte irritiert. »Bist du etwa ...«

»Nein, nein, alles in Ordnung«, beeilte sich Weinrich mit der Antwort. Sichtbar erleichtert, dass sein Geheimnis gewahrt bleib. »Ich bin nicht pleite.«

Wenn auch kurz davor, aber diesen Nachsatz behielt er für sich. »Dort kommt man auch gut mal ein paar Tage ohne mich aus.«

Weinrich versuchte, Britta mit einem Lächeln zu beruhigen. Doch der quälende Gedanke, seinen Beruf als Beamter im Polizeidienst verschwiegen zu haben, um statt dessen als Import-Export-Geschäftsmann bei Britta Eindruck zu machen, nagte an seinem Stolz. Aber ein Schneeball, der den Berg hinunter geworfen wird, ist eben nicht aufzuhalten. Alles was er tun konnte, war eine Lawine zu verhindern oder zumindest klein zu halten. Britta nickte und zog Weinrich an der Hand in Richtung Tür.

»Moment, was ist mit meinen Sachen. Du scheinst es ja sehr eilig zu haben.«

»Ich habe dich eben vermisst«, sagte sie.

»Ich dich auch. Aber meine Sachen nehme ich trotzdem mit.«

Schnell raffte er seine Pyjamas, Zahnbürste und die notwendigen Dinge des täglichen Lebens zusammen.

»Krankenhaus, ich verlasse dich.« Ein letzter Gruß ins leere Zimmer, dann entschwanden Mario und Britta in ihrem Mini.

»Cooles Auto«, meinte Weinrich.

»Du hast doch das gleiche.«

»Eben, deshalb ist es ja so cool.« Weinrich lachte.

Durch das gläserne Schiebedach beobachtete Weinrich das Spiel der herbstlich-bunten Blätter. Hin und wieder klatschte ein Blatt auf die Frontscheibe wie eine mahnende Erinnerung. Ein Blatt für jede Lüge, die beständig vom gleichmäßig arbeitenden Scheibenwischer entfernt wurde. Doch für einen Moment wollte er nicht an das sich vor ihm auftürmende Lügengebäude denken, sondern den Moment mit Britta genießen. Wenig später hielten sie vor seiner Wohnung.

»Heute komme ich mit hoch«, sagte sie verführerisch, als die Wagentür ins Schloss fiel.

»Und meine Schulter? Ich ... bin ein Krüppel.«

»Ich liebe Krüppel«, sagte sie.

Und da war es gefallen. Das Wort, das eigentlich Weinrich hätte sagen sollen. Mit der Tasche seiner Schmutzwäsche in der Hand sprach sie wie selbstverständlich von diesem großen Gefühl. Gerade so, als teilten sie die Vertrautheit eines langen gemeinsamen Lebens. Weinrich war überwältigt. Wie von einer Welle, die über ihn kam und der er sich nicht erwehren konnte. Vielleicht sollte ich öfter krank und leidend sein, wenn ich so wunderbar versorgt werde, schoss ihm der Gedanke durch die Synapsen der Gehirnwindungen. Doch schwach und hilflos zu sein war ein Zustand, den er hasste und in seinem Leben bislang zu vermeiden versuchte. Und so löste sich das wohlige Traumbild auf, noch ehe es zur Wirklichkeit werden konnte.

»Nett hast du es hier«, sagte sie, als sie seine kleine Zweizimmerwohnung betraten und sie ihren Blick schweifen ließ. An der Wand im Flur aufgetürmt, entdeckte sie einen Stapel Schuhkartons.

»Alles Frauenschuhe?«

Da war es wieder, das Lügengespenst. Diesmal ereilte es ihn aus einem anderen Fall. Um einen nach seiner Ansicht harmlosen Kleinkriminellen vor größeren Schandtaten zu bewahren, gab Weinrich dessen neuem Projekt, einen Schuhhandel aufzuziehen, Starthilfe, indem er regelmäßig Teile der Lieferung aufkaufte, auch wenn er mit dem Absatz der vielen Schuhe »Made in Italy« kaum nachkam.

»Handelst du mit Schuhen?«

»Ja und ... kommt drauf an.«

»Du hast mir nie erzählt, mit was du dein Geld verdienst.«

»Wir kennen uns doch auch kaum.«

Britta kam auf ihn zu und legte ihre Arme um seinen Hals.

»Das können wir ja jetzt ändern.« Dann machte sie sich an seinen Hemdknöpfen zu schaffen. Es dauerte nur Sekunden, und Weinrich stand in Flammen. Vergessen die Schulter, vergessen die Harley, vergessen der Job. Es gab nur noch Britta. Sie taumelten umschlungen auf seine Bettlandschaft. Lachend fielen sie in die Kissen. Kleider flogen wahllos durch den Raum.

»Ich liebe dich«, hauchte er im Rausch der Gefühle und angesichts der wunderbaren Entdeckungen vor ihm.

In der Hitze der Leidenschaften verglühte der Herbsttag. Weinrich fühlte sich wie neugeboren. Ein warmer elektrischer Strom durchflutete ihn und ließ die Welt erzittern. Britta krallte ihre Hände in seinen Oberkörper und gemeinsam schrien sie wie auf einem Konzert von AC/DC. »You shook me all night long, cause the walls start shaking the earth was quaking, my mind was aching and we were making it.«

Oder kurz gesagt: Es war gigantisch. Weinrich beschloss, nicht länger fremde Frauen an Bartresen anzusprechen. Für ihn gab es nur noch eine – Britta. Zärtlich strich sie ihm durchs Haar. Ihre strahlenden blauen Augen schauten ihn an, ein Blick, den Weinrich glücklich lächelnd erwiderte.

»Wie kommt es eigentlich, dass wir ... naja ... dass du ...?«

Britta legte ihre Hand auf Weinrichs Mund. »Pssst. Als dein Kollege sagte, du bist angeschossen worden, habe ich gemerkt, wie viel du mir bedeutest ...«

»Welcher Kollege?«

»Pssst«, Britta erstickte jede weitere Frage. Mario war irritiert, doch der Abend war zu schön, um schweren Gedanken nachzuhängen. Der Mond schien durch das Schlafzimmerfenster und hüllte die Liebenden in ein nahezu überirdisches Licht. Die Nacht verging viel zu schnell.

Der Morgen weckte sie unsanft mit dem Klingeln des Telefons. Laut und unbarmherzig hämmerten sich die Klingeltöne in Marios Bewusstsein.

»Weinrich«, stöhnte er mit verschlafener Stimme in den Hörer.

»Hier Polizeidirektor Huber. Ich freue mich, dass es Ihnen wieder besser geht und Sie zu Hause sind.«

Schlagartig saß Weinrich aufrecht auf der Bettkante. »Ja ... äh ... vielen Dank.«

»Sie können ruhig die nächsten Tage noch frei nehmen. Wir sind ja keine Unmenschen, die ihre Mitarbeiter im Dienst verheizen«, fuhr sein Dienstherr generös fort. »Ihr Kollege Schönfelder hat sich der Sache angenommen. Und außerdem sind die Kollegen Stieglitz und Watson auch noch da. Die machen das schon. Da wird es sicher bald Ergebnisse geben. Also gute Besserung.«

Mehr als »Ja« und »Danke« brachte Weinrich nicht heraus, bevor er den Hörer auflegte. Zu überraschend kam der Anruf, der ihn mitten aus dem Paradies riss.

»Schlechte Nachrichten?« Britta hatte sich zu ihm gedreht und einen zarten Kuss auf seine verletzte Schulter gedrückt.

»Nein, nein. Nur einer meiner Angestellten«, log Weinrich. »Alles in Ordnung. Sie kümmern sich um die Firma, und da hab ich mich gerade bedankt.«

Äußerlich ruhig gab Weinrich den Verständnisvollen, doch in ihm brodelte es.

»... dann wird es sicher bald Ergebnisse geben ...«, echote es in seinem Gehirn. Was zum Teufel sollte das heißen? Es war offensichtlich, dass Huber schnelle Erfolge wollte, die er, Weinrich, bislang nicht liefern konnte. Aber, verdammt, er würde es ihnen schon zeigen. Und dass Schönfelder als reaktivierter Rentner ihm die Fäden aus der Hand nahm, passte Weinrich ganz und gar nicht. Er biss die Zähne aufeinander. Britta sollte keinen Verdacht schöpfen. Himmel und Hölle liegen eben sehr nah beieinander, dachte er. Gestern noch die wunderbare Nacht und heute ...

»Ich muss in die Firma«, sagte er abrupt und suchte nach seiner Wäsche.

»Ich komme mit«, sagte Britta.

»Das geht nicht«, sagte Weinrich, überrascht von Brittas Initiative.

»Warum?«

»Weil ... weil ... einer der Mitarbeiter erkrankt ist ... an ... Tuberkulose«, log er und verfluchte sich dabei selbst. TBC war die einzige Krankheit, die ihm neben Masern oder Mumps spontan in den Sinn kam und eine Quarantäne rechtfertigte. Ein Onkel litt vor Jahrzehnten an TBC, und Weinrich erinnerte sich daran, dass er sich als Kind von ihm fernhalten musste, bis die Gefahr einer Ansteckung vorüber war. Eine schwere Erkrankung mit epidemischen Folgen, das war die einzige Chance, um Britta von seinem nichtexistenten Import-Export-Geschäft fernzuhalten. Für die Dauer eines Wimpernschlags dachte er darüber nach, den Polizeidienst zu gestehen. Doch um sich verlustfrei retten zu können, war es längst zu spät.

»Was?«

»Ja TBC, dumme Sache, jetzt müssen sich alle untersuchen lassen.«

»Dann darfst du auf keinen Fall dorthin, du kommst gerade aus der Klinik.« Brittas Ton wurde schärfer.

Weinrich nickte und musste ihr Recht geben. Die Ausrede war auch zu blöd.

»Aber ich darf wenigstens ein wenig Bürokram erledigen? Hier bei mir zu Hause«, unternahm er einen zweiten Anlauf Britta, aus der Gefahrenzone zu bringen.

Britta holte tief Luft. »Willst du mich loswerden?« Sie schaute irritiert und witterte ein Geheimnis. »Wer hat eigentlich auf dich geschossen?«, fragte sie abrupt. » Wirst du erpresst?«

Weinrich drückte Britta fest an sich.

»Es ist alles okay. Ich hab keine Ahnung, wer auf mich geschossen hat. Da kümmert sich die Polizei drum.« Weinrich zuckte mit den Achseln. Auch für ihn war das Attentat ein Rätsel.

»Hast du Feinde?«, Britta ließ nicht locker.

»Feinde? Ich? Ja, den Bäcker, wenn ich mal kein Kleingeld einstecken habe.«

Weinrich spielte den Unschuldigen. Natürlich hatte er Feinde. Jede Menge sogar. Jeder kleine oder große Ganove, den er in den vergangenen Jahren hinter Schloss und Riegel gebracht hatte und der in seiner tristen Zelle Rache schwor. Aber das konnte er Britta unmöglich sagen.

»Sehe ich aus wie ein Drogendealer?«

Britta trat einen Schritt zurück, um Weinrichs Äußeres einem prüfenden Blick zu unterziehen.

»In deiner Lederjacke und mit Harley schon«, sagte sie schließlich.

Prompt kam ein Kissen geflogen und landete zu ihren Füßen.

»War doch nur ein Scherz«, sagte sie lachend.

Weinrich hob drohend den Zeigefinger, um sie kurz darauf versöhnlich in den Arm zu nehmen.

»Ich kann später noch einmal bei dir vorbeikommen, okay?« Weinrich suchte einen versöhnenden Ausgang.

»Na gut«, willigte sie enttäuscht ein. »Manchmal sind Männer mit Frauen schlicht überfordert«, sagte sie leise. »Gegen fünf?«

»Gegen fünf.«

Ein kurzer Kuss, dann rauschte sie davon. Weinrich lehnte sich erschöpft gegen den Türrahmen.

»Tut mir leid, tut mir leid«, wiederholte er in einer Litanei gleich einer christlichen Messe in der Hoffnung auf einen Ablass. Hatte er nicht gerade die Frau, die er liebte, hinausgeworfen?

»Verdammt, ich brauche ein Import-Export-Geschäft und jede Menge Angestellte.« Sein Selbstgespräch nahm verzweifelte Züge an. Weinrich stürzte sich ans Telefon. Unschlüssig, wen er anrufen sollte, wählte er die erste Nummer seines Telefonbuches. Antonio, ein ehemaliger Knacki und sein jetziger Schuhlieferant, den er mit der Abnahme einer größeren Bestellmenge vor Dummheiten bewahrte. Die Stapel mit den Schuhkartons waren ein weiterer Grund für seine ganz persönliche Finanzkrise.

»Da hab ich noch was gut«, war er sich sicher.

»Calzature d'Italia. Antonio am Telefon«, meldete sich der Chef frohgelaunt persönlich. »Ah, Commissario, wie geht? Brauchen Sie eine neue Lieferung? Habe gerade neue Ware aus Milano bekommen. Molto bene, bellissima, für Sie wenig teuer ...«

»Danke, danke«, unterbrach Weinrich den italienischen Redefluss. »Ich habe noch die alte Lieferung hier stehen. Bis ich die aufgebraucht habe, das dauert noch. So viele Frauen kenne selbst ich nicht.«

Antonio lachte. »Aber Commissario ... Sie jung, stark, reich ...«

»Das reich kannste streichen ... Ich habe Probleme. Du musst mir helfen.«

Schlagartig wurde es am anderen Ende der Leitung still.

»Dann kommen Sie besser vorbei. Telefon hat Ohren«, sagte Antonio ernst, der sich vor seiner   chuhhandel mit Einbrüchen in die Häuser der Reichen   ı Geld verdient hatte und nur dank einer Telefonüberv   ιung überführt werden konnte.

97

»Alles klar, ich komme«, sagte Weinrich erleichtert. Für einen Augenblick schöpfte er neue Hoffnung, warf sich die Lederjacke über die Schulter und verließ das Haus.

Das Geschäft »Calzature d'Italia« lag im Hanauer Hafengebiet, sinnigerweise direkt gegenüber der Zollstelle. Nach dem Frankfurter Osthafen der zweitgrößte Warenumschlagplatz am Main, so die Stadtoberen stolz. Düngemittel, Altmetall, Öl und Kies waren die klassischen Waren, die hier ankamen. Zu den Löschzeiten reihte sich auf der Hafenstraße Lkw an Lkw. Würstchenbuden in mehrfacher Ausfertigung befriedigten die kulinarischen Bedürfnisse der Fahrer. Alles gab es »to go«, und so saßen viele Trucker hinter ihren Lenkrädern, auf denen sie ihre Currywurst zwischenlagerten, bis das Signal zum Laden kam. Am Hanauer Hafen gab es keine Fußgänger. Nur Trucker, was sicher auch an der wenig einladenden Architektur, bestehend aus Öltanks und Lagerhallen, lag, über die der Hafenmeister von seinem Büro im vierten Stock einen nahezu vollständigen Überblick hatte. Auch wenn er mit seinem Fernglas mehr den Schiffsverkehr im Auge behielt als das Geschehen auf der Straße.

Und genau hier, am Endpunkt der Hafenstraße, gegenüber der Zollstelle und am Übergang zum Hafenplatz, hatte Antonio einen Schuhladen eröffnet. Weinrich kratzte sich verwundert die Wange. Bislang hatte er Antonio in seinem Etablissement noch nicht besucht, denn sonst wäre ihm Grund für das vergebliche Bemühen, italienische Schuhe an Trucker und Flusskapitäne zu verscherbeln, längst aufgefallen. Stattdessen versuchte er mit dem Aufkauf der Ware, die ihm Antonio nach Hause lieferte, einen Rückfall Antonios in alte Einbrecherzeiten zu verhindern. Weinrich stöhnte angesichts seiner Naivität. Antonio erschien in der Eingangstür des Ladens und stürzte auf Weinrich mit überschwänglichen Freundschaftsbezeugungen zu.

»Amico mio, wie geht's? Endlich schauen Sie einmal bei mir vorbei.«

Weinrich kniff ein Auge zusammen und meinte scherzhaft »Tutto bene«.

Bei einem gemeinsamen Espresso setzten sie sich in das kleine Büro. Der Sekretärin, eine Verwandte Antonios, bedeutete der Chef, nicht gestört werden zu wollen. »Importante.« Und zur Untermauerung des geheimen Treffens ließ er den Rollladen der Fensterfront herunter.

»Hat Sie auch niemand gesehen?«, flüsterte er übertrieben leise.

»Antonio, ich bin Polizist. Ich mache keinen Bruch.«

»Ja, ja claro. Alte Gewohnheit, also was ist kaputt?«

Weinrich holte tief Luft. »Du musst mir deine Firma leihen.«

»Was?«

»Wir müssen das Schild austauschen und ,Calzature d'Italia. Inhaber: Mario Weinrich Import-Export' drauf schreiben.«

Antonio zog die Augenbrauen nach oben. »Haben Sie Scheiße gebaut?«, fragte er nach einer kleinen Pause, die Weinrich wie die Unendlichkeit vorkam.

»Ja«, sagte er kleinlaut. »Ich habe eine Freundin, Britta, und ...«

Ohne Punkt und Komma sprudelte Weinrichs Lügengeschichte heraus, wie er nicht zugeben wollte, dass er Polizist sei, weil Britta so ein Superweib ist, dass er sie beeindrucken wollte und und und.

Antonio nickte. »Frauen«, sagte verstehend.

»Frauen«, wiederholte Weinrich und fühlte eine tiefe Verbundenheit mit seinem italienischen Gegenüber.

»Ich bin Mario«, sagte er, und streckt die Hand zum Du aus. »Mario ist ein italienischer Name, nicht wahr? Italiener müssen einander helfen.«

Antonio schlug ein.

»Also hilfst du mir?«

Antonio breitete wortlos die Arme aus, was so viel heißen sollte wie Kann-ich-einem-Freund-etwas-abschlagen?

»Komm, ich stell dich der Familie vor.«

Antonio klopfte Weinrich auf die Schulter und lachte. »Und ich habe gedacht, Sie, äh du haben ein Problem.« Er schüttelte den Kopf. »Wofür ist Familie da?«

»Gabriela«, rief er zur Sekretärin, »rufst du mal die Leute aus dem Lager. Ich muss euch jemanden vorstellen.«

Wenig später waren die sechs Mitarbeiter Antonios im Showroom versammelt. Mario wurde augenzwinkernd als neuer Chef vorgestellt.

»Es gibt noch ein Problem«, fügte Mario an. »Jemand von euch muss TBC haben oder zumindest so tun.«

»Mamma mia«, rief Antonio. »TBC, ist das die Krankheit mit Husten? Ich hab Husten, von Rauchen, ich kann ganz einfach Krankheit machen«, sagte er.

Zum Beweis ließ er ein tiefes Bellen hören. »Krank«, sagte er und klopfte sich auf die Brust. »TBC.«

Die Mitarbeiter grölten. Jeder begann zu husten. Es war ein Konzert, ein Hustkonzert, das im Showroom wiederhallte. Mario musste grinsen.

»Und jetzt«, unterbrach Antonio, »trinken wir einen Prosecco mit dem neuen Patrone.«

Stunden später verließ Weinrich das Geschäft, zufrieden, als sei er eine Krankheit, an der er seit längerem litt, endlich losgeworden. Ein Blick auf sein Rolex-Imitat sagte ihm, dass er sich beeilen musste, um zur Verabredung pünktlich zu sein. Weinrich gab Gas. Kurz nach fünf erreichte er die Frankfurter Wohnung von Britta, überpünktlich, wie die Anzeige am Armaturenbrett bestätigte. In der Hand einen Strauß roter Rosen und einen Schuhkarton, den ihm Antonio schnell in die Hand gedrückt hatte – »Frauen lieben Schuhe«, waren seine Worte. Mario klingelte, doch niemand öffnete. Auch ein Anruf war vergeblich. Lediglich die Mailbox meldete sich.

»Ja, ich weiß, ich bin ein Idiot, bitte geh ran. Bitte«, bettelte er. Doch die Leitung blieb stumm. Als sei alle Lebenskraft aus ihm gewichen, die nur eine leere Hülle zurückließ, drehte er um. Mit dem Strauß Rosen in der Hand fühlte er sich beschissen und lächerlich.

Ein Müllcontainer in einer Hausdurchfahrt wurde zur Rosenendlagerstätte, die 25 Kilometer zu seiner eigenen Wohnung in Hanau wurden zur stummen Fahrt in tiefer Depression, und er verstand, warum Liebesenttäuschungen zum sprunghaften Anstieg der Selbstmordraten beitrugen.

Während Mario Weinrich sich als Zimmermann seines Gebäudes aus Ausflüchten und Halbwahrheiten betätigte, versuchte Schönfelder, Licht ins Dunkel des Falles Schneider zu bringen. Früh am Morgen hatte er sich mit einem flüchtigen Kuss von Gerda verabschiedet und ein ausgedehntes Kaffeetrinken mit den Hanauer Pensionären vorgeschoben. Kein unübliches Treffen. Mindestens einmal im Monat saß ein kleiner Teil der Ermittler im Ruhestand zusammen. Meist in einem neuen Café in der Nürnberger Straße oder bei gutem Wetter auf der Terrasse im ersten Stock des Cafés am Marktplatz, wo die Alten dann vorwiegend die Vergangenheit hochleben ließen und sich den doch nicht restlos befriedigenden Ist-Zustand schön tranken. Zuweilen durch leicht schlüpfrige Bemerkungen unterbrochen, die vorübergehenden Frauen galten, die viel Bein oder Bauch zeigten.

Gerda schöpfte also keinen Verdacht, als Herbert das Haus verließ, und rechnete auch keineswegs mit einer frühen Rückkehr ihres Gatten. Der ließ sich zwanzig Minuten später in den Bürosessel von Mario Weinrich im »Mitteldeck« der Hanauer Polizeidirektion fallen und wählte die Nummer der Firma Irakus. Ratlosigkeit in der Telefonzentrale, wer denn nun innerbetrieblich für die polizeilichen Ermittlungen im Fall Schneider zuständig sei. Nach langem Hin und Her war Schönfelders Gesprächspartner gefunden. Ein Harald Meerbaum, der im Unternehmen mit der Öffentlichkeitsarbeit betraut war.

Anfang dreißig, Jeans mit Bügelfalte, weißes Hemd ohne Krawatte aber mit Jackett und unter dem Arm eine Mappe mit Informationen zum Unternehmen.

»Was kann ich für Sie tun?«, eröffnete Meerbaum breit lächelnd das Gespräch, als er Kommissar Schönfelder im Foyer des Eingangsbereiches abholte.

»Nun, liefern Sie mir den Mörder von Karl Schneider und schon bin ich wieder weg.«

Das Lächeln auf dem Gesicht des Öffentlichkeitsarbeiters erstarb. »Ja, schlimme Sache, das mit Herrn Schneider. Aber Sie glauben doch wohl nicht, dass jemand hier aus dem Betrieb ...«

»Ich glaube gar nichts. Denn glauben hilft in meiner Branche nicht weiter.«

Schönfelder erhob sich aus dem Ledersessel, in dem es die wartenden Besucher bequem haben sollten. Der Kommissar hatte das ungute Gefühl, dass er das Möbel gerade noch rechtzeitig verlassen hatte. Er spürte eine nahende Lederallergie. Der Kommissar nahm sich vor, sich künftig vor Ledersesseln in acht zu nehmen. Leder und Geld schienen eine symbiotische Allianz einzugehen, die weit davon entfernt war, bei Schönfelder einen Wohlfühlfaktor auszulösen.

»Ich würde gerne mal den Arbeitsplatz von Herrn Schneider sehen«, sagte Schönfelder, der das Möbelstück misstrauisch musterte, als sei dieses ebenfalls verdächtig.

Meerbaum fand sein Lächeln wieder. »Dann artet unser Treffen allerdings zu einer ausgewachsenen Betriebsbesichtigung aus. Herr Schneider war nämlich überall unterwegs. Planung, Konstruktion, Fertigung, Projektbetreuung. Überall eben.«

Meerbaum führte Schönfelder durch einen Gang mit Hochglanzdrucken an den Wänden. Spezialwerkstoffe wurden da angepriesen, man warb zukunftsträchtig mit Komponenten für Medizintechnik, regenerative Energiegewinnung, Schiffsbau und Telekommunikation. Werkstoffkompetenz war die Überschrift auf einigen der Poster in repräsentativen Rahmen, die den Wert der Hochglanzdrucke wohl bei weitem überstiegen. Repräsentation ist alles, macht Eindruck, zeugt von Kompetenz. Da konnten die aus Zeitschriften herausgetrennten und mit Reißzwecken an die Wand gepinnten Polizeibilderwitze in den Büros der Direktion nicht mithalten. Oder die ebenso befestigten Phantombilder gesuchter Personen. Kantige, grimmig dreinblickende Personen mit Bartstoppeln, meist dem Ganovenklischee wesentlich näher als einer realen Person. Auf den Drucken waren die Phantome hübscher. Lächelten gewinnend in ihren blütenweißen Laborkitteln oder spiegelten mit lässigem Blick und modischem Hosenanzug Verlässlichkeit vor.

Der Gang teilte sich. »Produktion, Forschung, Entwicklung und Planung«, erklärte Meerbaum wie ein Polizist, der auf einer Kreuzung den Verkehr regelt, und wies mit dem Irakus-Werbeordner in die jeweilige Richtung der Betriebsteile.

»Der Schreibtisch von Herrn Schneider würde mich interessieren«, sagte Schönfelder.

»Dann müssen wir nach oben.« Meerbusch drückte auf die Ruftaste für den Lift. Als die Edelstahltüren wenig später auseinander glitten, entließ der Fahrstuhl zunächst einmal eine ganze Anzahl Irakus-Mitarbeiter, die gestikulierend und aufgeregt diskutierend allesamt in die gleiche Richtung verschwanden. Auch aus den anderen Fluren folgten jetzt Mitarbeiterscharen. Dann waren die Türen dicht, der Aufzug setzte sich summend in Bewegung.

»Im Moment ist ein wenig Unruhe im Betrieb«, Meerbaum hatte den fragenden Blick Schönfelders bemerkt.

»Unruhe?« Schönfelder spürte, dass Meerbaum nicht gerne über dieses Thema sprechen wollte.

»Es geht ums Geld. Die meisten unserer 1500 Mitarbeiter wollen mehr Geld. Das übliche Ritual mit den üblichen Drohgebärden eben. Nichts Besonderes.«

Der Aufzug kam im vierten Stock zum Stehen, die Türen glitten auseinander. Die Etage des mittleren Managements bei Irakus war bereits im Flur mit dämpfendem Teppichboden ausgelegt. Kein Noppenkunststoff wie im Erdgeschoss.

»Für die Mitarbeiter wahrscheinlich schon etwas Besonderes«, sagte Schönfelder. Als über Jahrzehnte aktiver Gewerkschafter wusste er nur zu gut, wie die Auseinandersetzungen liefen. Ob öffentlicher Dienst oder Privatwirtschaft, groß war der Unterschied nicht, wenn es ums Geld ging.

»Die haben lange genug Nullrunden akzeptiert. Jetzt ist es höchste Zeit, dass die Tarife wieder mal so ausgehandelt werden, dass tatsächlich was im Geldbeutel übrig bleibt«, wagte sich Schönfelder mit einer Meinung vor.

Er war gespannt auf die Reaktion Meerbaums, der voraus ging, vorbei an den grauen Bürotüren mit Namens- und Funktionsschildchen hinter dünnem Plexiglas.

»Hier gibt es bald keine Tarifbindung mehr. Die Anteilseigner von Irakus wollen die Firma aus der Tarifbindung herauslösen, um flexibel auf die Krise reagieren zu können«, antwortete der Bote der Geschäftsleitung unbeeindruckt.

Schönfelder blieb am Thema. »Welche Krise denn? Sie sagten doch vorhin etwas von 340 Millionen Gesamtumsatz weltweit. Das müsste doch auch für eine gerechte Entlohnung der Mitarbeiter ausreichen.«

Meerbaum zuckte nur die Schultern, was ein Ende des Gesprächs bedeutete, und blieb vor einer Bürotür stehen. »Hier. Dieses Büro war das von Herrn Schneider, wo er mit einigen Kollegen zusammengearbeitet hat.«

Meerbaum öffnete den Raum. Vier Schreibtische mit Computern, Druckern, Plottern, Kopierern und einige große Zeichenbretter für technische Entwürfe bildeten das Mobiliar. An den Wänden großformatige Modellzeichnungen für Dinge, die Schönfelder nicht identifizieren konnte.

Auf einem Arbeitstisch ausgebreitet Planunterlagen für ein aktuelles Projekt.

»Wir bieten unseren Kunden in engster Zusammenarbeit maßgeschneiderte Lösungen für ihre Anforderungen. Deshalb sind hier auch häufig Spezialistenteams unserer Kunden an der Arbeit. Herr Schneider arbeitete übrigens an diesem Computer hier.«

Meerbaum war vor einem Monitor mit Tastatur stehen geblieben. Die Kabel verschwanden einfach in einem mit Kunststoff gefassten Loch im Schreibtisch nach irgendwo. Während Schönfelder den Schreibtisch in Augenschein nahm, fragte er seinen Betriebsführer mit einer Armbewegung durch den menschenleeren Raum: »Arbeitet heute niemand hier?«

Als schäme er sich, darüber zu sprechen, erschien auf Meerbaums Gesicht wieder das fast verlegene Lächeln und er klärte Schönfelder auf.

»Betriebsversammlung. Die sind heute alle in der Betriebsversammlung. Die Gewerkschaft stachelt die Mitarbeiter zum Streik auf.«

Schönfelder fuhr mit dem Finger über einen Notizblock auf dem Schreibtisch des Toten und spürte mit den Fingerkuppen den Zahlen oder Buchstaben nach, die sich beim Beschreiben eines längst abgerissenen Blattes auf die nächste Seite durchgedrückt hatten.

»Dummes Zeug, Herr Meerbaum. Wenn eine Firma aus der Tarifbindung in der Metallindustrie aussteigt, dann heißt das in der Regel nichts Gutes für die Belegschaft. Da braucht es kein Aufstacheln, wenn's plötzlich um die berufliche Existenz geht.«

Während Schönfelder seinem Gegenüber direkt in die Augen sah und Partei für die Werktätigen ergriff, trennte er von Meerbaum unbemerkt das scheinbar leere Blatt vom Block und ließ es in seiner Tasche verschwinden.

»Die Alternative wären Entlassungen, um die Kostenentwicklung im Griff zu behalten«, konterte Meerbaum.

»Bei 340 Millionen Gesamtumsatz weltweit«, setzte Schönfelder nach und zog die Augenbrauen missbilligend hoch. »Was ich nicht verstehe ist, dass die TieMens AG hier eine gute Milchkuh im Konzernstall schlachten will.«

Jetzt war es an Meerbaum, aufzuklären. »Irakus gehört schon lange nicht mehr zu TieMens. Neuer Besitzer ist ein Finanzinvestor, eine Bank, die die Bilanzen des Unternehmens wieder attraktiv machen will.«

»Aha«, Schönfelder begriff langsam. Rigoroser Sparkurs auf dem Rücken der Beschäftigten zugunsten gesteigerter Gewinne und dann gewinnbringend verscherbeln.

»Heuschrecke. Ich verstehe. Und was passiert dann mit den weltweit sechshundert Patenten und all jenen, die hier in Aktenschränken und auf Festplatten schlummern und noch nicht beim Patentamt eingereicht worden sind?«

Meerbaum blickte aus dem Fenster über das Betriebsgelände und rieb sich das Kinn. »Die wären dann wohl Eigentum des Rechtsnachfolgers. So weit ich weiß.«

Schönfelder, der halb auf Schneiders Schreibtisch Platz genommen hatte, ließ die Finger zur obersten Schublade wandern und zog sie ein Stück heraus. Gerade weit genug, um die Worte Projektbeschreibung und Analyse lesen zu können, die Namen des Projektleiter Karl Schneider und des ebenfalls forschenden Teammitglieds Bodner. Gerne hätte Schönfelder die Lade noch weiter aufgezogen, aber die Bürotür öffnete sich und eine adrette Sekretärin in knielangem Rock und Stewardessenjacke lugte durch den Türspalt.

»Oh, Entschuldigung. Hier sind Sie, Herr Meerbaum. Sie werden oben erwartet.« Bei dem Wort oben zeigte sie mit dem Kopf an die Decke und die darüber liegenden Stockwerke.

»Und die Vertreterin der Finanzsanierungsspezialisten ist auch dabei. Frau Dupont. Sie wird Ihnen gefallen.«

Meerbaum schien erleichtert. »Ja, ich komme sofort.«

Die Dame entschwand, und der Öffentlichkeitsmann

von Irakus zog entschuldigend die Schultern hoch. »Sie sehen ja, Herr Schönfelder, ich muss unser Zusammentreffen leider beenden. Die Pflicht ruft. Es sind heiße Zeiten, wie Sie sehen.«

Schönfelder erhob sich vom Schreibtisch des Opfers und nickte. »Verstehe«, und folgte Herrn Meerbaum, der bereits aus dem Büro draußen war und die Tür hinter Schönfelder schloss, während er den Namen Dupont in seinem Register abspeicherte. Marios Eroberung im Dunstkreis einer Firma, die gegen jede Moral saniert und einen leitenden Mitarbeiter durch einen Mord verloren hatte. Was war hier los?

»Ich hoffe, ich konnte Ihnen weiterhelfen«, übte sich Meerbaum wieder in höflicher Konversation, auf die Schönfelder nicht eingehen wollte.

»Ist es denkbar, dass die Urheber der für die Firma gewinnbringenden Ideen wegen der unsicheren Zukunftslage ihr noch nicht patentreifes geistiges Kapital, nun, sagen wir mal, vor dem Zugriff einer unkalkulierbaren Zukunft, äh, wie soll ich sagen, auslagern?«

Meerbaum, mit schnellen Schritten auf dem Weg zum Aufzug, schüttelte den Kopf. »Undenkbar. Unsere Mitarbeiter, insbesondere in dieser Etage, sind absolut loyal. Schließlich erhalten sie in der Firma auch alle erdenkliche Unterstützung bei ihren Forschungsvorhaben.«

Keine überzeugende Antwort für Schönfelder, der jetzt auch vor dem Aufzug stand. »Ich danke Ihnen für Ihre Zeit, Herr Meerbaum. Ich finde allein raus.«

Gleichzeitig stoppten zwei Aufzüge auf der Etage und mit einem leisen Kling öffneten sich die Türen. »Gut dann, schönen Tag noch«, Meerbaum verschwand im Lift nach oben. Schönfelder drückte nebenan auf EG und glitt in die Tiefe, wo die Zeichen auf Sturm standen.

Als Schönfelder das Irakus-Betriebsgelände verließ und die neu gefundenen Mosaiksteinchen in das große Puzzle einzufügen versuchte, nahm Mario Weinrich die letzte Kurve vor seiner Großauheimer Wohnung und parkte den Mini in eine freie Lücke ein. Im Hausflur öffnete er den Briefkasten, den er seit Tagen nicht geleert hatte. Neben einer Flut von Werbezetteln fiel ihm ein Blatt in die Hand: »Wenn du deine Harley zurückwillst, komm morgen, Donnerstag, um 20 Uhr an die Autobahnraststätte Gräfenhausen. Allein. Und bring 10 000 Euro mit. Wenn nicht, landet deine Kiste in der Kiesgrube.«

Morgen? Das war heute, und bis 20 Uhr waren es gerade noch zwei Stunden.

Rasthof Gräfenhausen, dachte Weinrich nach, gut gewählt. An- und Abfahrt sowohl aus Darmstadt, als auch aus Richtung Frankfurt. Sehr praktisch auch zum Verschwinden. Aber durch diese Rechnung mache ich dir einen Strich, mein Freund.

Der Anruf in der Hanauer Polizeidirektion war schnell getan. Die Kollegen Watson und Stieglitz brüteten noch über Akten und waren sofort einverstanden, dem direkten Vorgesetzten auf der Stelle »Amtshilfe« zu leisten. Und mit dem unbürokratischen Griff nach erst kürzlich beschlagnahmter »Blüten« war auch die Frage des Lösegelds geklärt.

Inzwischen brauste Mario Weinrich in seinem Mini bereits auf der A 3 in Richtung Frankfurter Kreuz, hetzte Klein- und Mittelklassewagen auf der linken Spur und wechselte schließlich die Autobahn unter einfliegenden Düsenjets in Richtung Darmstadt. Der Kommissar war zufrieden mit dem Lauf der Dinge. Statt mühsamer Ermittlungen und Nachforschungen über den Verbleib seines Feuerstuhles schien dieser nun fast wie von selbst wieder zu ihm zu finden. Einfacher ging es kaum noch.

Knappe vierzig Minuten später rollte Weinrich mit seinem Wagen auf den Parkplatz der Raststätte Gräfenhausen und stellte ihn unweit des Gasthauses ab. Es war zwanzig

nach sieben und noch genügend Zeit, den bescheidenen
Betrieb rund um die Raststätte vom Wagen aus im Auge
zu behalten. Männer in Anzügen und mit Laptoptaschen
verließen das Gebäude, eine Reisegruppe, die zum Bus
pilgerte, Vertretertypen, die schon etliche Kilometer hinter sich und noch etliche Kilometer vor sich hatten, verschwanden hinter der gläsernen Eingangstür des Rast-
hofs. Neben dem Eingang eine kleine in Rauchschwaden
eingehüllte Gruppe, hastig an den Zigaretten ziehend.
Wie Glühwürmchen leuchteten die Glimmstängel auf.
Ansonsten alles ruhig. Alltag neben der Autobahn. 19.40
Uhr. Im Rückspiegel bemerkte Weinrich plötzlich einen
betont langsam heranrollenden Wagen. Der Kommissar
sank automatisch etwas tiefer in seine Sitzpolster und ver-
stellte den Rückspiegel so, dass er auch aus seiner neu-
en Sitzposition das Auto im Auge behalten konnte. Etwa
sechs bis sieben Parkbuchten weiter stoppte das Fahrzeug,
ein Mann stieg aus und blickte auffällig unauffällig über
den Parkplatz. An Weinrichs Mini blieb der Blick für einen Moment kleben, und ein angedeuteter Gruß wurde
in Richtung Kleinwagen geschickt, ehe der Mann seinem
Fahrer zunickte und behäbig Richtung Gaststätte schlenderte. Weinrich atmete auf. »Stieglitz und Watson. Gut.
Sehr gut. Dann kann die Show ja beginnen.«

Sein Jagdinstinkt war geweckt. Er ließ seine Fingerge-
lenke laut knacken, dann schälte er sich aus seinem Mini
und näherte sich ohne Hast der Raststätte. Drinnen nur
mäßiger Betrieb. Dampfende Kaffeetassen vor aufgeschla-
genen Zeitungen, dezente Unterhaltungen zwischen halb
geleerten Tellern und Kollege Stieglitz an einem Zweier-
tisch nahe dem Eingang, getarnt mit einem Kaffee und einem Stück Schwarzwälder Kirschtorte.

Weinrich suchte sich einen Tisch, der gut im Blickfeld
seines Kollegen lag. Sein unbekannter Kontaktmann würde ihn schon ansprechen. Schließlich hatte er ja auch seine
Adresse ausfindig gemacht.

Weinrich musste nicht lange auf die Kontaktaufnahme warten. Die Stimme von hinten »Na, Easy Rider? Hättest gerne deinen Bock wieder, was?« ließ ihn herumfahren. Statt des erwarteten breitschultrigen und bis hinter die Ohren tätowierten Bösewichts stand da ein Mann im grünen Parka, Marke schmächtig statt mächtig, Hände in den Taschen, Brille, Bürstenhaarschnitt. Ohne ein weiteres Wort setzte sich der Mittzwanziger an den Tisch und kam unumwunden zur Sache.

»Hast du die Kohle dabei?«

Weinrich nickte.

»Gut. Raus damit.«

Der Kommissar holte Luft. »Nicht so hastig. Wo ist die Maschine? Ich will sie sehen.«

Mit der Gewissheit, Stieglitz und Watson im Rücken zu haben, wollte Weinrich natürlich noch mehr. »Und vor allem: Wer hat auf mich geschossen?«

Sein Gegenüber hob die Augenbrauen. »Geschossen? Niemand. So etwas ist nicht unser Geschäft. Wir handeln nur mit Fahrzeugen. Mit hochwertigen, wohlgemerkt. Was ist nun? Wenn du die Harley nicht wiederhaben willst, dann sag es gleich. Da warten schon andere Abnehmer. Und die kriegen nicht den Sonderpreis wie du.«

Der Stoppelkopf schien ungeduldig zu werden. »Lass die Knete rüberwachsen oder vergiss den Deal!«

»Ok! Vergessen wir den Deal. Ich krieg eh einen nagelneuen Ofen von der Versicherung. War nett, mit dir keine Geschäfte zu machen.«

Weinrich erhob sich betont lässig und verabschiedete sich mit einem »Und viel Spaß beim Fälschen der Fahrzeugpapiere«.

»Hey Mann! Moment!« Der etwas verwirrte Stoppelkopf war schnell auf den Beinen und folgte Weinrich zum Ausgang. »So läuft das nicht, Mann!«

Als Weinrich die Glastür aufdrückte, bemerkte er, wie auch Stieglitz sich zum Gehen fertig machte und war beruhigt. Draußen spürte der Kommissar, dass er es jetzt nicht mehr nur mit Stoppelkopf zu tun hatte. Eine Ahnung, die sich sogleich bestätigen sollte. Zwei weitaus kräftigere Portionen gesellten sich dazu, rahmten Weinrich und Stoppelkopf von links und rechts ein.

»Der Arsch will nicht zahlen«, raunte Stoppelkopf den beiden neuen Begleitern zu, die Weinrich blitzschnell links und rechts unterhakten und die Laufrichtung zum Mini abrupt änderten.

»Hier geht's lang, Freundchen. Und keine Dummheiten.«

Weinrich wurde von seinen neuen Begleitern zu einem Lieferwagen mit getönten Scheiben dirigiert. Die Männer drückten den Kommissar unsanft an die Wagenseite. Der Polizist spürte eine starke Hand im Genick, dann einen Schlag in die Nieren und sein rechter Arm wurde gewaltsam auf den Rücken gebogen. Die verheilende Schusswunde schmerzte wieder wie ein frischer Messerstich. Kräftige Hände drehten Weinrich um und knallten ihn mit dem Rücken an die Außenwand des Lieferwagens.

»So Freund. Und jetzt rückst du die Kohle raus. Du ersparst dir damit eine Menge Unannehmlichkeiten. Glaub mir. Mein Freund hier neben verliert eh schon die Geduld.«

Weinrich musterte den »Freund« mit der mittellangen zotteligen schwarzen Mähne, Sieben-Tage-Bart und Lederjacke, der sich breit grinsend die geschlossene Faust in der anderen Hand rieb. Und ohne nachzudenken, schlug der Kommissar mit der freien Hand zu, mitten in das grinsende Gesicht. Der Gegner hatte damit nicht gerechnet, taumelte einige Schritte rückwärts und hielt sich das gebrochene Nasenbein. Aus dem Augenwinkel nahm Weinrich wahr, dass sein Gegenüber mit den Oberarmen so dick wie sein Bauch zu einem Schlag ausholte, doch Weinrichs Knie war schneller und traf den Gegner während des Ausholens genau zwischen die Beine. Der Mann vor Weinrich krümmte sich vor Schmerzen, aber das gebrochene Nasenbein war wieder zur Stelle und warf sich mit seinem gesamten Kampfgewicht auf den überraschten Kommissar.

Beide gingen zu Boden, Stoppelkopf schaltete sich auch in den Kampf mit ein, schnappte sich Weinrichs Füße, während der Ringer Weinrichs Handgelenke wie in einem Schraubstock einklemmte und lahmlegte.

»Mach den Wagen auf! Rein mit dem Kerl«, kommandierte er seinen Kollegen, der noch immer japsend vornüber gebeugt den Schmerz in seinen Weichteilen wüten spürte. Doch er öffnete die Seitentür und staunte nicht schlecht, als er sie zur Seite gezogen hatte.

»Abend, die Herren. Watson, Polizei Hanau, ich glaube, wir müssen uns unterhalten.«

Im Handumdrehen war der überraschte Türöffner mit Handschellen an die aufgeschobene Wagentür gefesselt. Weinrich nutzte ebenfalls den Überraschungsmoment, bekam Verstärkung von Stieglitz, der aus dem Dunkeln dazukam, und das Trio war außer Gefecht gesetzt.

»Warum hat das so lange gedauert, verdammt noch mal?«, herrschte Weinrich seine beiden Kollegen an.

»Wir hatten gewettet. Fünfzig Mäuse auf dich. Aber jetzt ist das ja nicht so ganz klar ...«

Watson lächelte verlegen, und Weinrichs Ärger verflog rasch.

»Danke für die unkomplizierte Amtshilfe«, sagte er.

»War uns ein Vergnügen«, erwiderten Watson und Stieglitz fast wie im Chor.

Für die drei Hehler wurde es eine lange Nacht. Eine Nacht, in der sie im Präsidium praktisch ihre gesamten Geschäftsgeheimnisse offen legten und für einen spürbaren Strafnachlass auch noch ihre Geschäftsverbindungen ausplauderten. Die diensthabende Schicht hatte viel zu tun. Stellte einige gestohlene Wagen gehobener Qualität ebenso sicher wie verschiedene Motorräder – darunter auch Mario Weinrichs Harley Davidson –, die sich die Gang

112

von den Stellplätzen der Abschleppdienste in und um Hanau besorgt und in einem Lagerhaus eines Schrottplatzes im Hanauer Industriegebiet Nord zwischengelagert hatte. Gegen Morgen waren über ein Dutzend Einbrüche und Diebstähle aufgeklärt, und vier weitere Teilhaber dieser illegalen Geschäfte warteten im Präsidium sicher verwahrt auf ihre Vernehmung.

Ein netter Erfolg, der für Weinrich allerdings die Hauptfrage offen ließ: Wer hatte auf ihn geschossen und warum? Denn das war nun wirklich nicht das Geschäft der jetzt einsitzenden Diebes- und Hehlergruppe. Nur zu gerne hätte er in seinem Bericht, den er nun im Büro zu verfassen hatte, auch den versuchten Mord an einem Polizeibeamten abgehakt.

»Hallo Weinrich! Na, wieder fit? Siehst müde aus. Aber schön, dass du wieder da bist.«

Die Kollegengrüße auf dem Flur gemahnten Weinrich an die Abschiedsworte des behandelnden Arztes im Krankenhaus. »Und schonen Sie sich noch ein bis zwei Wochen.«

Alles andere hatte er bislang in den eineinhalb Tagen der wiedergewonnen Freiheit getan. Erst die wilde Nacht mit Britta, dann die blitzartige Gründung seiner Import-Export-Firma und der unvorhergesehene Einsatz in Gräfenhausen. Alles so, als wäre da nie eine erzwungene Auszeit gewesen. Die allerdings wurde ihm wieder schlagartig bewusst, als er seine Bürotür aufstieß. An seinem Schreibtisch thronte, über Schriftstücke und Fotos gebeugt und den Telefonhörer am Ohr, Herbert Schönfelder. Huber hatte schließlich angekündigt, dass der Rentner wieder in Amt und Würden sei, um den Fall Schneider voran zu bringen, solange Weinrich Schonzeit hatte.

Weinrich fühlte, wie es in ihm brodelte, als er den alten Mann auf seinem Platz agieren sah. Schönfelder würdigte ihn lediglich mit einem Seitenblick und versuchte zwischen der Konzentration auf Akten und Telefongespräch ein Lächeln in Richtung des überraschend aufgetauchten Kollegen.

»Prüfen Sie das nach und schicken Sie mir schnellstmöglich die Ergebnisse«, vertraute Schönfelder der Sprechmuschel an und legte auf. »Mario! Schön dich zu sehen. Na? Wie geht's dir denn? Hab schon von deiner langen Nacht gehört. Hast dich ja schnell und spektakulär zurückgemeldet!«

»Anscheinend nicht schnell genug, als dass mein Schreibtisch in meiner Abwesenheit nicht anderweitig besetzt worden wäre.«

Mario Weinrich war eine Spur zu giftig. Das spürte er sofort selbst, und Schönfelders schuldbewusster Blick auf Weinrichs total belagertes Arbeitsfeld linderte Weinrichs Grimm über den Konkurrenten.

»Ach so, das hier. Tschuldigung. Ich räume das sofort weg.« Schon grapschte Schönfelder fahrig und unbeholfen die Papiere zusammen.

Kein Kollege sieht es gerne, wenn während seiner Abwesenheit der Arbeitsplatz okkupiert wird. Sieht einfach nicht gut aus. Noch dazu in Zeiten, in denen das geheime Sägen an Stühlen leider nicht mehr die Ausnahme ist. Auch nicht in Polizeidienststellen.

»Hör zu, Mario. Ich wollte das alles sowieso wieder frei machen. Es war nur, ich war an dem Fall und ...«

»Ist schon gut, Herbert.«

Weinrichs Erregung war angesichts des peinlichst berührten Kollegen und seiner echt empfundenen Erklärungsnot gegen Null geschrumpft. Zumal der Alte alles andere als eine existentielle Konkurrenz war. Im Job gab es sie, diese Konkurrenz. Aber nur in Zusammenhang mit Methoden und Ermittlungen. Und dabei hatten sich beide Kommissare immer als brauchbares und gut funktionierendes Gespann erwiesen. Der Ton zwischen ihnen wurde entspannter, freundlicher. Weinrichs Misstrauen war aus dem halb geöffneten Fenster des Büros gewichen und suchte sich in einer anderen Amtsstube ein erfolgversprechenderes Betätigungsfeld.

Doch bei dem Alten und dem Jungen blieb es nicht lange beim Austausch von Nettigkeiten.

»Hast du Britta gesteckt, was mit mir passiert ist?«

Weinrichs Frage brachte wieder eine gewisse Spannung in die Atmosphäre. Schönfelder kaute an seiner Unterlippe. So, als überlege er, was für eine halbwegs glaubhafte Geschichte jenseits der Wahrheit er Weinrich auftischen könnte. Stattdessen kam ihm ein »Ja, habe ich« über die Lippen.

»Und?«, fragte Weinrich nervös.

»Was und?«, Schönfelder gab den Unschuldigen.

»Ja, hast du ihr gesagt, dass ich Polizist bin?«

Schönfelder lehnte sich entspannt zurück und lächelte seinen Kollegen breit an. »Und wenn?«

Weinrich kochte innerlich wieder hoch. »Dann werde ich deine Frau sofort über deine neue Nebentätigkeit informieren.«

Jetzt rutschte Schönfelder das Herz in die Hose, während Mario schon den Telefonhörer in der Hand hatte und zu wählen begann.

»Nein, nein! Auflegen! Ich hab ihr gar nichts gesagt.«

Weinrich hielt ungläubig inne, legte den Hörer wieder auf und fixierte Schönfelder.

»Na, da bin ich aber gespannt. Raus mit der Sprache.«

Schönfelders Hände suchten Halt an den Unterlagen auf dem Tisch. »Also, nachdem ich wieder im Büro war, habe ich deine Zettel mit Telefonnummern durchgesehen, die im Ordner Schneider lagen. Wollte wissen, wie weit du bist. Und da war auch deine Flamme dabei. Hab lediglich gesagt, dass wir in der gleichen Branche tätig sind und dass du einen Unfall gehabt hast. Mehr nicht. Hand aufs Herz. Ich ahnte ja, dass du bei ihr nicht den Kommissar raushängen lässt.«

Weinrich schien erleichtert.

»Aber den Fake mit dem großen Golfer kannst du auch vergessen. Deine reservierten Stunden in Frankfurt habe ich abgesagt. Zahlen musst du trotzdem.« Schönfelder reichte Weinrich eine Rechnung über den Tisch.

»Scheiße! Hab ich ganz vergessen. Danke.«

Das Telefon klingelte. Weinrich war zuerst am Hörer.

»Ja, Weinrich.« Schönfelder fügte sich widerwillig in die alte Hierarchie.

»Ich bearbeite den Fall Schneider!«

Weinrich wirkte ungehalten. »Nein, davon weiß ich nichts. Wer hat denn den Auftrag erteilt?« Betretenes Schweigen. Dann: »Ja, der ist hier. Moment.«

Weinrich reichte mit säuerlicher Mine den Hörer an Schönfelder weiter.

»Ja, Schönfelder. Was gibt's?«

Der Alte fingerte nach einem Stift und notierte eifrig, was ihm ins Ohr kam. »Ja. Ja, interessant. Ich habe mir so etwas fast gedacht. Ja, vielen Dank für die schnelle Erledigung.«

Der Hörer klackte in seine Gabel, und Weinrich meldete sich aus seiner Schmollecke zurück.

»Was gibt's Neues, Herr Chefermittler?«

Schönfelder war aufgestanden und durchmaß nachdenklich das Büro. »In Schneiders Akten fehlen tatsächlich einige Blätter mit Angaben zu Patenten und Neuentwicklungen. Aber ein Teil der im Ordner fehlenden Papiere hat das Haus nie verlassen. Sie steckten zwischen alten Zeitungen.«

Über seinen Besuch bei Irakus hatte Schönfelder seinen Kollegen bereits aufgeklärt. Und auch darüber, dass Schönfelder auf dem mitgenommenen Blankozettel von Schneiders Notizblock eine Telefonnummer sichtbar gemacht hatte. Sie gehörte zu einem Hanauer Hotel am Kurt-Blaum-Platz, dem »Rose Inn«.

Weinrich hatte sich wieder abgekühlt, war wieder ganz Ermittler. »Also kein Fall von Technologieklau?«

Schönfelder setzte sich wieder. »Ich weiß nicht, was hier gespielt wird«, stöhnte Schönfelder.

Weinrich stützte den nach den letzten 36 Stunden sehr schwer gewordenen Kopf in die Hände und wusste, was Schönfelder als Nächstes sagen würde. Es kam wie erwartet.

»Es wäre jetzt an der Zeit, deine hübsche Informationsquelle zielgerichteter anzubohren.«

Noch während Weinrich überlegte, ob Schönfelders Wortwahl eine beabsichtigte oder eher zufällige war, erfuhr der junge Kommissar, dass seine Geliebte wohl an der Sanierung von Irakus maßgeblich beteiligt sein könnte. Schönfelder hatte das Meldebuch des Hotels bereits durchgesehen, doch neue Erkenntnisse brachte das nicht.

»Ich habe mir einfach die Namen derer notiert, die vor dem Mordzeitpunkt eingecheckt haben«, hatte der Kommissar seinem Kollegen berichtet.

Bei dem Namen Mahindra Singh klingelte es kurz bei Weinrich. Aber eben nur kurz. Zu kurz, um bei seinem derzeitigen Zustand einen Zusammenhang herzustellen.

»Und jetzt werde ich mit meiner Informantin ein Kaffeekränzchen verabreden.«

Weinrich wurde hellhörig. »Deine Informantin?«

Schönfelder seufzte. »Ja. Spiegler-Wattenbroich. Magda Spiegler-Wattenbroich! Quasi Nachbarin der Schneiders.« Schönfelder hatte die Geschichte mit dem angefahrenen Auto und den zwischenmenschlichen Folgen schnell geschildert. Sehr zum Vergnügen von Mario Weinrich.

Unsanft und ohne Vorwarnung wurde die Bürotür aufgerissen. Dienststellenleiter Huber polterte sofort los.

»Ah Weinrich! Netter Auftritt heute Nacht. Aber damit lassen Sie es jetzt gut sein. Schonen Sie sich noch zwei Wochen!« Und ohne Pause wandte sich Huber Schönfelder zu. »Im Fall Schneider gibt es, wie ich höre ...«

Schönfelder wies mit der Hand auf Weinrich. »Kollege Weinrich bearbeitet den Fall federführend.«

Huber stutzte kurz und lief dann gewohnheitsmäßig tiefrot an.

»Schönfelder! Ich hab Sie nicht reaktiviert, damit Sie nach Weinrichs Pfeife tanzen! Zumal aus dieser Pfeife ohnehin nur Misstöne herauskommen!«

Schönfelder holte tief Luft. »Chef! Wenn Sie in diesem Fall auf juristisch belastbare Ergebnisse aus sind, dann lassen Sie uns so arbeiten, wie wir es gewohnt sind und halten sich am besten so weit wie möglich raus. Klar?«

Dienststellenleiter Huber ruderte mit den Armen. »Wo sind wir denn hier, dass mir ein altersstarrsinniger Leiharbeiter sagt, was ich zu tun habe? Eines sage ich Ihnen, Schönfelder! Wenn ich es will, dann sitzen Sie ganz schnell wieder vor der Tür und können die Blätter an ihren Rosenbüschen zählen.«

»Dann allerdings«, mischte sich Mario Weinrich in das Gespräch, »können Sie die rasche Klärung des Falles Schneider erst einmal abhaken und werden vollauf damit beschäftigt sein, Ausreden für diejenigen zu erfinden, die auf Ergebnisse drängen.«

Huber kochte, suchte nach den passenden Worten, fand sie aber nicht. Er drehte sich bebend auf dem Absatz um. »Das wird ein Nachspiel haben.« Und rauschte aus dem Büro. Zurück blieben zwei Kommissare, die sich grinsend abklatschten. Weinrich und Schönfelder wussten, was zu tun war, und beide waren bereit, Gas zu geben.

»Also, wer hat auf dich geschossen?« Schönfelder kam unvermittelt auf einen wunden Ermittlungspunkt zu sprechen.

»Die Mafia? Die Hells Angels oder deren Feinde? Amerikanische Scharfschützen? Entflohene Taliban? Ex-Knackis? Eifersüchtige Ehemänner? Ein Spinner?«

Schönfelder hob abwehrend die Hände. »Im Ernst, wir müssen herausfinden, wer hier herumballert, das ist mir wichtiger als dieser Schneider-Fall.«

»Ist das eine Liebeserklärung?«

»Nenn es, wie du willst«, fuhr Schönfelder unbeirrt fort. »Allerdings mit Liebe kennst du dich besser aus. Wie läuft es eigentlich mit deiner neuen Flamme?«

Schönfelder malte dazu genießerisch die Rundungen eines weiblichen Körpers in die Luft.

»Nichts läuft«, antwortete Weinrich patzig. »Sie ist abgehauen, weg, verschwunden.«

Da war er wieder, dieser zerstörende Schmerz, ohne den es keine Liebe zu geben schien.

Schönfelder seufzte. »Soll ich mich um den Fall kümmern und du um Britta? Laut Huber hast du doch noch ein paar Tage frei.«

»Was soll das heißen?« Weinrichs Misstrauen erwachte zu neuem Leben.

»Ein Angebot unter Freunden.«

»Unter Freunden?«, wiederholte Weinrich. »Lass mal gut sein. Ich krieg das schon auf die Reihe.«

»So wie bei Tatjana ...?« Schönfelder stockte. Ein Blick auf den Kollegen sagte ihm, jedes weitere Wort, das ihn an das vergebliche Liebesabenteuer mit der Cheerleaderin der Hanau Hornets erinnerte, wäre wie Salz in das waidwunde Herz eines Liebeskranken streuen.

Weinrich zögerte angesichts des Vorschlags seines Kollegen. Ein Teil von ihm wäre liebend gern den Spuren seiner verschwundenen Liebe gefolgt. Es stimmte schon, er machte sich Sorgen. War sie krank? Entführt? Oder hatte sie ihn schlicht abserviert? Ein Anruf könnte Klarheit bringen, dachte er, doch sein gekränkter Stolz hielt ihn zurück. Auch wenn es in ihm brodelte, so sollte dies doch von niemandem bemerkt werden. Wenn nur der Fall nicht wäre, dann ...

»Also wer hat geschossen?« Schönfelder holte den Kollegen aus den Träumen in die Wirklichkeit zurück und versuchte, den gerissenen Ermittlungsfaden neu zu knüpfen. »Wir müssen ein wenig mehr Staub aufwirbeln.

Je mehr Wind wir machen, desto eher wird der Täter aus seinem Versteck kriechen. Erhöhter Fahndungsdruck erzeugt erhöhte Täteraktivitäten. Vielleicht sollten wir eine Pressemitteilung herausgeben ,Kommissar überlebt Attentat' mit einem schönen Foto von dir.«

»Bist du verrückt? Damit Britta sieht, dass ich bei der Polizei bin?«

»Gut, dann eben ohne Bild. Zusätzlich bräuchten wir Personenschutz für dich. Was hältst du von Stieglitz und Watson? Die Hühnerdiebe in Großauheim werden auch eine Weile ohne die beiden auskommen.«

Weinrich nickte zögernd. Doch seine Gedanken umkreisten Britta in einer Endlosschleife. »Warum ist sie abgehauen?«

»Weil du dich wie ein Elefant verhalten hast«, vermutete Schönfelder mit der Eheerfahrung von Jahrzehnten. »Frauen lieben wilde Tiger, die sie im Laufe der Jahre zu Hauskatzen domestizieren können. Aber keine Elefanten, die alles platt walzen. Ja, ja, ich kenne mich auch ein wenig aus«, kam er den fragenden Einwänden des Kollegen zuvor. »Früher hatte ich eine Band«, öffnete Schönfelder die Schatzkiste seiner Erinnerungen an ein wildes Tigerleben. »Ich war der Gitarrist. Rockgitarre. Rolling Stones und solche Sachen. Meine Haare gingen bis ...« Dabei deutete er auf eine Stelle in Ellenbogenhöhe.

»Du?« Weinrichs Blick zeigte Spuren wundersamen Erstaunens, bevor er in lautes Lachen ausbrach. Ein brodelndes Inferno schoss aus ihm hervor in Form von schüttelnden Lachkrämpfen. Weinrich schnappte sich den Telefonhörer und sang in die Sprechmuschel: »I can't get no satisfaction.« Das Kabel zwischen Hörer und Apparat missbrauchte er als Gitarre. Schönfelder schaute belustigt, stand auf und mimte den Headbanger: »Yeah, Yeah, Yeah.«

Die ekstatischen Verzückungen im Büro 512 der Polizeidirektion wurden jäh durch ein vehementes Klopfen an die Zwischenwand unterbrochen. »Macht euer Radio leiser, hier ist eine Vernehmung«, schallte es aus dem Nachbarbüro.

Augenblicklich hielt die »Rockband« inne. Langsam wanderte der Hörer zurück auf die Gabel, und beide setzten sich wieder in ihre Sessel. Ein Augenzwinkern zwischen Schönfelder und Weinrich machte klar – ein weiterer Auftritt konnte kommen.

»Was soll ich schreiben?«, Schönfelder kehrte zum Alltag polizeilicher Ermittlungsarbeit zurück. »Für die Pressemitteilung.«

Weinrich warf seinen Gehirnmotor an.

»Hochverdienter Polizeibeamter ...«

Schönfelder atmete schwer. »... kommt knapp mit dem Leben davon ... mutig stellte er sich in die Kampfzone zweier international operierender Banden, die Hunderte von Morden auf dem Gewissen haben. Die Schlächter ...«

Schönfelder tippte, doch was er schließlich vorlas, hatte wenig mit dem Ursprungstext seines Kollegen zu tun.

»Polizeibeamter Opfer eines Gewaltverbrechen. Im Zuge seiner Ermittlungen wurde ein Beamter angeschossen. Nachdem die Spuren am Tatort ausgewertet wurden, verfolgen die Ermittler inzwischen mehrere Hinweise. ‚Es ist nur noch ein Frage von Tagen, bis wir den Täter haben', so ein hochrangiger Beamter in der Polizeidirektion.«

Weinrich rümpfte die Nase. »Ein wenig trocken, findest du nicht?«

»Sachlich, lieber Kollege, sachlich und hoffentlich der Sache dienlich. Und jetzt muss ich noch einmal telefonieren.«

Schönfelder wählte die Nummer von Magda Spiegler-Wattenbroich, jener Dame, die seinen Wagen in dreister Weise mit Beulen bedacht hatte.

»Hier Schönfelder – von der Polizei.«

Schönfelder drückte auf den Lautsprecherknopf, damit Weinrich mithören konnte.

»Ach, mein vergeblicher Blechschaden«, seufzte sie bedauernd.

»Richtig, richtig. Ich glaube, ich habe bei Ihnen noch etwas gut.«

»Aber immer«, säuselte es durch den Hörer zurück.

Weinrich markierte einen Brechanfall.

»Sie erzählten doch von ausgiebigen Partys, die im Hause Schneider und in Ihrer Nachbarschaft veranstaltet werden. Ich würde gerne einmal eine solche Party besuchen, mit Ihnen als Begleitung.

»Ist das Ihr Ernst?«

»Aber rein dienstlich«, beteuerte Schönfelder.

Weinrich nickte vehement, als habe sein Kopf eine Nervenstörung.

»Schade«, bedauerte Magda. »Aber das trifft sich gut, zumindest für Sie. Nächsten Samstag feiern meine Nachbarn ihr jährliches Herbstfest, und ich bin eingeladen. Wenn Sie als mein Begleiter ...«

»Aber gern«, betonte Schönfelder »allerdings ...«

»... rein dienstlich, ich weiß. Also dann bis nächsten Samstag.«

Damit endete das Gespräch. Schönfelder atmete schwer wie nach einer Bergbesteigung.

»Die schwerste Etappe kommt noch«, keuchte er. »Ich weiß nicht, wie ich es Gerda beibringen soll. Du musst mir helfen.«

»Ich muss was? Ist der große, schlaue, berühmte Superbulle Schönfelder etwa in der Klemme?«

Schönfelder ignorierte die Bemerkung. »Komm mit«, sagte er.

Widerwillig, aber doch von Neugier getrieben, folgte Weinrich dem Seniorermittler in den Hof der Polizeidirektion. »Und nun?«

»Jetzt fahren wir zu Gerda, in deinem Wagen, oder soll ich laufen?«

Bei Weinrich fiel der Groschen, stand doch das Auto

seines Kollegen in der Werkstatt zur Reparatur diverser Blechschäden.

»Im Auto erzähl ich dir dann alles Weitere.«

Gesagt, getan. Schönfelder weihte Mario in seinen Anzugdeal ein, der offiziell, damit Gerda nicht Verdacht schöpfte, Weinrich gehörte.

»Und was erzählst du ihr, warum du den ganzen Tag weg bist?«

Schönfelder zögerte. »Dies und das. Mal bin ich in Sachen Rosen unterwegs, ein anderes Mal habe ich alte Schulfreunde getroffen, oder ich bin zu einem schnellen Apfelwein in der ,Sonne' in der Altstadt, gestern war es das Pensionärstreffen ...«

»Mensch Herbert, du gräbst dir doch damit dein eigenes Grab. Gerda ist doch nicht doof.«

»Ich habe ihr versprochen, nicht mehr für die Polizei zu arbeiten«, insistierte Schönfelder. Ein heftiges Hupen hinter ihnen erinnerte Weinrich daran, dass die Ampel längst auf Grün geschaltet hatte. Weinrich wollte die Polizeimarke aus dem Fenster halten, um ein wenig Angst und Schrecken zu verbreiten, doch Schönfelder hielt ihn zurück. Wenige Minuten später waren sie in der Schönbornstraße angelangt. Im Altersheim, scherzte Weinrich des Öfteren als Anspielung auf die äußerst ruhige Wohngegend von Schönfelders Häuschen.

»Für mich wäre das hier nichts.«

»Ein Glück«, entgegnete Schönfelder, während er die Wohnungstür aufschloss, »sonst wäre es mit der Ruhe hier auch vorbei.«

»Bringst du jemanden mit?« Gerda meldete sich aus dem Wohnzimmer.

»Ja, ich habe Mario getroffen.«

Gerda kam aus Schönfelders guter Stube, um Mario zu begrüßen. »Bleibst du zum Essen?«

»Nein, danke, ich muss noch arbeiten. Ein voller Bauch macht langsam, dann laufen mir die Ganoven davon.«

»Mario möchte nur seinen Anzug abholen«, mischte sich Schönfelder in das Gespräch.

»Ach das gute Stück, muss ja ganz schön teuer gewesen sein«, meinte Gerda.

»Ja ... äh.«

»799 Euro«, sprang Schönfelder ein.

Weinrich nickte. Jedes Wort konnte gefährlich werden. Hier befand er sich auf vermintem Gebiet. Gerda holte den Luxusstoff und händigte ihn Weinrich aus.

»Bisschen groß für dich«, sagte ihr Kennerblick. »Vor allem um den Bauch herum. Da versinkst du ja drin.«

»Deshalb hat er ihn ja auch etwas günstiger bekommen«, vermittelte Schönfelder.

»Soll ich ihn dir ändern?«, bot Gerda an. Weinrich schaute hilflos zu Schönfelder.

»Lass nur, das macht seine neue Freundin, die Britta.«

Gerda seufzte. »Männer«, brummte sie kopfschüttelnd und voll Unverständniss. »Was wäret ihr nur ohne uns?«

»Nichts, absolut nichts.« Weinrich lachte gequält.

»Tja, dann bis Samstag«, meinte Schönfelder abrupt mit einem heimlichen Augenzwinkern zu Mario. Gerda drehte sich zu ihrem Mann, auf eine Erklärung wartend.

»Da wollten wir mal zusammen ein Bier trinken und über alte Zeiten reden«, versuchte Schönfelder, dem jetzt doch ein paar Schweißtropfen auf die Stirn getreten waren, eine Rechtfertigung.

»Du schwitzt ja«, bemerkte Gerda prompt, gleich einem Adler, der eine Maus aus tausend Metern Höhe erkennt. Gleich würden sich die Krallen in ihr Fleisch bohren. Schönfelder suchte einen Ausweg, schwieg jedoch nur hilflos.

»Das liegt am Essen. Wir haben ein paar scharfe Sachen beim Inder gegessen«, unternahm Weinrich einen Rettungsversuch.

»Wie? Du hast schon gegessen?«, Gerdas Ton wurde giftiger.

»Nur ein paar Kleinigkeiten, Mario will demnächst nach Indien in Urlaub fahren ...«

Weinrich bekam einen Hustenanfall. »Ich muss los«, sagte er, um der großen Katastrophe, die sich gerade anzubahnen schien, zu entkommen. »Ich bin etwas erkältet.«

Zur Bestätigung hustete er noch ein paar Mal kräftig.

»Salbeitee hilft«, rief Gerda.

Aber Weinrich hatte sich schon den Anzug geschnappt und war auf dem Weg nach draußen. Wenig später saß er in seinem Wagen. Minutenlang starrte er regungslos auf die Wohnungstür der Schönfelders, als warte er auf einen großen Knall, der seinen Kollegen durch die Tür schleudern würde. Doch die Explosion blieb aus. Schließlich legte er den Gang ein, startete den Motor und fuhr langsam davon. Ziellos durch die Straßen, versunken in Gedanken.

»Würden er und Britta genau so leben?« Mit der freien Hand wühlte er nach seinem Handy und wählte ihre Nummer.

»Hier ist die Mailbox von Britta Dupont ...«

Weinrich fluchte und drückte das Gaspedal durch. In seinen Adern fühlte er den Speed, den vier durchdrehende Reifen auf dem Asphalt entwickeln können. Die Straßen Hanaus waren der Nürburgring. Hupende Autos neben ihm, die seine Fahrweise als Nötigung betrachteten, quittierte er mit stoischer Ignoranz. Ihm war alles egal. Sollten sie ihm doch die Polizeimarke abnehmen. In gewisser Weise ließ er es darauf ankommen und forderte sein Schicksal heraus. Doch für ihn selbst überraschend erreichte er die heimische Wohnung ohne Blechschaden, ohne in eine Radarfalle getappt zu sein und auch ohne eine Kontrolle durch die Kollegen von der Streife.

Weinrich erklomm die Stufen seines Wohnhauses. Mit den Nachbarn hatte er sich arrangiert. Die Vorzüge einer Hausgemeinschaft waren auch für ihn, den Rocker, den Wilden, den »Zuchtbullen«, wie er sich einst lautstark

125

vorstellte, offensichtlich. Umso leerer erschienen ihm die eigenen vier Wände. Der Griff zur Abruftaste des Anrufbeantworters war ein festes Ritual, dass das Gespräch mit einer Mitbewohnerin über Neuigkeiten ersetzte.

»Hier Britta«, meldete sich eine ihm wohlbekannte Stimme. »Lass uns reden!«, sagte sie. »Ich bin heute Abend in der Gaststätte Mainblick. Die kennst du bestimmt. Also bis dann.«

Ein schneller Blick auf seinen Chronographen gab im noch einige Stunden Zeit. Die nutzte Weinrich, um sich zu stylen. Duschen, Haare machen, Kleiderschrank durchforsten. Was ziehe ich an? Hautpflegecremes, das passende Parfüm, Cool Water oder Hugo Boss? Für den Abend der Abende. Es war seine Chance, einen verpatzten Moment vergessen zu machen. Weinrich wollte glänzen, und dazu gehört eine passende äußere Schale, die entsprechend poliert selbst ein fahles Mondlicht reflektiert und für Licht im Dunkel der Welt sorgt. Weinrich wollte dieses Licht sein – für Britta.

Im Hausflur stolperte er beinahe über ein älteres Ehepaar, das vom Abendspaziergang zurückkam. »Hier riecht es wie bei Douglas«, kommentierte die Dame den Parfümschwall. »Besser als nach Mottenkugeln«, biss Weinrich zurück. Ade, du gute Hausgemeinschaft.

Weinrich stürzte in den Mini, kaufte an der Tanke mit dem letzten Fünfzig-Euro-Schein, den er in seiner Brieftasche fand, den Blumeneimer leer, dazu eine Flasche Sekt, die er auf dem Rücksitz verstaute, man weiß ja nie, wie der Abend noch endete. Er war zurück in der Welt der Eroberer. Er fühlte die Kraft des Tigers, von der selbst Kollege Schönfelder einst gestreift wurde, bevor er es sich als Hauskater am Kachelofen bequem gemacht hatte.

Das Restaurant Mainblick lag in einer Villengegend unweit von Schloss Philippsruhe. Ein Ruderclub residierte hier in bester Citylage. Die obere Etage war der Bewirtung

126

der Vereinsmitglieder vorbehalten. Aber auch Auswärtige schätzten die gute Küche, und so war das Restaurant längst mehr als nur ein Geheimtipp. Direkt am Main gelegen, spürte man beim Blick auf die Wasseroberfläche und der vorbeiziehenden Flusskähne so etwas wie die große weite Welt. Mario kam des Öfteren hierher, wenn er der Enge des Alltags entkommen und seinen Träumen von einer Polizeistelle in Hamburg nachhängen wollte.

Der Wirt Olcay war Türke, das Restaurant italienisch. Viele Eigentümerwechsel hatten es in die Hände von Olcay gespült, der keine Lust auf Dönerbude hatte.

»Gibt's in Hanau schon genug«, sagte er. Zur Wahrung italienischen Flairs nutzte Olcay seine wenigen Kenntnisse der romanischen Sprache und würzte jede Konversation mit Bruchstücken wie »Bonnne tschorno, arricerdertschi, Siniore und Madonna«. Die Richtigkeit von Grammatik oder Aussprache gerieten zur Nebensache. Trotzdem war das Haus eine Perle, denn Olcay kochte mit Herz, wie er sagte. Mit Schürze um den etwas fülligen Bauch kam er freudig auf Mario zu.

»Signor Commissario!«

Mario zuckte zusammen. »Psst, kein Commissario«, flüsterte er.

»Ah, geheime Treff?«

»Nein, nein, kein geheimer Treff, privat.«

»Aaaah!« Olcay verstand, und als sein Blick auf den Blumenmix fiel, erübrigten sich weitere Erklärungen.

»Heute Herz«, sagte er und klopfte verschmitzt auf die linke Seite seiner mächtigen Brust.

Olcay führte Weinrich zu einem Tisch mit Blick auf den Fluss. Von Britta noch nichts zu sehen, aber lässt nicht jede Frau von Klasse ihren Auserwählten warten? Doch plötzlich tauchte sie auf. Aus Richtung Bar kommend, grüßte sie Mario mit einem Lächeln.

»Ist bei Ihnen noch frei?« Mario sprang auf, zog den Stuhl stilvoll und ganz Gentleman für sie zurück.

»Schön, dass du da bist.«

Dann war es eine Weile still zwischen ihnen. Wie ein gerissener Faden, den es mühsam neu zu knüpfen galt.

»Ich habe dich vermisst«, begann Weinrich seine Reparaturarbeit.

»Ich war weg, musste nachdenken.«

Mario winkte Olcay und bestellte per Fingerzeig eine Flasche Wein, in der Hoffnung, das Gespräch könnte dann flüssiger werden. Sekunden später stand die Flasche Chianti schon auf dem Tisch.

»Molto gut – für Herz«, sagte Olcay mit einem Zwinkern zu Mario, aber so dick aufgetragen, dass es auch von Britta bemerkt wurde.

»Ist das dein Komplize?«, hakte sie nach.

»Wir kennen uns ...«

»Geschäftlich«, ergänzte sie.

Mario nickte umständlich.

»Genau das ist es. Ich weiß nichts über dich, außer dass du mit italienischen Schuhen handelst. Ein bisschen wenig, meinst du nicht? Außerdem Import-Export, wie hört sich das an? Am Ende hast du mit der Halbwelt zu tun. Und dieses geheime Zublinzeln, dein Herumgedruckse. Kurz, so geht es nicht weiter.«

Britta hatte sich in Rage geredet, und Weinrich versuchte sie mit beschwichtigenden Gesten zu beruhigen. »Hör auf damit!«

Aber Britta blieb hartnäckig: »Ich höre ...«

Weinrich fielen die Blumen ein. »Für dich«, sagte er und holte eine bunte Mischung unter dem Tisch hervor.

»Das ist nett, aber ich möchte etwas anderes von dir hören. Wer bist du?«

Mehr nicht?, dachte Weinrich insgeheim, doch er verbiss sich die Provokation. Ihm stockte der Atem. Er überlegte, ob er mit der ganzen Wahrheit herausrücken oder die bewährte Salamitaktik anwenden sollte. Er nahm einen großen Schluck Vino.

»Es ist nicht so, wie du denkst«, begann er. »In bin kein Ganove, im Gegenteil.«

Weinrich suchte verzweifelt nach dem Anfang des Fadens, von dem aus sich der verworrene Knoten auflösen ließ. Als Bulle fürchtete er, bei Britta im Aus zu landen. Selbst Geheimagenten hatten einen besseren Ruf, zumindest im Film. Was war an einem Polizisten schon attraktiv? Die Arbeitszeiten konnten es nicht sein. Ebenso wenig das Gehalt. Der Status eines Beamten punktete nur bei Frauen mit der Hoffnung auf lebenslange Versorgungsansprüche. »Polizist, das kommt gleich nach Müllwerker«, sagte sein Vater einst verächtlich. »Beide räumen den Dreck weg.«

Das hatte sich bei Weinrich eingebrannt. Und doch wollte er Polizist werden, schon allein um seinem Vater das Gegenteil zu beweisen. Doch angesichts von Britta schmolz der Mut dahin. Was übrig blieb, waren Angstschweiß und Lügen. Standhaft blieb er bei seiner Version.

»Dieses Import-Export-Geschäft habe ich ... äh ... übernommen ... da hieß es schon so ... und das weißt du doch selbst, einen eingeführten Namen sollte man nicht ändern ...und äh ... manchmal handele ich mit Schuhen ... manchmal mit Uhren ... manchmal mit ... etwas Anderem.«

Weinrich stotterte und schwitzte. So musste sich ein Tatverdächtiger beim Verhör fühlen. Nun hatte es ihn erwischt. Hilflos balancierte er zwischen dem, was er sagen konnte, ohne zu viel preiszugeben, und dem Bedürfnis Brittas, mehr über ihn erfahren zu wollen.

Britta schwieg. Ihr Kopf versuchte die Bruchstücke von Weinrichs Erzählkunst zu sortieren. Dabei kam sie zu dem Schluss: »Bist du ein Hehler?«

»Um Gottes Willen«, protestierte Weinrich. »Ich habe nur ganz gute Kontakte zu ganz unterschiedlichen Branchen ...«

Britta rümpfte die Nase. Was blieb, war ein Stück Restmisstrauen. »Aber warum hast du mich letztes Mal aus der Wohnung geschmissen?«

Weinrich spielte den Ahnungslosen. »Ich? Dich aus der Wohnung geschmissen?« Aber Weinrich wusste nur zu genau was Britta meinte. »Da musste ich doch noch den Bürokram erledigen ...«

»Ja, ich weiß«, sagte Britta resignierend.

»Komm lass uns zahlen, ich habe im Auto noch eine Flasche Sekt ...« Weinrich rief Olcay zu sich.

»Die Herrschaften wollen schon Arrivederci sagen?« Weinrich nickte und reichte seine EC-Karte. Es dauerte Minuten, bis Olcay zurückkam. Sein Auge in einer Art Blinzelstarre versuchte Weinrich diskrete Hinweise zu geben.

»Die Karte ... äh ... geht nicht«, flüsterte Olcay.

»Wie geht nicht?«

»Vielleicht kaputt«, versuchte Olcay das Desaster schön zu reden und mit noch leiserer Stimme, »vielleicht kein ... Geld ...«

Olcay hantierte hilflos mit Weinrichs EC-Karte, bevor er sie sachte auf den Tisch zurücklegte.

Britta hatte die Szene aufmerksam verfolgt.

»Du bist pleite«, sagte sie plötzlich. »Dass ihr Männer immer so herumeiern müsst, wenn ihr Geld verliert. Als wäret ihr kastriert worden. Es ist doch nur Geld.«

Wie selbstverständlich holte sie ihr Portemonnaie aus der Handtasche und zahlte die gemeinsame Flasche Wein.

»Ach, und ich dachte schon, es wäre etwas Schlimmes. Ich bin ja so froh«, sagte sie und fiel Weinrich um den Hals.

Der saß steif wie ein Stock am Tisch. Man hätte ihn als Statue auf dem Hanauer Marktplatz aufstellen können.

»So, und jetzt fahren wir in deine Firma und sanieren, das ist nämlich mein Fachgebiet.«

»Aber ...«

»Vertraue mir«, sagte sie.

Jeglicher Protest war zwecklos. Britta hatte die Kontrolle übernommen. Sie erhob sich, und Mario blieb nichts anderes übrig, als ihr in Richtung Ausgang zu folgen.

Langsam fuhren sie Richtung Hanauer Hafen. Mario hatte es nicht eilig, denn behaglich lehnte Brittas Kopf an seiner Schulter. Er betete, dass Antonio das Schild mit Weinrichs Namen als Inhaber aufgehängt haben möge.

»Oh Herr im Himmel ...«, schickte er ein Stoßgebet nach oben, in jene Richtung, in der der Volksglaube die erlösende Rettung und glückliche Fügung vermutet. Und als sie um die Kurve in den Hof einbogen, sah er es. Hell strahlend vom gleißenden Weiß eines 1000-Watt-Baustrahlers weithin sichtbar beleuchtet. »Mario Weinrich – Import-Export«.

»Jahoo«, rief Mario entzückt, und in Gedanken: Antonio du bist ein Engel!

»Das ist dein Geschäft?« Britta schätzte den Laden ab, als sie vor der verschlossenen Tür standen. »Sieht gar nicht so schlecht aus.«

»Aber ja, da steht doch mein Name, siehst du, MEIN NAME ...«

Weinrich war überglücklich. Dass er den Schlüssel für das Eingangsportal nicht dabei hatte, störte ihn nicht. »Da steht mein Name. Mein Name ...« wiederholte er überglücklich in einem wiederkehrenden Mantra.

Britta schien enttäuscht, dass sich die verschlossene Tür nicht öffnen ließ. »Naja, dann retten wir die Firma eben morgen.«

»Heute retten wir uns«, sagte Mario, der die Fassung wiedergewonnen hatte. Er tänzelte als brasilianischer Limbo-Tänzer auf Britta zu. Unweigerlich musste sie lachen.

Die Nacht verbrachten sie bei Mario. Zur Sicherheit, um überraschende Störungen zu vermeiden, zog Weinrich das Telefonkabel aus der Wand. Die Stunden bis zum Morgengrauen gehörten nur ihnen.

Doch der Morgen kam abrupt. Britta hatte sich schnell verabschiedet, zwar mit vielen Küssen, aber weg ist weg. Die angesammelte Post, von Nachbarn vor der Wohnungstür deponiert und mit der Aufforderung versehen, den Briefkasten bitte rechtzeitig zu leeren, bevor dieser überquillt, legte sie ihm auf den Küchentisch.

»Ich liebe dich, Tiger«, schrieb sie mit eiliger Hand auf einen Briefumschlag.

Schlaftrunken drehte Weinrich den Umschlag in der Hand. Der Absender – seine Bank, und nun offenbarte sich die Ursache seines gestrigen Finanzdesasters.

»Sie haben Ihren Kreditrahmen ausgeschöpft«, hieß es da sachlich, kühl und unumstößlich.

Scheiß auf die Bank, dachte er, während er den Umschlag in den Händen hielt. Solange der Gerichtsvollzieher noch nicht im Anmarsch war, bestand keine Gefahr.

Was zählt, ist – das Herz. Und das glühte vor Glück.

Nicht so bei Herbert Schönfelder, der Tage später verabredungsgemäß an Marios Wohnungstür in Großauheim klingelte. Wie ein Häufchen Elend stand der Alte da, als Weinrich grinsend öffnete.

»Na, Kollege? Also bei der inneren Haltung zu deiner Verabredung nutzt der teure Anzug auch nichts. Das sage ich dir gleich.«

Schönfelder winkte ab und trat ein.

»Hey, Mann! Lass dich nicht so hängen!« Weinrich wollte gute Stimmung machen. »Sekt, Häppchen und Insiderfakten! Da muss doch jedes Polizeiherz höher schlagen.«

Schönfelder ließ sich im Wohnzimmer in den Sessel vor dem Fenster zur Straße fallen. Wenigstens war es keiner dieser Ledersessel, die einen ansaugen, verschlingen, verdauen und nie mehr freigeben.

»Du hast gut reden«, grummelte er, ohne Weinrich anzusehen. »Ich glaube, Gerda hat mir das Nostalgietreffen mit dir nicht so ganz abgenommen. Das habt ihr nie samstags gemacht, hat sie gemeint. Und weißt du was? Recht hat sie!«

Weinrich hatte Schönfelders teuren Anzug aus dem Nebenzimmer geholt und auf den Tisch gelegt.

»Hättest ihr ja ein Klassentreffen anbieten können. Oder die Jahrestagung der Rosenkavaliere …«

Weinrich lachte laut los, verstummte aber schnell wieder, denn seine Aufheiterungsversuche gingen ins Leere. Schönfelder seufzte nur schwer und machte keinerlei Anstalten, sich aus seinen alten Klamotten zu schälen und in den Anzug zu schlüpfen, mit dem er auch einen neuen Status für die Party im Kreise der Reichen überstülpen wollte.

»Der Quatsch war doch deine Idee! Also zieh das jetzt durch! So schlimm kann es ja nicht werden.«

Schönfelder erhob sich träge und knöpfte sich die Hose des leicht verbeulten Anzuges auf.

»Hast du eine Ahnung«, murmelte er, während er den abgewetzten Stoff abstreifte und in die Nobelhose stieg.

»Komm Herbert, jetzt noch das Jackett.« Mario half seinem Kollegen in die Anzugsjacke, trat drei Schritte zurück und musterte den Kommissar.

»Das Hemd mag ja angehen. Aber die Krawatte ist zu dem Anzug einfach total daneben. Moment.«

Schönfelder war gerade dabei, einen Anflug von Gefallen an seinem neuen Outfit zu finden, doch Marios Krawattenkritik stieß ihn wieder tief in seine Anfangsdepression zurück. Weinrich kam aus dem Nebenzimmer zurück mit drei Krawatten zur Auswahl.

»Schau, die hier könnten passen. Such dir eine aus.«

Schönfelder wählte die dunkelblaue mit den weißen Punkten.

»Naja, dir muss es ja gefallen«, meinte Weinrich, und schon versank der Altkollege wieder in seinem persönlichen Jammertal.

»Mensch Herbert, jetzt reiß dich mal am Riemen. Du

bist zwar ein alter Sack, aber in dem Fummel machst du echt was her. Ehrlich. Und wenn du deinen Sprachschatz in der Konversation leicht über dein übliches Ja oder Nein hinaus ausdehnst, dann kann das doch ein interessanter Abend werden. Mit der Frau von und zu Dingsda als Komplizin an deiner Seite, da kann doch nichts schief gehen.«

Zur Bekräftigung klatschte Mario dem Kollegen aufmunternd auf die Schulter.

»Zum Mut Machen würde ich dir ja einen Schnaps anbieten«, fuhr Weinrich fort und brachte mit diesem Vorschlag ein leichtes Lächeln des Einverständnisses in Schönfelders Gesicht. Er zog das Angebot aber sofort wieder zurück.

»Wenn du mit einer Fahne bei deiner Adelshenne auftauchst, macht das keinen guten Eindruck.«

Sofort verschwand das Lächeln wieder.

»Du gönnst mir aber auch gar nichts«, knurrte er und zog den dunklen Wollmantel über. »Ruf mir wenigstens ein Taxi«, ließ der frustrierte Altkommissar noch vernehmen, ehe er sich wieder in den Sessel fallen ließ und den Blick auf das Fenster richtete, an dessen Scheibe die Regentropfen Perlenmuster hinterließen, bevor sie durch das eigene Gewicht ins Rutschen gerieten.

»Quatsch! Ich fahr dich hin«, war Weinrichs Antwort. Schon hatte er die Lederjacke übergezogen und seinen Autoschlüssel in der Hand.

»Vamos, Herbert!«,

Von dem allerdings nur ein weiteres Stöhnen, als er sich schwerfällig aus dem Sessel erhob, in dem er gerne den Rest des Abends verbracht hätte, die langsam nach unten laufenden Regentropfenbeobachtend, als würden sie neue Erkenntnisse im Fall Schneider offenbaren können.

Wortlos legten sie in Weinrichs Mini den Weg bis zum Ziel Unter den Tannen 3 zurück. Weinrich hielt vor dem Eingang von Spiegler-Wattenbroichs Anwesen.

»Scheint eine gute Partie zu sein«, versuchte er zu scherzen.

»Kannst dich ja selbst davon überzeugen«, murmelte Schönfelder.

»Ich trete die Verabredung samt weiblichen Inhaltes gerne an dich ab.« Weinrich reckte sich zur offenen Wagentür, die Schönfelder noch aufhielt, und versuchte eine Entgegnung. »Bei Wein sage ich bei so einem Jahrgang nicht nein. Aber bei Frauen ...«

Schönfelder wollte nicht weiter zuhören und warf die Tür des Minis betont kräftig zu. Lachend, hupend und mit demonstrativ hohen Drehzahlen verabschiedete sich Weinrich von seinem Kollegen, der nun sprichwörtlich im Regen stand. Aber nicht lange. Schon schwang das automatische Eingangstor zurück, und fast zeitgleich öffnete sich die Haustür, wo Magda Spiegler-Wattenbroich ihren Gast bereits erwartete.

»Kommissar Schönfelder! Schön, Sie zu sehen«, flötete sie dem alten Griesgram entgegen.

Der staunte allerdings auch nicht schlecht, als er die Hausherrin in ihrem schulterfreien Cocktailkleid mit Seidenschal in der offenen Tür stehen sah. Ganz schnell verriegelte er sein geistiges Hinterstübchen, aus dem sofort Vergleiche mit Gerda in ihrer abgewetzten Kittelschürze und ihren ausgetretenen Hausschuhen heraustreten wollten.

»Rein beruflich. Alles rein beruflich«, dachte Schönfelder halblaut vor sich hin, bis er die Hand der Gastgeberin in seiner fühlte und galant einen Handkuss andeutete.

»Kommen Sie herein, bevor Sie der Regen wegschwemmt. Das wäre ja ein Jammer, wo der Tag noch jung und die Nacht noch fern ist.«

Schönfelder, der mit den Augen in Magda Spiegler-Wattenbroichs tiefem Ausschnitt hängen geblieben war, hob den Kopf und blickte ihr in die Augen.

»Wie meinen?«

Grüne Augen hatte die Spiegler-Wattenbroich, fiel Schönfelder jetzt auf. So, wie manchmal das Meer schimmert, wenn Sonne und blauer Himmel miteinander spielen. Dann lockt alleine die Farbe des Meeres, lädt ein zum Eintauchen und sich Verlieren, zum fast schwerelosen Treiben lassen, zum Einswerden mit den Elementen.

»Ach nichts. Vergessen Sie es. Kommen Sie rein.«

Schönfelder schüttelte seine versonnenen Fantasiebilder schnell ab, als er in den geräumigen Flur trat und seinen Mantel auszog.

»Oh«, weckte Magda Spiegler-Wattenbroich erneut seine Aufmerksamkeit. »Das ist aber ein edler Stoff. Steht Ihnen richtig gut«, meinte sie anerkennend und offensichtlich in ihrem Inneren das Bild ihrer ersten Begegnung grundlegend korrigierend.

»Kaffee mit Milch und Zucker?« Die Dame des Hauses war bereits vorbereitet und steuerte über die Marmorfliesen im Flur in das Zimmer, das Schönfelder bereits von seinem ersten Besuch her kannte.

»Nehmen Sie doch Platz, Herbert. Ich darf doch Herbert zu Ihnen sagen«, gab Magda ihrer Hoffnung Ausdruck, während sie Kaffee einschenkte und Schönfelders Blick unweigerlich wieder zu ihrem Ausschnitt wanderte.

»Wie? Ja, ja natürlich. Und vielen Dank für die Einladung übrigens«, brachte Schönfelder über die Lippen. »Die könnte sehr hilfreich sein.«

Auch Magda Spiegler-Wattenbroich nahm jetzt Platz. Allerdings war ihr Lächeln jetzt einem gewissen Ernst gewichen.

»Wir sind heute Abend bei den Bodners zu Gast. Wilhelm Karl Bodner. Maschinenbauingenieur. Wie Schneider. Und Bodner rückt jetzt nach. Quasi in die erste Liga, wo Schneider zu Lebzeiten zu Hause gewesen ist. Er ist aber nicht nur für die Firma tätig, sondern arbeitet auch auf dem freien Markt. Er agiert weltweit und das mit Erfolg. Im Gegensatz zu Schneider ist Bodner auch politisch geschickt. Weiß die Leute auf seine Seite zu ziehen. Hervorragender Taktiker selbst auf nobelstem Parkett. Hat es sogar geschafft, sich jetzt in die langjährigen Geschäftsbeziehungen von Singh Enterprises in Kalkutta einzuklinken. Natürlich zum Wohle aller Beteiligten. Schließlich muss die Lücke, die Schneiders Tod dort gerissen hat, wieder geschlossen werden. Und Bodners politische Verbindungen und Talente sind da ein Sonderbonus. Versteht sich von selbst ...«

»Moment, Moment« Schönfelder stellte seine Kaffeetasse ab und hob fast abwehrend beide Hände. »Wollen Sie damit sagen, dass dieser Bodner von Schneiders Tod profitiert?«

Spiegler-Wattenbroich tat überrascht. »Ja, natürlich.«

»Wäre das auch ein Motiv?« In Schönfelder wurde langsam der Kommissar wieder wach.

»Für einen Kriminalisten schon. Aber die Realität sieht etwas anders aus. In diesen Kreisen hackt keine Krähe mehr der anderen ein Auge aus. Die stehen alle gut im Futter, haben ihre Schäfchen längst im Trockenen und kooperieren, wenn es sein muss, um gegen die nachdrängenden Jungen konkurrenzfähig zu bleiben. Wenn sich allerdings die Chance für ein äußerst lukratives Zubrot, sprich Zugewinn an Vermögen und Macht, ergibt, dann schielt jeder danach, die Lücke zu füllen. Sportsgeist eben. Jagdinstinkt. Das kennen Sie doch auch, lieber Herbert.«

Schönfelder nickte und ließ sich in die Polster sinken. »Ja. Wenn ich nur wüsste, wen ich zu jagen habe. Wir sind die ganze Zeit von Technologieklau als Motiv ausgegangen. Aber da gibt es zu viele Ungereimtheiten. Da passt nichts zusammen. Und was die Schneiders angeht, so scheinen die Familienverhältnisse geordnet und harmonisch gewesen zu sein. Nach Aussagen der Witwe Schneider jedenfalls.«

Magda Spiegler-Wattenbroich erhob sich.

»Jetzt ist es Zeit für einen Brandy.« Sie griff aus einer

Glasvitrine eine braune, bauchige Flasche und zwei Gläser, kam zum Tisch zurück und schenkte ein.

»Auf Ihr Wohl, Herbert«, stieß Magda mit dem Kommissar an, der das fast ölig wirkende goldbraune Getränk über die Zunge fließen ließ und den diversen Aromen des flüssigen Goldes aus dem spanischen Jerez nachspürte.

»Köstliche Medizin«, meinte der Kommissar, als sich seine Geschmacksnerven wieder beruhigt hatten.

»Medizin gegen Einsamkeit und Enttäuschung«, setzte sein weibliches Gegenüber fast wehmütig nach. »Nicht, dass sie mich falsch verstehen, Herbert. Ich liebe meinen Mann. Aber das Wissen, dass er seit vier Wochen in China ist und noch weitere sechs Wochen dort bleiben wird, bevor er nach Hause kommt, seine Koffer tauscht und wieder in einen anderen entlegenen Winkel der Welt davonbraust, das tröstet nicht, das wärmt nicht. Wenn Sie wissen, was ich meine.«

Schönfelder wusste, was Magda Spiegler-Wattenbroich meinte. Seine Einsamkeit in der Zweisamkeit mit Gerda gab ihm ein leises Gefühl davon.

»Und weil alles so ist, wie es ist, gestatten wir uns auch zuweilen unsere kleinen Affären. Mein Mann und ich«, fuhr Magda Spiegler-Wattenbroich fort. »Wir kommen ganz gut damit zurecht. Anscheinend ist das Teil des Spiels.«

»Gibt es da nicht auch immer mal wieder Verlierer bei dem Spiel?«, fragte Schönfelder vorsichtig nach.

»Wer nicht aufpasst, der verliert. Das ist klar. Man muss die Spielregeln kennen, beherrschen und, was noch wichtiger ist, eisern beherzigen.«

Schönfelder dachte kurz nach. »Liebe Magda – ich darf Sie doch so nennen? In Ihren Schilderungen hört sich das so an wie das festgelegte Regelwerk für ‚Mensch ärgere dich nicht'. Wer eine sechs würfelt, darf ins Spiel ...«

»... kann aber auch wieder rausgeworfen werden«, ergänzte Magda Spiegler-Wattenbroich lächelnd.

»Wenn jemand sich aber nicht rauswerfen lassen und unbedingt im Spiel bleiben will?«, bohrte der Kommissar weiter.

Die Gastgeberin wirkte plötzlich sehr ernst und richtete ihre Augen auf das Glas in ihrer Hand.

»Dann wird es arg teuer oder arg schmutzig oder arg hässlich.«

Schönfelder träumte gerade noch seinem letzten Schluck Brandy hinterher, dann fragte er: »Hatte die Witwe Schneider auch so ein Abkommen mit ihrem Mann wie Sie mit dem Ihren, Magda?«

Die Dame des Hauses blickte von ihrem Glas auf und Schönfelder direkt in die Augen, dann auf die Uhr. Anstatt zu antworten, erhob sie sich.

»Kommen Sie, Herbert. Es wird Zeit.«

Schönfelder stemmte ebenfalls seine alten Knochen aus dem Ledersessel, der ihn wider Erwarten ohne Ansaugversuche freigab, folgte Magda Spiegler-Wattenbroich in den Flur und half ihr in den Mantel.

»Oh, ganz Kavalier der alten Schule«, lächelte sie ihn gewinnend mit ihren grünen Augen an. Und als die Haustür verriegelt war, hakte sich Magda Spiegler-Wattenbroich ganz vertraut bei Schönfelder unter. Und dem alten Kommissar war das nicht einmal unangenehm. Selbst der Regen, Vorbote der kalten und dunklen Jahreszeit, hatte plötzlich seinen Schrecken verloren, als Schönfelder und Spiegler-Wattenbroich unter dem Schirm enger zusammenrückten.

Zu Bodners Anwesen waren es nur knapp hundertfünfzig Meter. Das schmiedeeiserne Tor zum Grundstück stand offen, über der massiven Haustür mit bronzenen Ornamenten verziert hing ein Schild »Herzlich willkommen«. Ein Mann in schwarzem Frack, schwarzer Hose und quietschgelben Socken in den ausgelatschten und ehemals schwarzen Halbschuhen öffnete, bevor die Gäste klingeln konnten. »Ach wie schööön, dass Sie da sind. Wir haben schon gedacht, Sie schaffen es nicht mehr. Wie war der Flug?«

Und schon drückte der überdrehte Türöffner Magda Spiegler-Wattenbroich mit Inbrunst ans Herz.

»Sie haben ja jemanden mitgebracht! Können Sie für den Herren bürgen?«

Spiegler-Wattenbroich lächelte. »Ja, das kann ich guten Gewissens.«

»Aber ich nicht«, entgegnete die schräge Figur und baute sich vor Schönfelder auf. »Tut mir leid, Sicherheitskontrolle«, und schon waren die Finger des Kaspers in der Innentasche von Schönfelders Anzugsjacke. »Handy, Brieftasche ... Und was haben wir denn hier?«

Noch bevor Schönfelder zu einem Protest ob dieser Behandlung fähig war, zog sein Gegenüber ein Stück Stoff aus dem Jackett und breitete es genüsslich langsam vor aller Augen aus.

»Oh! Ohhhh! Ohhhhhh! Na so was!«, entfuhr es dem Begrüßenden, als er langsam für alle sichtbar einen Netzbüstenhalter beachtlicher Größe entfaltete. Die zuschauende Menge grölte vor Vergnügen. Selbst Magda Spiegler-Wattenbroich hielt sich die Hand vor den kichernden Mund.

»Ich hebe das für Sie auf, bis Sie wieder gehen«, meinte die komische Figur und wollte den BH in der eigenen Tasche verschwinden lassen.

»Der war in meiner Tasche, also ist es meiner«, herrschte Schönfelder ihn an und riss dem verdutzten Animateur das Requisit wieder aus der Hand. Erst als der komische Kauz einen abgewetzten kleinen roten Teppich vor Magda und Herbert ausrollte mit den Worten »für unsre Ehrengäste heute Abend«, dämmerte es dem Kommissar, dass es sich bei dieser Art von Begrüßung um einen als witzig gedachten Willkommensgag des Gastgebers handeln sollte.

»Da entlang bitte«, hauchte der Begrüßungskasper mit einer übertrieben tiefen Verbeugung.

140

»Danke, ich weiß«, erwiderte Frau Spiegler-Watten-broich und enterte mit einem lauten »Halloooo« und ei-nem leicht düpierten Herbert Schönfelder im Schlepptau die Partymeile.

»Magda! Schön, dass du kommen konntest!« Der Gast-geber steuerte auf die beiden Neuankömmlinge zu, flüch-tige Umarmung für Magda, etwas formeller der Hände-druck mit Schönfelder. »Und wen hast du uns denn da mitgebracht?«

Magda übernahm die Vorstellung. »Das ist Herbert Schönfelder. Ein alter Bekannter.«

Schönfelder hatte sein leutseliges Lächeln aufgesetzt und dankte für die Einladung.

»Aber gerne. Magdas Freunde sind auch unsere Freun-de. Und in welcher Branche sind Sie zuhause?«

Schönfelder war nicht vorbereitet auf diese Frage und klappte den Mund auf, dann gleich wieder zu, und aus dem leutseligen Lächeln wurde ein Blick absoluter Hilf-losigkeit.

»Herbert ist – na, sagen wirs mal so – Dienstleister in Sachen Sicherheit.«

Schönfelder schickte seiner Begleiterin einen dankbaren Blick und setzte den Satz fort. »Ich hänge das nicht so ger-ne an die große Glocke, wenn Sie verstehen ...«

Bodner verstand. Oder tat wenigstens so.

»Sicher. Auch die Sicherheit muss sicher sein«, versuch-te Bodner einen Scherz und wies seine neuen Gäste ein. Getränke hier, Häppchen dort, das Spitzenklasse Jazz-Trio im Wintergarten, Chillen in der Kellerbar, Geschäftsge-spräche nur in der Bibliothek, die heute aber verschlossen bleibt, »... und den Schlüssel habe ich gut versteckt. Ha-haha ...«

Und schon war er wieder weg, der Hausherr, und be-säuselte eine aufgedonnerte Wasserstoffblondine.

»Seine Frau Claudia. Hüten Sie sich, Herbert. Die ist auch oft allein.«

Schönfelder hatte ob der vielen bunten Erscheinungen im Raum seine Mühe, sich zu orientieren. Zwischen Abendgarderobe und betont lässig war eigentlich alles vertreten, und die Feier hatte einen recht lockeren Anschein. Die Bodners hatten sogar geräumt. Oder räumen lassen. Die Abdrücke im Teppich zeigten deutlich, wo vor Kurzem noch schwere Sessel, Sofas und Tische gestanden hatten. Jetzt waren in dem geräumigen Zimmer nur Stehtische mit weißen Decken, Kerzen und wurzelähnlichen Skulpturen aus Holz drapiert – Ablage für Häppchen oder Gläser während der Gespräche. An den Wänden nicht nur Kunst, sondern auch Urkunden und Auszeichnungen für »innovatives Wirken auf höchstem Niveau« und »kreative Lösungen«, »zukunftsorientierte Entwicklungen« oder »bahnbrechende Neuerungen«.

In einer erleuchteten Vitrine entdeckte Schönfelder feingearbeitete Skulpturen, die sein Interesse weckten. Ein elefantenähnliches Wesen mit mehreren Armen, auf einer Ratte reitend, geschnitzt aus Horn, Knochen oder sogar Elfenbein hielt seinen Blick gefangen.

»Gott Ganesha, der Mehrer des Wohlstandes. So sagt es die hinduistische Religion.«

Schönfelder wandte sich dem Sprecher zu.

»Hallo. Mein Name ist Mahindra Singh.« Der Inder streckte Schönfelder die Hand entgegen. Der Name sagte Schönfelder etwas. Er hatte ihn schon einmal im Melderegister des Hotels Rose Inn gelesen und auch Greenkeeper Manni erwähnte den Namen bei der Unterredung auf dem Golfplatz. Der Inder »schlawenzele« ständig um die Schneider herum, hatte Manni gesagt. Nach Schneiders Tod sogar noch auffälliger.

»Schönfelder. Herbert Schönfelder. Sehr angenehm. Da hat der Mehrer des Reichtums hier im Hause aber ganz schön zugeschlagen, was?« kommentierte der Kommissar mit leicht sarkastischem Unterton, während er die dargebotene Hand ergriff und den Händedruck erwiderte.

»Ist nicht von Bedeutung. Wenn Ihre Stunde kommt, dann können Sie nichts davon mitnehmen. Dann zählt nur der Reichtum, den Sie dort tragen«, sagte der Inder und tippte Schönfelder an die Brust.

»Und trotzdem gehen Menschen für so etwas«, dabei ließ der Kommissar seine Hand in die Runde des Raumes schweifen, »über Leichen, führen Kriege, opfern Menschenleben – ohne sich die Finger schmutzig zu machen.«

Der Inder lächelte und folgte Schönfelders Blick.

»Das ist wohl wahr«, gab er zu. »Darf ich fragen, was Sie beruflich machen?«

Jetzt wusste Schönfelder genau, was er zu antworten hatte. »Ich bin so etwas wie Dienstleister in der Sicherheitsbranche.«

Der Inder nickte, immer noch lächelnd. »Sehen Sie, je mehr Böses in der Welt ist, desto besser gehen Ihre Geschäfte. Genau betrachtet: Das Böse ernährt Sie. Es ist Ihre wirtschaftliche Lebensgrundlage. Also seien Sie etwas nachsichtig mit dem Bösen.«

Schönfelder wollte zu einer flammenden Rede über Sicherheit und Ordnung und friedliches Zusammenleben ansetzen, aber schon fuhr Mahindra Singh fort. »Das hier«, und dabei imitierte der Inder Schönfelders ausladende Handbewegung, die den ganzen Raum beschrieben hatte, »ist nicht das Böse. Das hier ist schön, angenehm, bequem, luxuriös, geschmackvoll, das ist ein Stück Kultur. Das Böse, das sitzt da«, und wieder tippte Mister Singh an Schönfelders Brust, »und wird immer mächtiger, wenn Sie es mit Neid, Missgunst, Eifersucht und Ignoranz nähren. Und es wird niemals satt. Es kann Sie zu Dingen treiben, zu denen Sie sich niemals für fähig geglaubt haben. Und doch ist das Böse nur die andere Seite ein und derselben Medaille. Ohne Böse kein Gut, ohne Gut kein Böse. Sie verstehen?«

Eigentlich hätte Herbert Schönfelder verneinen müssen. Aber er gab sich diplomatisch. »Mhm. So habe ich das bislang noch nicht betrachtet. Aber ein durchaus interessanter Aspekt.«

Schönfelder wollte Zeit gewinnen. »Sagen Sie, Herr Singh, wenn jetzt beispielsweise ein Guter gewaltsam von einem Bösen aus dem Leben befördert wird, dann wäre das Ihrer Meinung nach der unabwendbare Lauf der Dinge?«

»Ja, solange der Mensch so ist, wie er ist. Lassen Sie uns doch einmal Ihre Einteilung von Gut und Böse sezieren.«

»Sezieren?«, fragte Schönfelder ungläubig.

»Ja, sehen Sie, wenn Ihr Guter auch ein Böser war, und vielleicht der Böse ein Guter, der vermeintlich Gute aber mit einer bösen Handlung das Böse im Guten derart gefüttert hat, dass das Gute im Guten Opfer des übermächtig groß gewordenen Bösen geworden ist, das aber immer noch auf dem Fundament des Guten geruht hat, und das Böse im Guten praktisch nur genährt worden ist, um das Böse im Bösen niederzuringen, auszumerzen, zu beseitigen, das Böse im Opfer aber nur vom Täter als Böses gesehen, von jemand anderem aber als Äußerung des Guten aufgefasst wird, wie sieht es dann aus mit Ihrer Einteilung in Gut und Böse? Definiert ist zunächst einmal nur der oder die Tote, das Opfer. Was aber nicht ausschließt, dass der Täter zu Lebzeiten des Opfers selber Opfer des jetzigen Opfers gewesen ist. Dass also quasi aus dem Täter das Opfer und aus dem Opfer ein Täter geworden ist.«

»Wie ich sehe, haben Sie wieder ein williges Opfer für Ihre Streifzüge in den mystischen Dschungel gefunden, Mister Singh.« Magda Spiegler-Wattenbroich war unbemerkt an die beiden Herren herangetreten. »Jetzt ist es aber an der Zeit, dass Sie ein Opfer bringen: Nämlich Ihr Opfer für mich opfern, damit Ihr Opfer jetzt zu meinem wird. Und zwar auf der Tanzfläche.«

Schon hatte sich die Spiegler-Wattenbroich bei Schönfelder demonstrativ und ganz vertraut untergehakt.

»Das Opfer muss ich wohl bringen, um nicht das Böse in

Ihnen zu wecken«, lächelte Mister Singh und verabschiedete sich von beiden mit einer höflichen Verbeugung.

Im geräumigen Wintergarten drehten sich, zwischen Palmen und anderen exotischen Pflanzen, die teils bis zur Decke des Glaspalasts reichten, einige Tanzpaare zur Live-Musik des Jazz-Trios.

»Mister Singh kann manchmal sehr anstrengend sein«, sagte Spiegler-Wattenbroich, während sie sich mit Schönfelder bei den Tänzern einfädelte.

»Ach, war eigentlich ganz interessant«, entgegnete Schönfelder, während er krampfhaft versuchte, sich an die von ihm verlangten Tanzschritte zu erinnern, was Magda natürlich spürte.

»Wenn es Ihnen nichts ausmacht, führe ich erst einmal«, flüsterte sie, um etwas mehr Fluss in den Cha-Cha-Cha zu bringen.

»Aber natürlich. Ich bin ein wenig aus der Übung«, gestand Schönfelder und war erleichtert darüber, dass Magda seiner Ungeschicklichkeit mit solcher Nachsicht begegnete.

»Ach ja, ihr Männer seid doch alle gleich. Vergesst wegen eurer Arbeit die wirklich schönen und wichtigen Dinge im Leben. Lebt quasi am Leben vorbei und merkt es nicht einmal. Herbert, genießen Sie wenigstens jetzt mal unbeschwert.«

Da war er wieder, der tiefe Blick der grünen Augen und das Lächeln von Magda.

»Versprochen«, sagte Schönfelder und meinte es ehrlich, während sich seine Füße langsam wieder an die vergessen geglaubten Tanzschritte erinnerten und Magda beim vierten Tanz die Führung fast unmerklich an einen innerlich immer mehr aufblühenden Herbert Schönfelder abgab. In dieser Stimmung war es für den Kommissar während der Tanzpausen ein Leichtes, mit Magda an seiner Seite locker und unauffällig mit anderen Gästen plaudernd in eine ihm bislang fremde Welt einzutauchen, aus der Karl Schneider vor wenigen Tagen gewaltsam hinausbefördert worden war. Und außer einem gewissen Glücksgefühl brachte der Abend auch eine neue Sichtweise auf den Fall Schneider.

Es war späte Nacht, als Schönfelder im heimischen Hafen anlegte. Sein Schiff hatte zwar keine Schlagseite, doch den ein oder anderen Wein zu viel an Bord. Untrügliches Zeichen: die irritierende Schaukelbewegung des Schlüssellochs. Es dauerte eine Weile, bis Schönfelder am Kai anlegte und der Schlüssel endlich die Haustür öffnete. Gerda schlief bereits. Schönfelder unterdrückte das unbändige Verlangen, »Steuermann halt die Wacht« zu schmettern. Er fühlte sich großartig, und dieses großartige Gefühl sollte auch über den Ozean, sprich die Schönbornstraße, schallen.

Für einige Momente war er eingetaucht in die große weite Welt, hatte fremde Menschen als Gleicher unter Gleichen, als Kapitän unter Kapitänen kennen gelernt, und nicht wie sonst als Ermittler, der lästige Fragen stellt. Heute Abend hatte er dazu gehört, seine Nase hatte die frische Luft fremder Länder gerochen. Tief atmend ließ er auf den heimischen Dielenplanken die Kleidungsstücke fallen, wie die Segel, die ermattet in der Flaute hängend, auf eine neue Brise hoffen. Auf ihn wartete das eheliche Schlafgemach. Zwei mal zwei Meter Eiche-Furnier. Schönfelder schlüpfte in den sorgsam über der Bettkante hängenden Pyjama und legte sich, gegen den vom übermäßigen Alkohol hervorgerufenen Wellengang ankämpfend, neben Gerda.

»Herbert?«, meldete sich diese plötzlich.

»Bist du noch wach?«

»Noch ist gut. Ich bin wieder wach. Du schnaufst ja wie ein Walross. Was ist denn los?«

»Nichts.«

»Nichts?«, kam das fragende Echo zurück.

»Was soll los sein?«, antwortete Schönfelder trocken.

»Das frage ich dich doch. Hast du getrunken?«

Schönfelder brummte ein zustimmendes Ja. Leugnen wäre sowieso zwecklos. Gerda rückte näher, um den Zustand ihres Liebsten aus der Nähe zu betrachten.

»Du riechst nach Parfüm«, stellte sie schließlich fest.

»Das kann nicht sein«, protestierte Herbert.

»Vielleicht riechst du es nicht, aber wir Frauen haben eine viel feinere Nase.«

Schönfelder fluchte. Längst saß Gerda aufrecht im Bett. Die Nachttischlampe brannte. Der romantische Traum von der großen Fahrt über die Meere der Welt entschwand im schummrigen Licht der Schlafzimmerbeleuchtung wie der Schatten an den gegenüberliegenden Wänden. An Schlaf war nun nicht mehr zu denken.

»Das ist mein Schweiß«, versuchte Schönfelder rettendes Ufer zu erreichen.

»Deinen Schweißgeruch kenne ich. Der stinkt. Aber das riecht, und zwar teuer.«

Schönfelder gab auf und schwieg. Die Drehbewegung in seinem Kopf war einer dumpfen Taubheit gewichen.

»Ich war auf einer Party.«

»Mit Weinrich?«

»Ja, er ermittelt und ... Au.«

Das Kopfkissen landete auf seinem Kopf. »Du Lügner.« Gerda begann zu kreischen. »Deine vielen Treffen mit Weinrich glaube ich dir sowieso nicht und dieser teure Anzug, der war nie im Leben für Weinrich. So was zieht der überhaupt nicht an. Meinst du, ich bin blind, der war für dich, oder?«

Schönfelder erinnerte sich des guten Stücks, das er im Flur achtlos hatte zu Boden gleiten lassen und nickte. Gerda stockte angesichts der bereitwilligen Aufgabe ihres Mannes. Das hysterische Kreischen wich einer leisen Feststellung. »Du hast eine andere. Für die machst du dich fein, aber für mich ...«

Schönfelder schüttelte energisch den Kopf.

»Ich bin dir nicht gut genug, oder?«

Schönfelder protestierte und schnaubte dabei wie ein Stier in der Arena, getroffen von der Stechlanze eines Picador. Sein Ende war klar. Vorbestimmt. Er würde an den Füßen aus dem Bett gezogen werden und stückweise verfüttert. Nur die wenigsten Stiere verlassen eine Corrida lebend.

»Ich arbeite wieder«, startete er einen Befreiungsversuch.

»Ich habe dir doch gesagt, wenn du noch einmal bei der Polizei ...«

»Bei Weinrich«, unterbrach er sie, bevor sie zu einem weiteren Lanzenwurf ansetzen konnte.

Die Wendung war abrupt. Schönfelder spürte, wie sich Gerda neu sortierte. Sie war ins Wanken gekommen

»Er hat ein Import-Export-Geschäft für Damenschuhe. Er hat mir eine Stelle angeboten, und wir haben ein wenig auf die alten Zeiten angestoßen.«

Schönfelder schnaufte schwer. Lügen war nicht sein Handwerk. Wie leicht konnte man sich in den selbstgelegten Fallstricken verfangen. Eine Tatsache, die er in unzähligen Verhören unter Beweis gestellt hatte. Gerda verdrehte die Augen.

»Aber ...«, protestierte sie zaghaft, doch das Heft des Handels war bereits zu Schönfelder gewechselt.

»Hast du daher so viel Geld für den teuren Anzug?«

Schönfelder nickte.

»Und der Parfümgeruch?«

Da war er wieder der Lanzenstich in seinem Fleisch.

»Wir haben Geschäftseröffnung gefeiert und ...«

»Und?« Gerdas Misstrauen war neu erwacht.

»... und da habe ich auch einmal mit ... mit ... Britta, seiner Freundin, getanzt.«

Gerda überlegte und schaute ihren Stier prüfend an. Schlachten oder leben lassen? Sie entschied sich für Letzteres und sank in die Kissen zurück. Fürs Erste war er gerettet. Aber wann musste er erneut zur Beichte? Und könnte Gerda seine Lüge verzeihen? Fragen, die er für den Augenblick zur Seite schob. Er war nun mal gerne Bulle.

»Wir haben schon lange nichts mehr gemeinsam unternommen«, versuchte Schönfelder eine Annäherung, die gleichzeitig Erklärung für ein Stück gewohnheitsmäßiger Entfremdung sein sollte.

»Du bist ja nie da«, giftete Gerda.

»Ja, weil ... ich bin jetzt müde«, sagte er, aus Ermangelung einer hinreichenden Erklärung. Auch die Torera war erschöpft. Ein flüchtiger Kuss. Friede. Zumindest für eine Nacht oder das, was davon noch übrig war.

Gäbe es die Nacht nicht, wäre die Menschheit längst ausgestorben. Der Schleier der Nacht bedeckt die großen und kleinen Sünden und macht vergessen. Die Nacht heilt. Darauf hoffte Schönfelder. Und der Morgen kam sanft und zart in Form feinen Kaffeegeruchs, der in die Nase des Kommissars im Unruhestand strömte. Vorsichtig öffnete er die Augen. Gerda fächelte den heißen Dampf in seine Richtung.

»Guten Morgen«, trällerte die Dame des Hauses mit einem gewinnenden Lächeln, hinter dem Schönfelder allerdings die Fortsetzung des nächtlichen Alptraums vermutete. Er wollte antworten, doch ein Brummen in seinem Schädel lähmte die Zunge. Dafür war Gerda umso beredsamer.

»Und jetzt rufst du Weinrich an.«

Schönfelder ließ sich zu einem missmutigen »Warum denn das in aller Welt?« hinreißen.

»Ich will wissen, ob das stimmt, was du mir letzte Nacht erzählt hast.«

Dann reichte sie ihm die Tasse. »Zum Wachwerden«, das Telefon kam gleich hinterher.

»Der ist jetzt nicht zu erreichen, der fahndet.«

»Sonntags um acht Uhr morgens?«

Ein Blick auf den Wecker relativierte Schönfelders Ausrede. Er begann den erneuten Würgegriff Gerdas an seinem Hals zu spüren, während sie in einer Schublade nach der Telefonnummer von Weinrich kramte.

»Ist ja gut. Die Nummer hab ich im Kopf«, lenkte Schönfelder ein. Nach dreißig Ehejahren kannte man sein Gegenüber und wusste, wann die Schlacht verloren war. Schönfelder wählte Weinrichs Nummer, während Gerda stumm an der Kommode stand und wartete.

»Weinrich, wer stört die Nachtruhe schwerbeschäftigter Menschen?«, meldete sich eine verschlafene Stimme.

»Ja, Mario, äh ... hier Herbert. Du, äh, Gerda hat mich in der Mangel wegen der Party gestern. Sie möchte gern von dir hören, äh ... dass wir dort deine Geschäftseröffnung gefeiert haben und ich mit Britta, und nur mit Britta, getanzt habe.«

Schönfelder reichte den Hörer an Gerda weiter. Er hatte alle Stichworte für sein Alibi geliefert. Jetzt war er in der Hand seines Kollegen, es lag an ihm, ihn ans Messer zu liefern oder freizusprechen.

Weinrichs Sinne schalteten auf Turbobetrieb. Der Anruf wirkte wie ein starker Espresso, in Sekunden war er hellwach. Schönfelders Not war offensichtlich, und Weinrich bestätigte, was zu bestätigen war in einer Schicksalsgemeinschaft des Vereins »Lügner in Not«.

Er ernannte seinen Kollegen kurzer Hand zum Vertriebsbeauftragten für Damenschuhe.

Es war die Summe der überraschenden Nachrichten, komprimiert in den Übertragungszeitraum weniger Stunden, die Gerdas Angriffselan ausbremste. Aus dem Verdacht der Untreue wurde Mitleid.

»Bärchen«, sagte sie.

So hatte sie ihren Tiger schon seit vielen Jahren nicht mehr genannt. Schönfelder fühlte sich elend.

»Ich glaube, ich bin krank.«

»Das glaub ich gern. Was machst du auch für Sachen. In deinem Alter als Vertreter rumzurennen. Haben wir das nötig?«, fragte sie mit sorgenvoller Miene. »Heute bleibst du zu Hause«, entschied sie. »Und wir haben ein wenig mehr Zeit für uns«, lächelte sie, während sie sich an Herbert Bärchens Seite legte und ihre Hand zart seinen Bauch berührte.

Weinrich zog indessen die Lederjacke über, seine zweite Haut, und machte sich auf den Weg ins Büro. Mit Schönfelder war heute nicht zu rechnen, so gut kannte er die häuslichen Verhältnisse seines Kollegen. An den eigenen Fronten herrschte zurzeit eine relative Ruhe. Zeit also für Ermittlungsarbeit.

Bislang zeigte sich der Fall Schneider als eine lästige Zecke. Schneider, obwohl längst tot, hing an seinem Bein und saugte Blut. Die vielen Zwischenfälle hielten ihn davon ab, sich dem Fall mit der nötigen Aufmerksamkeit zu widmen. Die äußeren Ereignisse hatten die Oberhand gewonnen und ließen Weinrich ebenso zu einem Spielball der Mächte werden wie seinen Kollegen Schönfelder.

Währenddessen wurde die Zecke an seinem Bein dicker und dicker. Es wurde Zeit, sich um den Blutsauger zu kümmern, wollte er nicht an Blutleere krepieren. Voll guter Vorsätze schwang er sich aufs Treppengeländer in Richtung Erdgeschoss. Er war der Tarzan der Treppenhäuser. Mit dieser Kraft sollte es ihm ein Leichtes sein, ein lästiges Insekt zu besiegen. Er nahm mehrere Stufen auf einmal. Vollgepumpt mit Tatendrang erreichte er das Erdgeschoss und ließ die Haustür hinter sich ins Schloss fallen.

Da bog plötzlich ein Tieflader der Polizei um die Ecke, mit einer Holzkiste auf der Ladefläche. Auf Höhe seines Mietshauses hielt der Truck. Zehn Uniformierte mit Schutzhelmen und Kampfanzügen sprangen aus der Fahrerkabine und einem Begleitfahrzeug und sicherten die Straße.

»Leo 1 an Rudelführer. Alles klar.«

»Leo 2, alles gesichert.«

Nahezu gleichzeitig meldeten die Polizisten die Unbedenklichkeit des Standortes und seiner Umgebung.

»Habt ihr die Gullideckel gecheckt?«, tönte es durch die Headsets der Einsatztruppe.

Sofort sprangen zwei Polizisten los und stemmten zwanzig Kilo Eisen in die Höhe, während ein dritter mit schwerer Stabtaschenlampe den Abfluss absuchte.

»Alles sauber«, die prompte Meldung.

»Fahrzeuge checken«, bellte der Rudelführer, um kurz darauf eine Gruppe auf Knien die Bürgersteige entlang robben zu sehen, die mit prüfendem Blick die Unterseite der am Straßenrand parkenden Fahrzeuge begutachtete.

»Alles okay«, meldete die Gruppe kurze Zeit später mit militärischer Präzision.

Weinrich verfolgte die Szenerie mit ungläubigem Staunen auf der Suche nach der versteckten Kamera. Er wähnte sich im Film Terminator 3 und wartete darauf, dass Arnold Schwarzenegger mit überdimensionierter Kanone ballernd um die Ecke fuhr. Auch die Nachbarschaft nahm Teil am Geschehen. Fenster öffneten sich, besorgte Anwohner stürmten zu ihren Pkws, um nachzufragen, ob es mit ihrem geliebten Untersatz Probleme gäbe. Doch die Einsatzgruppe schüttelte beschwichtigend den Kopf.

Weinrichs Schockstarre begann sich zu lösen. »Morgen Kollegen, was ist hier los?«, meldete er sich zu Wort. »Fahnden Sie nach Kokainschmugglern?«

»Sind Sie Kriminalkommissar Mario Weinrich?«

Dieser bejahte.

»Er ist es«, rief der Einsatzleiter, und der Rest der Truppe versammelte sich in geordneten Reihen um den Chef. Zwei Mann enterten den Trailer und öffneten die Transportkiste. Zum Vorschein kam ein chromblitzendes Motorrad.

»Meine Harley«, rief Weinrich entzückt.

Sie sah aus wie neu. Die Unfallbeulen waren beseitigt, und am Lenker prangte eine rote Schleife.

»Aber was soll dieser Einsatz in Kampfmontur?«

Der Chef der Truppe begann zu lächeln. »Wir kennen doch Ihre Vorliebe fürs Theatralische, mein Lieber, und wie gern Sie ein wenig ‚prickelnde' Stimmung in Ihrem Viertel verbreiten. Nicht wahr, Kollegen?«

Als wäre dies das Stichwort, zogen die Beamten ihre Helme vom Kopf. Weinrich erkannte Watson und Stieglitz, und auch der Rest der Mannschaft entpuppte sich als ein Trupp von Kollegen aus der Polizeidirektion. Der Einsatzleiter hob den Zeigefinger, und ein grölender Chor schmetterte »Happy Birthday, lieber Mario«, dazu schunkelten sie, bis der Trailer bedenklich schaukelte.

Mario war sprachlos. Er hatte seinen eigenen Geburtstag vergessen.

»Und jetzt trinken wir einen auf das Geburtstagskind.« Kumpelhaft klopfte der Wortführer, der Horst hieß, wie sich nach ein paar Drinks herausstellte, Mario auf die Schulter.

»Aber ich muss zum Dienst. Der Fall Schneider, Huber macht mir die Hölle heiß«, protestierte Weinrich.

»Der Chef weiß, dass Sie heute später kommen. Wir haben das schon geregelt«, sagte Leo 4.

»Das Gute an den Gangstern ist ja, dass sie auch morgen noch Ganoven sind. Früher oder später kriegen wir sie alle.«

»Ist das die offizielle Meinung?«

»Eine Erfahrung, Kollege«, meinte Leo 4.

»Und was ist mit dem Umtrunk?«, riefen die anderen Leos.

»Zeigen Sie uns doch mal Ihre Bude«, ergriff der Einsatzleiter die Initiative. Geschlossen stiefelten zehn Mann mit Mario am Haken Richtung Haustür.

Passanten, die gerade erst dazu stießen, klatschten Beifall. »Das wird aber auch Zeit, dass Sie den festnehmen. Der war uns schon immer verdächtig. Das ist ein Rocker, ein Randalierer, ein Ruhestörer, ein ...«

»... Terrorist«, ergänzte Weinrich den Redeschwall des aufgeregten Anwohners.

»Sehen Sie, sehen Sie«, echauffierte sich ein Herr aus der Menge. »Der passt nicht hierher ...«

»Jetzt ist es gut«, fauchte der Einsatzleiter. »Der Mann ist Polizist. Ein Kollege von uns, und einer der besten.« Die Bemerkung traf den Mann wie ein Hammerschlag. Regungslos blieb er stehen und verfolgte die Prozession mit dem Gesichtsausdruck eines staunenden Fischs.

»Sie haben ja richtig viele Freunde hier«, meinte Einsatzleiter Horst.

»Ja, ich habe nichts ausgelassen«, grinste Weinrich.

Als das Sonderkommando »Geburtstag« Weinrichs Flur durchquerte, fielen sofort die gestapelten Schuhkartons ins geübte Auge der Kriminalen.

»Und? Noch ein Nebenjob, was?«, flachste Leo 4, der für die Späße zuständig schien.

Wenig später fielen die Herren über das Arsenal italienischer Fußmode her.

»Das sind ja nur Frauenschuhe«, stellte ein weiterer Leo enttäuscht fest.

»Wo bleiben die Getränke?«, rief ein anderer.

Weinrich war überfordert. Das Geburtstagskomitee entwickelte sich zu einem Rollkommando, das eine Spur der Verwüstung hinter sich herzog, gleich einem Schwarm Heuschrecken, der alles niederfrisst, was sich in seiner Flugbahn befindet. Die drei Flaschen Pilsener, die Weinrich im Kühlschrank hatte, reichten für exakt zwei Minuten.

»Schon abgesoffen?«, der bissige Kommentar. »Gut, dass wir vorgesorgt haben. Stieglitz, den Obstler bitte.«

»Ah, das ist ein Stöffche.« Die Flasche kreiste in der Runde wie auf einer Pennälerparty.

Die Schuhkartons waren inzwischen über das ganze Zimmer verteilt und animierten die Männer zu einer Tupperparty für Frauenschuhe. Leo 3 versuchte seine 45er-

Füße in ein paar zarte Pumps zu zwängen. Leo 5 stand in einem Paar Hochhackiger mit Pfennigabsätzen, den Obstler in der Hand und traute sich nicht, sich zu rühren, aus Angst zu stürzen. Leo 6 drapierte sich mit Weinrichs Bettüberwurf und machte auf Männerballett der Großauheimer Karnevalsgesellschaft.

Weinrich versuchte zu retten, was zu retten war. Immerhin hatte er Geld für die edlen Treter hingelegt.

»Die waren teuer, die waren teurer«, jaulte er wie ein getretener Hund.

Auch der Einsatzleiter fürchtete, die Party könnte allzu schnelle Fahrt aufnehmen und versuchte seine Jungs zu einem Nothalt zu bewegen.

»Ihr könnt die Schuhe ja euren Frauen mitbringen. Mario macht bestimmt einen Sonderpreis.«

Ein wohliger warmer Schauer durchlief Weinrich. Das war die Gelegenheit, das Schuhlager im Flur zu räumen.

»Winterschlussverkauf, Best-Price-Garantie. Get two for one.« Weinrich zog alle Register der Handelskunst. Und das Wunder geschah. Die Jungs kauften, benebelt vom Obstler, sein Lager leer, wohl um bei ihren Liebsten um Absolution für durchzechte Nächte zu bitten.

Weinrich war es egal. Es galt einen 30 000 Euro Kredit zu tilgen.

»Ich kann noch mehr Schuhe besorgen«, sagte er erwartungsvoll. »Antonio, äh ... das heißt ich habe ein kleines Geschäft am Hafen.«

Die Männer nickten, doch für den Moment war ihr Bedarf an Calzature di Milano gedeckt.

»Männer, wir müssen los«, gab der Einsatzleiter das Kommando zum Aufbruch. Die Schuhtrophäen unter den Arm geklemmt, verließen Leo 1 bis 10 Weinrichs Etablissement.

Ein Blick auf die leeren Obstlerflaschen alarmierte Weinrich. »So könnt ihr nicht Auto fahren«, rief er besorgt hinterher.

Als Leo 5, der eigentlich als Fahrer vorgesehen war, mehrfach mit der Wand des Treppenhauses kollidierte, hatte auch der Chef des Rudels ein Einsehen.

»Alle Mann zurück.«

»Ist das das Fitnessprogramm der Polizei?«, protestierte Leo 8, der Treppensteigen hasste. Ein Hundert-Kilo-Mann, der unter dem Einfluss zahlreicher Himbeergeister schon beim Abstieg der Treppen ins Schwitzen kam. Nach bewältigter Rückkehr ließ er sich erleichtert auf Weinrichs Couch fallen. Die ächzte bedrohlich, doch der Holzrahmen hielt.

»Mich müsst ihr mit dem Kran abholen«, war alles, was er noch sagen konnte.

Weinrich telefonierte unterdessen mit dem Leiter des polizeilichen Fuhrparks.

»Du musst uns einen Bus schicken. Ich habe hier zehn Kollegen, die nicht transportfähig sind«

»Verletzte?«, kam die besorgte Rückantwort.

»Nein, das nicht, sie sind nur nicht mehr so ... frisch«, rang Weinrich nach einer passenden Beschreibung des Alkoholdeliriums.

»Aber ich brauche einen grünen Antragsschein, Kollege.«

»Mensch, Klaus, das ist ein Notfall, und stell bitte keine Fragen«, insistierte er.

»Dafür hab ich was gut bei dir«, sagte Klaus.

»Welche Schuhgröße hat deine Frau?«, war die prompte Antwort von Weinrich.

»Was willst du mit den Füßen meiner Frau?«

»Wirst schon sehen«, meinte Weinrich.

Mehr war aus ihm nicht herauszulocken. Weinrich konnte es sich leisten, großzügig zu sein. Hatte das Einsatzkommando doch gerade seinen Umsatz an Schuhen in bislang ungekannte Höhen schießen lassen.

Zehn Minuten später hupte das Bustaxi der Polizeidirektion vor Weinrichs Haus. Eine weitere leere Obstlerflasche blieb auf Weinrichs Couchtisch zurück. Auch der Einsatzleiter war inzwischen mit seinen Kollegen verbrüdert. Als große Polonaise erreichten sie schließlich in einer kurvenreichen Schlangenlinie den Bus der Fahrbereitschaft.

»Hölle, Hölle, Hölle« und »Verliebt, verloren, verzeihen« waren die Hits, deren Echo im Treppenhaus nur langsam verklingen wollte. Die erstandenen Damenschuhe hingen wie die Eroberungen der Nacht von den Gepäcknetzen herab und baumelten in den Fenstern. Der Bus hätte so auch gut als Motivwagen im Hanauer Karneval durchgehen können. Nur die Jahreszeit war die falsche.

Weinrich beobachtete den Abzug der Kollegen mit Erleichterung. Er war der einzig Nüchterne der Gesellschaft. Zu überraschend kam der Trupp Saufhungriger, als dass er sich frohen Sinnes dem Alkohol hätte hingeben können. Stattdessen strahlte die Yuccapalme in seinem Wohnzimmer in kräftigem Grün. Ob ihr der alkoholische Dünger, den Weinrich über die Blumenerde gekippt hatte, gut bekommen war?

Während der Bus langsam seinem Blickfeld entschwand, kehrte die Erinnerung an Zecke Schneider zurück. Sein Blick streifte die vor der Haustür parkende Harley, auf der er wenig später in den Hof der Polizeidirektion einrollte.

Sein Dienstzimmer war verwaist. Zeit zum Nachdenken. Weinrich ließ sich in den Schreibtischstuhl fallen und nahm den Telefonhörer von der Gabel, um nicht gestört zu werden.

An der gegenüberliegenden Wand prangte Hanaus Stadtplan im XXL-Format und füllte diese zur Gänze aus. Hanau, eine Stadt, umschlossen von den Flüssen Main und Kinzig. Die Gründungsväter hatten in einer Wasserburg gelebt, umgeben von Sumpfgebiet. Hier konnte Napoleon seinen letzten Sieg auf deutschem Boden feiern. Nach Napoleon kamen die Amerikaner, wenn auch viel später. Ein einzelnes rotes Fähnchen steckte wie ein Sie-

geszeichen im Stadtplan und markierte doch nur den Tatort Wilhelmsbad.

Weinrich öffnete die Schublade seines Schreibtischs. Ein
Arsenal an Dartpfeilen kam zum Vorschein, mit dem er
und einige Kollegen sich hin und wieder die Zeit vertrie-
ben und Fahndungsbilder schwerer Jungs durchlöcherten.
Weinrich gab sich einen Ruck und erhob sich aus dem Lederfauteuil. Den Stadtplan fixierend, umkreisten seine Gedanken den Fall wie eine Zielscheibe. Weinrich markierte
den Golfclub und das Haus der Bodners mit Dartpfeilen.
Alle Schauplätze, Hinweise und Personen kamen aus dem
gleichen Viertel. Selbst sein Motorradschütze hatte ihn
nur zwei Minuten vom Tatort entfernt getroffen. Irgendwie musste es hier Zusammenhänge geben. Da war sich
Weinrich sicher.

Ein Klopfen an der Bürotür schreckte ihn aus seinen
Überlegungen.

»Wieso gehst du nicht ans Telefon?« Schönfelder stand
sichtlich mitgenommen im Türrahmen.

»Muss nachdenken.«

»Du musst mir helfen«, stöhnte Schönfelder verzweifelt. »Ich habe Gerda von deinem Schuhladen erzählt und
jetzt will sie morgen bei dir einkaufen.«

Weinrichs Miene hellte sich auf. »Das ist doch eine gute
Nachricht.«

»Für dich mein Lieber, für dich«, ächzte Schönfelder
unter der Last des Schicksals.

»Mach dir keine Sorgen. Ich regle das mit Antonio«,
sagte Weinrich gönnerhaft.

Schönfelder nickte. »Kann ich mich darauf verlassen?«

Weinrich tat beleidigt. Doch zu näheren Erklärungen
fehlte die Zeit, denn Weinrichs Handy vibrierte in der Hosentasche.

Britta meldete sich. »Stehe vor deiner Firma. Wo bist
du?« Weinrich spürte einen Schlag in die Kniekehlen, der
ihn aus dem Gleichgewicht brachte.

»Ich muss los«, japste er. »Hab was Wichtiges vergessen. Britta will meinen Import-Export-Laden auf Vordermann bringen, weil sie glaubt, ich würde kurz vor dem Ruin stehen.«

»Und bist du pleite?« Instinktiv griff Schönfelder nach seinem Portemonnaie, um Weinrich einen Fünfziger zuzustecken, schon allein aus Dankbarkeit dafür, dass er ihn aus dem Sumpf der Lügen befreien wollte.

»Lass stecken«, sagte Weinrich, »oder hast du 30 000 Euro bei dir?«

Schönfelder schnaufte schwer angesichts der immensen Summe, doch Weinrich lachte nur.

»Ich muss los.« Und mit schnellen Schritten eilte er über den Korridor davon.

»Halt! Stehen bleiben! Keinen Schritt weiter!« Der Befehlston ließ Schönfelder einen Blick in den Flur werfen, durch den sein Kollege eben davon geeilt war. Ein Mann von der Putzkolonne hatte sich vor Weinrich aufgebaut, den Schrubber drohend auf den Polizisten gerichtet.

»Mann, ich bin im Einsatz! Was glauben Sie, wer Sie sind?«

Der Putzmann änderte seine Haltung und stellte sich vor. »Gerke. Dr. Kevin Gerke.«

Weinrich schnaubte: »Wollen Sie mich auf den Arm nehmen?«

Der Putzmann mit Doktortitel schüttelte den Kopf. »Ich bin nur für den Flur zuständig und nicht für das Tragen schwerer Lasten.«

Weinrich blickte irritiert. Bislang kannte er nur Putzpersonal, dessen Wortschatz sich auf einige wenige deutsche Vokabeln beschränkte.

»Du putzen, ich Chef«, war in Weinrichs Weltanschauungsmodell völlig ausreichend, um die Herrschaftsverhältnisse in den Korridoren der Polizeidirektion klar zu stellen.

»Na und? Ich muss hier durch – auch wenn Sie der Kaiser von China wären«, versuchte Weinrich verlorenes Gebiet zurück zu gewinnen.

»Bin ich aber nicht. Ich bin Dr. Kevin Gerke. War bis vor acht Monaten erfolgreicher Investmentbanker«, hob der Mann zu einer wortreichen Erklärungen an. »Wegen der Krise bin ich seit sechs Monaten für den Übergang als Ein-Euro-Kraft in der Bodenpflegebranche tätig. Ein höchst interessanter Dienstleistungszweig mit relativ geringen, dafür aber beständigen und nahezu vollkommen von den Wirtschaftsschwankungen abgekoppelten und somit zuverlässigen Umsätzen und Dividenden. Geputzt wird schließlich immer.«

Weinrich starrte dem Dr. Fußbodenreiniger fassungslos ins Gesicht und fühlte sich wie in einem anderen Film.

»Das ist mir alles vollkommen egal! Ich muss jetzt hier durch!« Weinrich setzte zum Schritt an, hatte aber sofort wieder den Schrubber vor den Beinen.

»Sie können auch hier durch. Aber erst wenn der Boden getrocknet ist. So viel Zeit muss sein. Denn wenn Sie jetzt ihren Weg fortsetzen, hinterlassen Sie Spuren, die ich wieder beseitigen muss. Und das auf einem bereits bearbeiteten Terrain. Absolut unökonomisch. Grafisch dargestellt würde meine Arbeitsleistung dann eine Effizienzminimierung von vier Zeiteinheiten erfahren, die nicht mehr aufzuholen wäre. Der kleine Knick in der Kurve könnte zur Folge haben ...«

Weinrich griff nach dem Schrubberstiel, um ihn aus seiner Bahn zu schieben und um seinen Weg fortzusetzen. Doch das plötzliche Entsetzen im Gesicht von Dr. Soundso hielt ihn zurück.

»Sie würden damit die wirtschaftlichen Grundlagenstrukturen mit unabsehbaren Folgen für das weltweit tätige Unternehmen aushebeln und möglicherweise die Talfahrt seiner Wertpapiere einleiten. Können Sie das verantworten?«

Dem Doktor der Finanzen kamen fast die Tränen. Flehend beschwor er Weinrich, die Branche nicht in die Krise zu stürzen und bitte den anderen Flur zu benutzen.

Schönfelder musste grinsen. Nicht oft hatte er das Vergnügen, den jungen Kollegen mit dem Rücken an der Wand zu sehen. So wie jetzt. Schönfelder zog die Tür leise zu. Sollte der junge Kollege doch sehen, wie er klar kam.

Stattdessen warf Schönfelder einen Blick auf die Hanauer Stadtkarte, die Weinrich vor wenigen Minuten mit neuen Markierungen versehen hatte. Ein scheinbar in sich abgeschlossener Mikrokosmos, der keine Eindringlinge von außen duldete. Eine Mauer des höflichen und geschickten Schweigens, wie Schönfelder hatte feststellen müssen. Nicht nur in dienstlicher Mission. Auch bei dem Partybesuch mit Magda Spiegler-Wattenbroich als nahezu Gleicher unter Gleichen gaben sich die Reichen nicht gerade auskunftsfreudig gegenüber dem neuen Gesicht in ihrer Runde. Zwar bezogen sich die Small-Talks im Hause Bodner durchaus auch auf Privates, aber die Grenzen der Mitteilsamkeit gegenüber dem noch fremden Gast waren immer relativ schnell erreicht, und die Gesprächspartner zeichneten sich als Vollprofis im eleganten Themenwechsel aus. Immerhin sprach Mr. Singh offen über seine Geschäftsbeziehungen zu Schneider, die in Kürze in ein neues Stadium hätten treten sollten. Bodner, Schneiders Nachfolger bei Irakus, schien tatsächlich einen kompetenten und unersetzbaren Partner verloren zu haben.

»Die Lücke wirft uns geschäftlich ein ganzes Stück zurück.« Doch endeten die kurzen Gespräche über Schneiders Ableben meist in fatalistischen Gemeinplätzen. Sie gipfelten in den mit zustimmendem Nicken quittierten Erkenntnissen, dass die Zeit ein jeder Kreatur irgendwann abgelaufen sei, was man als schlimm, aber unabänderlich hinnehmen müsse.

Dass Schönfelder in dem Kreis von Freunden und Bekannten der *upper class* als Dienstleister in Sachen Sicherheit auftrat, hatte sich schnell herumgesprochen. Und so wurde der Kommissar auch entsprechend angesprochen und in Unterhaltungen miteinbezogen. Schneider könnte noch am Leben sein, wenn er Schönfelder frühzeitig konsultiert hätte, meinte ein beleibter Herr mit kubanischer Zigarre. Dass Schönfelders Sicherheitsmaßnahmen keinen Cent wert seien, wenn der Mörder schon im Haus drinnen war, gab ein anderer Gesprächsteilnehmer zu bedenken. Wenn der Täter aus dem »inneren Zirkel« der Schneiders stamme, da würden weder Panzerglas noch Alarmanlage helfen. Aber wer sollte in Schneiders Umfeld schon ein Interesse an seinem Tod haben? Undenkbar. Naja, man habe schon Pferde kotzen sehen.

Schneiders Tod war in erster Linie Vorwand für die aus erster Hand gehörten Geschichten über tragische Todesfälle aus dem erweiterten Bekanntenkreis. Etwa der junge Draufgänger aus dem mittleren Management. Immer auf der Suche nach dem ultimativen Kick. Mit dem Gleitschirm abgestürzt in den Anden, weil ihn ein unbeherrschbarer Fallwind in die Tiefe gerissen hatte. Oder der Geschäftsführer. Hatte vor sechs Jahren gerade den Betrieb in die Hände des Sohns übergeben, wollte sich endgültig in den Ruhestand zurückziehen, aber beim Tauchen vor den Malediven geriet der Arme in die Schraube einer Yacht. Den schönsten Tod, da waren sich die Herren einig, hatte indes ein ihnen bekannter Architekt vor drei Jahren in einem Hotelbett auf La Réunion. Auf einer splitterfasernackten jungen Dame tat der ebenso wenig bekleidete Bauplaner während der Tagung eines Investorenkonsortiums seinen letzten Atemzug. Die Diagnose »Herzversagen« war zutreffend, die Gründe dafür blieben unter dem Teppich. Diejenigen, die im Bilde waren, erfasste heute noch der blasse Neid ob eines solch würdigen Abgangs. »Wenn schon abtreten, dann so.« Allgemeines Gelächter.

»Man kann es sich halt leider nicht aussuchen«, hatte Schönfelder eingeworfen und sich mit den ihm bekannten

Todesfällen aus dem privaten Bereich lieber vornehm zurückgehalten. Zu normal das Verscheiden von Schwiegermutter Amalie im Zustand fortgeschrittenen Alzheimers. Zu banal der Hirnschlag von Onkel Peter vor zwölf Jahren. Zumal seine Gedanken um das Bild des blutüberströmten Schneiders kreisten, und er erstmals den Täter im Hause Schneider selbst ansiedelte. Rein hypothetisch natürlich.

»Kollege Weinrich?« Die Tür zum Büro wurde aufgerissen. »Oh, Weinrich nicht da?«

Schönfelder sah seinen Gedankenfluss unliebsam unterbrochen. »Doch, sitzt im Papierkorb und sortiert Akten.«

»Aha«, stotterte der junge Beamte verdattert und wagte einen Blick in das Edelstahlbehältnis neben dem Schreibtisch, so als hätte sich Weinrich tatsächlich zum Aktensortieren dorthin zurückgezogen.

»Was gibt es denn?«, nahm Schönfelder den Faden wieder auf.

»Ach, nichts weiter. Nur, Weinrich bearbeitet doch den Mordfall Schneider.«

»Den bearbeite ich auch. Zusammen mit Weinrich. Schönfelder mein Name.«

»Ach, der reanimierte Seniorkollege?«

Das Wort „reanimiert" überhörte Schönfelder geflissentlich und wurde spürbar ungeduldig.

»Ja, was haben Sie denn jetzt für uns? Reden Sie schon!«

Der junge Kollege hatte zu seiner Dienstfertigkeit zurückgefunden und legte einige Papiere aus seiner »Laufmappe« auf den Schreibtisch.

»Hier ist das Vernehmungsprotokoll einer Sylvia Jänischke. Prostituierte. Wurde gestern Abend zusammen mit einem Hehler in einem geklauten Auto erwischt. Die Jänischke hat nichts mit dem Diebstahl zu tun, und der Hehler war nachweislich nur ein Freier. Wir haben die Tasche der Nutte trotzdem links gemacht und das gefunden.«

163

Der Beamte ließ ein Kärtchen auf den Tisch fallen. Die Visitenkarte von Karl Schneider. Die Handynummer mit einem Kugelschreiber in Herzform umrahmt.

»Und das hier.« Ein Schlüssel mit einem Anhänger purzelte auf den Schreibtisch.

Schönfelder griff danach. »Hotel Europa. Frankfurts erste Adresse« verhieß der Aufdruck. Darunter die Zimmernummer 324.

»Angemietet ...«, setzte der Jungkollege wieder eifrig an, aber Schönfelder war schneller: »... von Karl Schneider.«

»Richtig«, bestätigte der um seine Pointe gebrachte Kollege.

»Und weiter?«, Schönfelder war mehr als neugierig geworden.

»Was weiter?« Der andere schien nicht zu verstehen.

»Ja, wann waren Schneider und diese Jänischke in dem Hotelzimmer. Wie oft? Wie lange? Wann zuerst? Wann zuletzt? Fakten, junger Mann! Fakten!«

Dem jungen Kollegen war das Unverständnis ins Gesicht geschrieben.

»Sorry. Das rauszukriegen ist ja nicht unser Bier. Das ist Weinrichs Fall. Was uns angeht, haben wir die Akte bereits abgeschlossen. Jetzt seid ihr dran.«

Schönfelder stand da wie vom Donner gerührt.

»Gibt es wenigstens eine Adresse und eine Telefonnummer von der Dame?«, brüllte Schönfelder dem Beamten hinterher, der seine Arbeit als erledigt ansah und gehen wollte.

»Alles in den Papieren. Die müssen Sie aber selber durcharbeiten. Bin nicht Ihr Vorleser. Sie können doch lesen?«

Sprachs und knallte die Bürotür hinter sich zu, durch die Schönfelders »Raus!« nur noch gedämpft auf den Flur drang. Von dort hob unterdessen ein anderes Gezeter an:

»Halt! Stehen bleiben! Keinen Schritt weiter!«

Der Anschiss des Schrubber schwingenden Investment-
bankers für den Grünschnabel versöhnte Schönfelder wieder mit dem Schicksal, das ihm ja nun obendrein noch einen nicht unwichtigen Hinweis im Fall Schneider beschert
hatte. Der Kommissar ließ sich in Weinrichs Bürostuhl fallen und griff sich die Papiere.

»Aha. Am Heumarkt gestoppt worden«, las Schönfelder
im akribisch verfassten Bericht von Polizeihauptkommis-
sar Vogel. Wegen überhöhter Geschwindigkeit und wiederholter Außerachtlassung der gemäß Straßenverkehrs-
ordnung deutlich ausgeschilderten Vorfahrtsregelungen
in dem betreffend des Betreffs betreffenden Innenstadtbe-
reichs ...

Schönfelder zog die Stirn in Falten angesichts des Be-
amtendeutschs, an das er sich während seiner gesamten
Laufbahn nicht hatte gewöhnen können. Die bei der rou-
tinemäßigen Fahrzeugkontrolle erbrachten Erkenntnisse
erbrachten eine nicht vorhandene Übereinstimmung der
Identifikationsmerkmale des Fahrzeuges mit den in den
ausgehändigten Papieren befindlichen Ausführungen bezüglich der werksseitigen Kennzeichnung des Kraftfahr-
zeuges in schriftlicher Form.

Die Papiere passten also nicht zum Fahrzeug. Warum
kann man das nicht auch so schreiben, fragte sich Schönfelder. Weswegen – klar – das Fahrzeug beschlagnahmt
und der Fahrer mitsamt seiner weiblichen Begleitung »zu
weiteren verhörtechnischen Maßnahmen auf die Dienststelle verbracht« wurde.

Das Wort »verbracht« liebte der Kommissar besonders.
Um der Amtssprache etwas Heiteres abzugewinnen, stellte er sich dann zuweilen vor, wie er den Kasten Bier zu
Hause in den Keller verbracht oder den Einkaufszettel für
den Supermarkt in schriftliche Form verbracht hatte.

»Fahrzeugführer« Harry Gerke hatte bereits etwas auf
dem Kerbholz. Wiederholter Handel mit unrechtmäßig
angeeigneten Waren verschiedenster Art, vornehmlich

Artikeln aus dem Bereich der Unterhaltungselektronik, aber auch mit Personenkraftfahrzeugen der mittleren und gehobenen Klasse schmückte seine Akte.

Ein unbeschriebenes Blatt hingegen seine »sich zur Zeit der Kontrolle auf dem Beifahrersitz befindliche Begleiterin«, Klammer auf – »weiblich« – Klammer zu, die bei der Vernehmung »glaubhaft machen« konnte, den »Erstkontakt« zu dem Beschuldigten erst an »dem zur Rede stehenden Abend« geknüpft zu haben mit dem Ziel, »sich von dem Beklagten von Hanau zu ihrem Wohnort nach Offenbach in die dortige Waldstraße 53 verbringen zu lassen«.

Er arbeitete sich widerwillig und ohne Dolmetscher durch den Amtstext. Dann notierte er sich Sylvia Jänischkes Adresse. Ihre Telefonnummer drückte er auf der Stelle in die Tasten und wartete mit dem Hörer am Ohr auf den Anschluss. Ein fast schüchternes »Ja, hallo?« kam aus der Hörmuschel, als endlich abgenommen wurde. Schönfelder hatte eigentlich mit einer resoluteren Begrüßung und einer frivolen Offerte gerechnet.

»Frau Jänischke? Hier Kommissar Schönfelder. Polizei Hanau ...«

Im Grenzbereich zwischen genervt und verzweifelt meldete sich die Frauenstimme wieder zu Wort. »Ich habe doch schon alles gesagt. Ich habe mit der ganzen Sache nichts zu tun. Was ist denn noch? Lassen Sie mich doch bitte in Ruhe.«

Es schwang fast ein Flehen mit.

»Ich glaube Ihnen ja«, beruhigte Schönfelder. »Aber ich habe ein paar Fragen im Mordfall Schneider. Ich bin mir sicher, dass Sie uns da weiterhelfen können.«

Auf der Gegenseite herrschte Stille.

»Frau Jänischke? Sind Sie noch da?« Schönfelder war bemüht, so ruhig wie möglich zu klingen. »Wir wissen, dass Sie mit dem Opfer sporadisch zusammen waren. Wir müssen sprechen. Und Sie machen es mir einfacher, wenn Sie freiwillig dazu bereit sind.«

Ein tiefes Luftholen am anderen Ende.

»Gut. Wann?«

Schönfelder nickte vor sich hin.

»So schnell wie möglich. Wie wäre es in zwei Stunden hier in der Direktion Hanau am Freiheitsplatz? Das ist, wenn Sie ...«

»Ich weiß ja wohl noch, wo das ist. Habe ja den Großteil der letzten Nacht da verbringen dürfen. In Ordnung. In zwei Stunden also.«

Schönfelder wurde gerade noch ein »Danke, das ist nett von Ihnen. Sie helfen uns damit sehr« los, dann war die Verbindung getrennt.

Der Kommissar sah auf die Uhr. Gerade mal zwei Stunden, um mit einigen Telefonaten bisherige Wissenslücken zu stopfen. Erste Anlaufstation war das Hotel Europa in Frankfurt, wo auf die Frage nach Schneider und seinem gemieteten Zimmer mit der Nummer 324 lediglich die Gegenfrage gestellt wurde, ob der Kommissar schon jemals etwas von Diskretion gehört habe. Da könne schließlich jeder kommen. Der Herr Kommissar müsse sich da schon persönlich bemühen.

Schönfelder willigte mit Freuden ein und schilderte seinem Gesprächspartner in »Frankfurts erster Adresse« sofort, wie er sich den persönlichen Besuch im Hotel Europa so vorstellen könnte.

»Also wir rauschen da erst mal mit den zivilen Wagen rein. Natürlich mit Blaulicht und Sirene, parken alle Ein- und Ausgänge zu. Keiner kommt rein, keiner kommt raus. Scharfschützen auf allen Dächern und hinter jedem Wagen. Dann folgt die Spurensicherung samt Mannschaftswagen. Allesamt mit Lichtschau und großer Musik. Ihr Laden wird links gemacht, alle Gäste werden in Unterhose in die Hotellobby getrieben und verhört. Ihren ausländischen Beschäftigten rate ich, Aufenthalts- und Arbeitsgenehmigungen bereit zu halten, damit es nach der Großrazzia nicht zu allzu großen Betriebsstörungen in

Ihrem Hotel kommt, wenn wir mit Blaulicht und Sirenen den Ort der Diskretion wieder verlassen. Haben wir uns verstanden?«

»Sie haben sich deutlich genug ausgedrückt. Ich bin sicher, wir können uns einigen«, lenkte der Gesprächspartner ein. »Was kann ich für Sie tun?«

Schönfelder grinste in sich hinein, als er seinen Fragekatalog abarbeitete und einige Fakten in die Hand bekam, mit der er auch Frau Jänischke zu konfrontieren gedachte. Denn laut Portier Staniczy diente die kleine von Schneider gemietete Suite nicht nur dem Mieter und – in den letzten drei Monaten – seiner Begleiterin Jänischke als Liebesnest. Die Liebesdienerin nächtigte zuweilen auch mit anderen Freiern im »Europa«.

»Schicke Herren«, wie Staniczy sich erinnerte. »Immer sehr großzügig.«

Und die schicken Herren nutzten das Frankfurter Domizil keineswegs hinter Schneiders Rücken.

»Herr Schneider hat vor solchen Belegungen immer angerufen, damit wir auf die individuellen Wünsche der Gäste vorbereitet waren. Ja, auch immer mal ausländische schicke Herren«, bestätigte der Portier.

»Nein, kein Inder. Mehr europäisch eben. Und immer freundlich und großzügig. Manchmal auch zusammen mit Herrn Schneider. Großer Charakter, sehr guter Mann.«

Schönfelders Bitte, Schneiders Suite vorläufig geschlossen zu halten, wollte Portier Staniczy gerne entsprechen. Wenn die Beamten zur Spurensicherung nur möglichst dezent und unauffällig ihrer Arbeit nachgehen würden.

»Sie können beruhigt sein«, versprach Schönfelder. »Jeder Ihrer Gäste wird uns für Geschäftsleute halten, die in Ihrem Hause logieren. Kein Blaulicht, keine Sirenen, keine Uniformen, keinerlei Aufsehen.«

Herr Staniczy war zufrieden. Nachdem der Kommissar den Hörer aufgelegt hatte, nahm er sich die Akte Schneider vor. Er musste nicht lange blättern, um die Stelle zu finden, an der die Spurensicherung die am Tatort gefundenen Fingerabdrücke aufgelistet hatte. Neben denen von Schneider selbst, seiner Frau und der Putzhilfe, die zweimal die Woche für vier Stunden mit dem Wedel den auf den Nobelmöbeln niedergegangenen Staub wieder in den Umlauf der Raumluft brachte, waren auch einige Fingerabdrücke vorhanden, die bislang nicht zugeordnet werden konnten.

Dass Sylvia Jänischke im Hause Schneider eine solche Spur hinterlassen haben könnte, schien Schönfelder eher unwahrscheinlich. Schneider wird nicht so dumm gewesen sein, seine Geliebte, noch dazu eine Prostituierte, ins Eigenheim eingeführt zu haben. Oder doch? Jedenfalls würde die Dame die Hanauer Polizeidirektion nicht ohne schwarze Fingerkuppen verlassen. Das war sicher.

Ihm war nach einem Kaffee. Er erhob sich aus Weinrichs Bürostuhl und schlurfte über den Gang zur kleinen Teeküche. Eigentlich hatte er gleich mit dem Satz »Halt! Stehen bleiben! Keinen Schritt weiter!« gerechnet, doch entweder war der graduierte Fußbodenpfleger fertig mit dieser Etage, oder er stellte neue Effizienzberechnungen zur Rettung der Branche in Polizeifluren an. Weit und breit war kein drohend auf den Kommissar gerichteter Schrubberstiel zu sehen.

Das macht die Sache einfacher, dachte Schönfelder, wurde aber gleich mit einem mindestens genauso unangenehmen Problem konfrontiert: In der Kaffeekanne krustete eine fast schwarze Essenz. Der Blick in den Kaffeefilter verriet dem erfahrenen Ermittler gleich, dass hier seit Tagen kein frischer Kaffee mehr durchgelaufen war.

»Ei Herbert, machste Kaffee? Mach einen mehr, ich trinke einen mit.« Stieglitz lugte vom Gang aus in die Teeküche und fügte hinzu: »Musst aber erst Kaffee holen. Der ist schon seit Tagen all. Bring gleich zwei Packungen mit!«

Schönfelder ließ den vollen Kaffeefilter, dessen Inhalt bereits Spuren von Schimmel zeigte, angewidert in den

mit Kaffeefiltern gefüllten Abfalleimer fallen und wünschte, sofort dem Putzmann zu begegnen. Noch bevor dieser
zu seinem »Halt! Stehen bleiben« hätte ansetzen können,
hätte Schönfelder ihn in Handschellen gelegt und zum
vollen Mülleimer in der Teeküche geschleppt und darüber
aufgeklärt, dass sich das im Mülleimer vermehrende Kapital weder ökonomisch noch ökologisch vertreten ließe und
zudem die Zeiteinheiten minimiere, in denen der Banker
seinen Euro noch als Bodenpfleger erwirtschaften dürfe.

Schönfelders Armbanduhr zeigte, dass er noch eine
Stunde bis zum Treffen mit Frau Jänischke Zeit hatte. Zeit
genug für einen Spaziergang zum Marktplatz und einen
starken Espresso bei Luigi.

Zehn Minuten später hielt er den dampfenden Pappbecher in der Hand und hörte sich Luigis Theorien zum Fall
Schneider an.

»Ist doch logisch, Commissario. Meinese eine rischdi-
sche Mann hatte genuch mit eine Frau? Ist auf die Dauer
viel zu langeweilisch.«

Naja, ging es dem Kommissar durch den Kopf, sein
Verhältnis zu Gerda war wirklich nicht gerade von knis-
ternder Spannung geprägt. Höchstens wenn es wieder um
Notlügen ging. Aber das war etwas anderes.

»Und die Frau ist ja auch langeweilisch. Wenn dann de
Mann macht erum mit einer neue junge Dame, dann die
annerne Frau wird wild wie ein Tiescher! Fährte die Kralle
aus und beißt de Kopf ab. Wenn ich dir sache, Commissario! Ich weiß, von was ich redde.«

Ja, das wusste Schönfelder.

»Weißt du was, Luigi? Ich ernenne dich zum Hilfsshe-
riff«, sagte Schönfelder grinsend.

»Iche mache weiter meine Kaffee. Will net in die Schiss-
linie von die Ganove«, war die prompte Antwort.

»Schusslinie, Luigi. Schusslinie«, berichtigte Schönfelder, und legte den Euro für den Espresso auf die Theke
von Luigis dreirädrigem Gefährt.

»Mach's gut, Luigi. Ich muss noch zu einer Vernehmung.«

Luigi sackte den Euro ein. »Mache gut, Commissario. Und denke dran: Es ist immer die Eifersucht.«

Während Schönfelder zum Präsidium zurückspazierte und sich auf das Gespräch mit Sylvie Jänischke vorbereitete, erreichte Mario Weinrich das Schuhimperium von Antonio. Britta wartete ungeduldig im Lederfauteuil des Showrooms, vor sich mehrere Espressotassen, die Antonio mit den immer gleichen Worten »Chef kommt gleich« vor ihr abgestellt hatte.

»Kommst du immer so spät zur Arbeit?«, beschwerte sie sich bei ihrem Liebsten, als dieser schließlich in der Eingangshalle erschien.

»Bin aufgehalten worden«, murmelte er entschuldigend und zog zur Wiedergutmachung einen leicht lädierten Blumenstrauß unter der Jacke hervor.

»Na, dann zeig mir mal deine Buchhaltung«, sagte Britta, die die Blumen postwendend an eine Mitarbeiterin weiterreichte, zwecks Wiederbelebung.

»Hallo Kollegen, hallo Antonio«, setzte Weinrich zu einer Generalansprache an. »Das ist Britta. Sie will sich mal die Bücher anschauen, um den Laden börsenfähig zu machen«, lachte Weinrich in die Runde.

Doch der Scherz kam bei der Belegschaft nicht gut an. Mit offenen Mündern wanderten die Augen zwischen Weinrich und Britta hin und her.

Antonio fing sich als Erster wieder. »Was für Bücher?«

»Naja, d i e Bücher«, insistierte Weinrich.

Hilflos wanderte sein Blick zu Britta. Erst jetzt wurde ihm gewahr, wie wenig er von den wichtigen Interna seiner geliehenen Import-Export-Firma wusste.

»Wareneingang, Warenausgang, Rechnungen, Bestellungen, Aufträge, offene Rechnungen, Kredite ... so was halt.« Britta nickte.

Antonio guckte gequält, als habe man ihn bei einem Bruch erwischt. »Chef ...«, dann gab er sich einen Ruck und deutete mit dem Kopf, ihm in sein Büro zu folgen. Lustlos zog er eine große Schublade, gefüllt mit Papieren aller Art aus dem Schreibtisch, der mehr als Ablage für Antonios Sammlung italienischer Terrakottaengel diente, denn zur Erledigung der Geschäftskorrespondenz.

»Sind das eure Bücher?« Britta schien pikiert.

»Sind das die Bücher?«, wiederholte Weinrich wie das Echo am Königsee.

Weinrich balancierte auf einem Drahtseil. Links und rechts davon nichts als Abgrund. Seine gekünstelte Überraschung blieb zum Glück unbemerkt. Antonio nickte, ganz in der Rolle des Angestellten. Britta beugte sich über den Schubladeninhalt. Antonio nutzte die Gelegenheit, Weinrich einen Vogel zu zeigen.

»Meine Herren, das sieht aus wie ...« Sie rang nach Worten und entschied sich schließlich für »Stümperladen«.

Antonio verzog das Gesicht zu einer gequälten Grimasse, doch Britta hatte sich längst weiteren Fragen zugewendet.

»Und wo habt ihr die Unterlagen zur Firmengründung, Rechtsform und so weiter?«

Weinrich, ganz Chef, wandte sich an die hinter ihm stehende Regalwand, in der einige Aktenordner im Staub der Jahre versanken. Ziellos wanderte sein Finger über die Aktenrücken.

»Wo haben wir ihn noch gleich ...«

Antonio machte der hilflosen Suche ein Ende und zog zielsicher einen Ordner aus dem Regal.

»Hier«, sagte er triumphierend und legte ihn vor Britta ab, wie der Hund den Knochen vor seinem Herrchen.

Britta machte sich über die Papiere her.

»Kaffee?«, fragte Antonio vorsichtig an, die andächtige Stille so wenig wie möglich störend. Doch Britta murmelte nur Stichworte des Finanzkapitals wie »Additional margin« oder »Personengesellschaft«. Sie war abgetaucht in den Tiefen der Finanzwelt. Zahlen, Firmenkonstruktionen brachten sie in eine Art Tiefenrausch. Britta wollte nicht gestört werden.

»Ich geh dann mal«, sagte Antonio.

Kaum hatte Antonio das Büro verlassen, kam Britta an die Oberfläche. »Wieso sind die Unterlagen im Büro von Antonio und nicht bei dir? Man könnte meinen, er ist hier der Chef. Das würde ich ändern.«

In Windeseile hatte sie die wahren Verhältnisse erkannt, ohne jedoch eins und eins zusammen zu zählen. Eine Antwort Marios wartete sie gar nicht ab, sondern versank erneut in den Dokumenten und Unterlagen, die für sie die Faszination eines unterseeischen Schatzes zu haben schienen.

Und sie wurde erneut fündig. »Wieso steht hier auf dieser Rechnung Antonio Garanza als Geschäftsführer und nicht du?«

Sie hielt das Dokument in Richtung Weinrich.

»Weil ..., weil ... das ist kompliziert. Das hat schon seine Gründe. Glaub mir.«

Britta Dupont blieb nichts anderes übrig, angesichts der Mauer des Verschleierns, mit der sie umgeben war.

»Hier ist Einiges nicht so, wie es scheint«, schob Weinrich vorsichtig nach, fürchtend, Britta könnte jeden Augenblick die wahren Verhältnisse entdecken.

»Das sind alles sehr komplizierte Handelsstrukturen. Verschlungene Pfade. Zollbestimmungen ... Finanzamt ...« Weinrich begann zu improvisieren, ohne dabei zu merken, wie sich Brittas Augen in ihn bohrten.

Ihr kam ein schrecklicher Verdacht. »Wirst du von Antonio erpresst? Hat er dich in der Hand? Ist er von der – Mafia?« Die letzten Worte sagte sie so leise, dass Mario sie nur erahnen konnte.

»Um Gottes Willen«, stöhnte Mario und hob abwehrend die Hände.

Britta hob verstehend den Finger. »Du musst jetzt nichts sagen.« Damit schien sie eine Erklärung für die liederliche Buchführung zu haben. Die Mafia braucht keine ordentliche Abrechnung, das war klar.

»Das kriegen wir wieder hin«, versicherte sie, und bot die Gründung einer Offshore-Firma als Ausweg für die offenkundigen Finanzprobleme an. Briefkastenfirma, Caiman Island, das waren die Fragmente, mit denen sie Weinrich vorsichtig fütterte. Wobei sie fürchtete, zu viel Information könnte ihm im Hals stecken bleiben. Weinrichs Zwischenruf, ob dies denn auch legal sei, wischte sie hinweg wie Staub auf der Tischplatte. So etwas mache sie schließlich jeden Tag, war der einzige Kommentar, den ihr Weinrich entlocken konnte.

»Aber ist das auch legal?«, wagte Weinrich, dem abwechselnd heiß und kalt wurde, einen zweiten Anlauf zur Klärung.

»Ist Schwarzarbeit legal?«, fragte Britta zurück. »Trotzdem macht es jeder.«

Was alle tun, kann nicht gesetzlos sein, so ihre These.

»Aber das ist Raub an der Gesellschaft.« Weinrich wählte drastische Worte von höchster moralischer Instanz. Ihm war es ernst. Er liebte Britta, konnte sich aber nicht zum Gehilfen eines Betrugsmanövers machen.

Doch Britta lachte nur. »Liebster«, schlug sie versöhnliche Worte an und schaute Weinrich zärtlich in die Augen. »Die Leute vom Golfclub sind meine besten Kunden. Meinst du, das sind alles Verbrecher? Wenn du aus diesem kleinen Schuhladen ein Imperium machen willst, musst du alle Tricks kennen. Da kannst du dir keine Skrupel erlauben.«

Britta erhob sich und schlug die Arme um Marios Hals. »Mein Lieber kriegt kalte Füße«, hauchte sie und dazu gab es einen heißen Kuss zum Aufwärmen.

In diesem Moment klopfte es an die Tür, und Antonio streckte seinen Kopf durch den Türspalt.

»Ah Amore«, seufzte er sehnsuchtsvoll angesichts des umschlungenen Paares. »Aber Chef ... ein kleines Problem, können Sie kommen?«

Mario schaute zu Britta.

»Ich muss sowieso mal für kleine Mädchen, der Kaffee«, sagte die entschuldigend und rauschte durch die Tür davon.

Mario folgte Antonio nach draußen. Im Flur stand das Problem, das Antonio angekündigt hatte – es hieß Gerda. Sie begrüßte Mario überschwänglich.

»Das ist ja wunderbar«, sagte sie entzückt. »Die vielen Schuhe, ein Traum.«

Mario lächelte.

»Und wo arbeitet Herbert?«

»Hier drüben.« Mario deutete auf eine Tür, die an den Showroom angrenzte. »Vertrieb – Herbert Schönfelder« stand dort auf einem eilig zurechtgeschnittenen Schild. Staunend blieb Gerda davor stehen, sprachlos, in stumme Betrachtung versunken, so als versuche sie das Leben ihres Mannes neu zu verstehen.

»Möchte die Dame einen Kaffee?« Antonio kam mit einem Tablett Espresso aus der Kaffeeküche. Mario schüttelte vehement den Kopf, schlimm genug, dass Gerda hier war. Aber die Aussicht, ihren Aufenthalt mit Kaffee zusätzlich zu verlängern, quälte ihn, doch Gerda hielt die Tasse schon in ihren Händen. Kurz darauf kam Britta von ihrem Ausflug auf die Damentoilette zurück.

»Ich muss dann weiter arbeiten«, versuchte Mario Gerda sanft in Richtung Ausgang zu bewegen.

Doch Gerda stand fest wie ein Fels, ein Leuchtturm, oder ein klebriger Kaugummi. »Nicht so schnell«, protestierte sie, mit dem Instinkt eines Ermittlers. »Jetzt wo ich schon mal da bin, schau ich mir auch alles an.«

Ihr Blick blieb auf Britta hängen, die ihren Weg kreuzte. Weinrich kam nicht daran vorbei, die Dame seines Herzens vorzustellen.

»Das ist Britta ... wir müssen dann ...«

Doch Gerda war nicht abzuschütteln. Sie erreichte gerade erst Betriebstemperatur.

»Ach, Sie sind Britta. Dann sind Sie die Dame, die mit meinem Herbert auf der Party getanzt hat?«

Mario konnte es hören, das Donnergrollen. Die Explosion, das Brechen eines Dammes, noch in weiter Ferne, doch die Flut würde kommen. Es war nur eine Frage von Minuten oder Sekunden. Was blieb, war die Flucht oder der Untergang.

»Welche Party?« Britta schaute mit irritiertem Blick zu Mario. Der wagte keine Bewegung, nicht mal ein Achselzucken.

»Na, die Party anlässlich eurer Geschäftseröffnung.«

»Sie müssen mich verwechseln.«

»Nein, nein«, insistierte Gerda. »Sie hatten ein so verführerisches Parfüm, das am Anzug meines Mannes hängen geblieben war. Erst war ich eifersüchtig, aber nachdem ich hörte, dass sie die Freundin von Mario sind ...« Gerda winkte ab, so als sei damit alles in bester Ordnung. Doch Brittas Augen zogen sich zu einem unheilvollen, stechenden Blick zusammen.

»Ich war auf keiner Party«, sagte sie spitz.

Gerda wusste für einen Augenblick nicht, wem sie Glauben schenken sollte. Ihrem Mann oder dieser Frau? Vielleicht wollte sie Mario nicht kompromittieren?

»Ich verstehe«, sagte Gerda mit einem besänftigenden Lächeln und wendete sich an Mario. »Ich habe mich sowieso gefragt, wie du bei all deiner Belastung noch so einen schicken Laden aufmachen kannst.«

»Belastung?«, giftete Britta, die noch weit entfernt von einem Waffenstillstand war. »Sie haben die Unterlagen ja nicht gesehen, ein einziges Durcheinander. Und ins Geschäft kommt der Herr erst gegen Mittag.«

»Eben«, sagte Gerda bestätigend. »Die Doppelbelastung.«

176

»Liebe ist doch keine Belastung«, protestierte Britta, die nicht verstand, worauf Gerda hinauswollte.

»Gerda bitte ...« Mario bat flehentlich um ein Ende des Verhörs, doch Gerda schien ihn nicht zu hören.

»Deine Polizeiarbeit, und dann auch noch das hier ...« Weiter kam Gerda nicht. Die Flutwelle hatte Mario erreicht.

»Du bist bei der Polizei?«, wiederholte Britta, jedes einzelne der Worte endlos dehnend. Und ihre Hand fest um den Griff der Handtasche gekrallt. Mario versuchte ein Nicken. Doch längst war die Welle über ihm zusammengebrochen. Krachend schlug die Handtasche auf Marios Wangenknochen ein. Mario taumelte rückwärts. Gerda stieß einen hellen Schrei aus. Antonio stürzte aus der Teeküche mit einem neuen Tablett voller Espressotassen.

»Signori, Signori ...«, stammelte er in einem Rückfall in seine kalabresische Heimatsprache angesichts des sich abspielenden Dramas.

Längst hatte Britta zu einem zweiten Schlag mit ihrem edlen Versace-Designerstück ausgeholt. Blitzschnell duckte sich Mario. Zu schnell für Britta, die mitten im wütenden Schwung die Kaffeetassen von Antonios Tablett fegte. Klirrend zerschellten sie auf dem Terrakottaboden. Vom Lärm alarmiert, stürmten die Angestellten aus ihren Büros. Blitzschnell die Lage erkennend, stellten sie sich schützend vor die Schuhauslagen im Showroom, bevor diese als Wurfgeschosse missbraucht werden konnten.

Und weil es selten bei nur einem Dammbruch bleibt, näherte sich schon die zweite Flutwelle. Schönfelder erschien in der Tür.

»Was ist denn hier los?«, rief er entsetzt.

Britta hielt für einen Atemzug inne und stürmte dann auf Schönfelder zu.

»Sie sind also der Kollege von Mario?«, schrie sie.

Nichtsahnend bestätigte dieser.

»Noch ein Polizist?« Britta wartete die Antwort gar

nicht erst ab. Treffer bei Schönfelder. Durch die Wucht, mit
der Britta ihren Schlag führte, sprang die Taschenschnalle
auf. Der Inhalt leerte sich über die Fliesen. Britta erstarrte
und betrachtete die verstreuten Stücke. Im großangeleg-
ten Rettungsversuch stürzten die Angestellten mit dem
eigentlichen Geschäftsführer Antonio und dem leicht be-
nommenen Schönfelder auf die Habseligkeiten. Stück um
Stück wanderte zurück in Brittas Tasche.

»Danke«, sagte sie mit brüchiger Stimme.

Die Explosion schien vorüber. Stattdessen rollten nun
Tränen über ihre Wangen. Schönfelder, in der einen Hand
eine vom Boden aufgesammelte Visitenkarte haltend,
wühlte mit der freien Hand nach einem Taschentuch.
Wortlos griff Britta zu, wischte sich über die Augen und
entfloh durch die Eingangstür.

Die Anderen standen verloren im Raum. Antonios
Schuhmannschaft kehrte langsam zurück an die Arbeit,
doch Weinrich wusste: Auf jedes Beben folgt ein Nachbe-
ben. Gerda machte sich bereit, dies zu bestätigen.

»Du bist also wieder bei der Polizei?«, donnerte sie. Ein
hilfloser Blick von Herbert Schönfelder zu Weinrich gab
Gerda Gewissheit. Drohend bewegte sie sich auf ihren
Mann zu. Schönfelder bemühte sich, den Abstand zwi-
schen sich und seiner Frau konstant zu halten. Im gleichen
Tempo, wie sie vorwärts schritt, wich er zurück.

»Hast mich die ganze Zeit angelogen?«, schluchzte sie.

Schönfelder schwieg in der Hoffnung, seine Frau möge
sich so schneller beruhigen. Ein Irrtum. Wahllos griff Gerda in die Auslage. Schuhe und Kartons flogen in Schönfelders Richtung, ohne jedoch ihr Ziel zu treffen.

In Antonio, der immer noch mit seinem leergefegten
Tablett im Raum stand, kam plötzlich Bewegung. »No, Si-
gnora, meine Schuhe, prego!«

Doch Gerda feuerte Salve um Salve, bis sie erschöpft
und heulend auf den Fliesen zusammenbrach.

Vorsichtig näherte sich Schönfelder.

»Lass mich in Ruhe«, fauchte sie. »Ich dachte, wir hätten jetzt mehr Zeit für einander. Ein bisschen Urlaub. Was Sehen von der Welt, aber du denkst nur an arbeiten, arbeiten, arbeiten. Bedeute ich dir denn gar nichts?«

»Doch natürlich«, beteuerte Schönfelder.

Mühsam erhob sich Gerda.

»Ich fahr jetzt heim«, sagte sie. »Du kannst jetzt in Ruhe weiterermitteln, und heute Nacht ist die Tür zu. Dann schläfst du halt im Büro.«

Gerda folgte Britta nach draußen.

»Mamma mia, le donne«, stöhnte Antonio und fuhr sich mit der Handkante über den Hals. Dann betrachtete er die Verwüstung in seinem Showroom. Nahezu keine Auslage war an ihrem Platz geblieben, dazu die vielen Scherben. Sein Blick durchbohrte Weinrich.

»Reg dich nicht auf«, sagte dieser, »setz es auf die Rechnung.«

Antonios Miene hellte sich spürbar auf. Der Gewittersturm war vorüber.

»Kaffee, Signori?«

Jetzt, wo die Geldfrage geklärt war, fand Antonio zu seiner heiteren Lebensart zurück.

Beide Ermittler schüttelten energisch den Kopf. Sie hatten genügend Aufputschmittel im Blut. Auf Weinrichs Wange zeigte sich das Mal des Kampfes. Ein dickes V für Versace als Prägedruck der Taschenschnalle leuchtete in kräftigem Rot.

»Jetzt biste was wert.« Schönfelder konnte sich die sarkastische Bemerkung nicht verkneifen.

Doch Weinrichs Gedanken waren weit weg. Den Abdruck als Erinnerung an Britta nahm er gerne in Kauf.

Noch immer hielt Schönfelder die Visitenkarte aus Brittas Tasche in Händen. Es war eine Visitenkarte von Karl Schneider.

»Oh weh«, stöhnte er und ließ die Hand sinken, als sei die Karte plötzlich zu schwer geworden.

»Scheiße«, fluchte Weinrich und schlug dazu mit der flachen Hand auf die Wand. »Verdammte Megascheiße. Was machen wir jetzt?«

»Beruhige dich erst mal«, sagte Schönfelder. »Britta saniert bei Irakus, da wird sie wohl Kontakt zu Schneider gehabt haben. Das muss noch nichts bedeuten.«

»Muss nichts bedeuten! Erzähl keine Märchen!« Verwirrung und Ratlosigkeit hatten längst von Weinrich Besitz ergriffen und das Gehirn außer Funktion gesetzt.

»Außerdem ist das jetzt dein Problem! Bist ja selbst schuld, dass es so weit gekommen ist! Ich hab jetzt genug eigene Probleme. Ich weiß nicht, wie ich Gerda wieder in die Augen sehen soll. Das sieht gewaltig nach Scheidung aus. Haus weg, Auto weg, der Garten mit den Rosen weg. Alles weg! Mannomann, was eine Scheiße.«

Schönfelder ließ sich in einen der Sessel im Showroom mitten in dem von Britta und Gerda verursachten Chaos fallen und vom Leder ansaugen.

»Ach Quatsch!«, versuchte Weinrich den in tiefe Depressionen verfallenden Kollegen aufzumuntern. »Die kriegt sich schon wieder ein. Die weiß doch, was sie an dir hat. Und außerdem: Nichts wird so heiß gegessen, wie es gekocht wird.«

Weinrich ließ sich in den Ledersessel gegenüber fallen.

»Was hat sie denn an mir, bitteschön?«, bellte Schönfelder zurück. »Einen alten ausgedienten Sack, der sie anlügt und wieder mal Polizeidienst macht, bloß weil er es zu Hause nicht aushält. Weil das auf Dauer kein Leben ist. Pure Langeweile und höfliche Anöderei! Und abends vorm Fernseher einschlafen. Das hat sie von mir. Jawohl!«

Antonio hatte den Stimmungsumschwung in seinem Verkaufsraum wohl aus der Distanz mitbekommen und sofort reagiert. Mit einer Flasche Wein, einer Flasche Grappa und den dazugehörenden Gläsern trat er an die beiden heran.

»Hier, colleghi, das hilft.«

Noch bevor Schönfelder und Weinrich etwas sagen konnten, waren die Gläser mit vollmundigem, rotem Barolo gefüllt, und Antonio reichte gut eingeschenkte Grappagläser mit einem stark duftenden, fast honiggelben Getränk in die Runde.

»Da, Signori, trinken. Das schwemmt Ärger weg. Ich kenn misch aus mit so was.«

Die Kommissare griffen zu.

»Auf den Ärger«, ließ Schönfelder vernehmen.

»Auf die Probleme«, ergänzte Weinrich.

»Auf das Leben«, gab Antonio dazu, und dann stürzten drei Doppelte drei trockene Kehlen hinunter. Die Gläser fanden wieder ihren Platz auf dem Tisch, und Antonio schenkte unauffällig nach, während Weinrich den Faden wieder aufnahm.

»Ja, wenn das so ist, dann kannste ja eigentlich froh sein, dass jetzt alles den Bach runtergeht. Schicksal als Chance, Mensch! Neuer Anfang, neues Heim, neue Frau, neues Leben!«

Schönfelder schnaubte ärgerlich. »Ja, das kannst du so machen. Für dich ist das alles ganz einfach. Wie ein Schmetterling von Blüte zu Blüte, und wenn sie ausgesaugt ist, auf zur nächsten Blüte. Ohne Verantwortung zu übernehmen, ohne Verbindlichkeit und Verlässlichkeit. Vertrauen ist und bleibt für dich ein Fremdwort, und Schiss hast du bis zum Hals, dich auf jemanden voll und ganz einzulassen!«

Fast automatisch kippte Schönfelder das zweite Glas Grappa hinunter.

»Und das sagst ausgerechnet du!«, setzte Weinrich nach. »Wie weit man mit Verlässlichkeit, Vertrauen, sich voll und ganz auf jemanden Einlassen kommt, das sieht man ja an dir am Besten. Schau dich doch an, du Häufchen Elend, wie du jetzt da in deinem Sessel hängst, nachdem deine Lebenslüge aufgeflogen ist. Meinst du, ich will so enden?«

Schönfelder plusterte sich regelrecht auf. »Du musst mir gerade etwas von einer Lebenslüge erzählen, mein lieber Herr Kollege! Dein ganzes Verhältnis zu Britta war doch von Anfang an auf einer einzigen Lüge aufgebaut! Deine Lebenslüge offenbart sich nicht am Ende, sondern sie ist bei dir der Anfang! Also erzähl mir nichts von Lebenslügen!«

Auch Weinrich hatte seinen zweiten Grappa hinuntergestürzt. »Ach, das war doch ganz was anderes ...«

Schönfelder fuhr dazwischen. »Ja, natürlich! Ganz was anderes. Siehst du denn nicht, dass du nicht nur andere anlügst, sondern dir auch selbst in die eigene Tasche lügst?«

Weinrich richtete sich in seinem Sessel auf: »Und das muss ich mir von so einem Lebenslügner wie dir sagen lassen! Ist doch lächerlich!«

Weinrich sank zurück in die Polster, nicht ohne mit der rechten Hand nach dem Weinglas zu greifen, einen tiefen Schluck zu nehmen und erneut anzusetzen: »Wenn mir das jemand anderes gesagt hätte, dann hätte ich vielleicht mal drüber nachgedacht. Aber so was von jemandem zu hören, der seinen Rosen mehr Aufmerksamkeit widmet als seiner Frau, das schmerzt meinen empfindlichen Ohren, hochverehrter Herr Kollege. Herbert, du bist ganz einfach eine feige Sau! Eigentlich vollkommen lebensuntauglich. Prost!«

Antonio stellte sein Glas blitzschnell ab und ließ flugs seinen Blick durch den Showroom wandern. In Erwartung, dass jetzt gleich wieder die Fetzen – und die Ausstellungsstücke – fliegen würden. Doch Schönfelder blieb erstaunlich ruhig. Er heftete seinen Blick auf Weinrichs Gesicht wie eine Reißzwecke in die Pinnwand.

»Und du weißt überhaupt nicht, was Leben eigentlich wirklich bedeutet. Du bist ein karrieresüchtiger Aufschneider, der sich nur um sich selbst dreht und dabei auf der Stelle tritt, weil er nichts, aber auch gar nichts auf die

Reihe kriegt vor lauter Möchtegern und Kanndochnicht. Du schaufelst eigentlich nur an deinem eigenen Grab. Wahrscheinlich schon von Geburt an. Und selbst damit bist du nicht allzu weit gekommen. Du bist halt einfach ein Würstchen, ein Versager. Prost!«

Auch Schönfelder war zum Rotwein gewechselt, obwohl die Grappagläser schon wieder bis zum Rand gefüllt waren.

»Nullnummer«, gab Weinrich fast lethargisch zurück und provozierte damit ein »Hosenscheißer« seines Gegenübers. »Seniler Tattergreis« war Weinrichs Antwort, geprägt von einer sich einstellenden Sprachunsicherheit, die sich auch bei Schönfelder bemerkbar machte, als er ein »Windelrambo« in Weinrichs Richtung schickte. Der blickte sich um und suchte Antonio, der sich wieder ein wenig entspannt hatte.

»Antonio! Hol mir mal die Amphore da drüben. Die will ich dem Schönfelder an den Kopf werfen.«

Der Schreck fuhr Antonio auf der Stelle wieder in die Glieder.

»Nix Commissario! Keine Gewalt mehr. Schau dich um! Genug kaputt für heute. Hier! Trinken. Das beruhigt.«

Und wieder trafen sich drei gut gefüllte Grappagläser über der Tischplatte und ließen beim Anstoßen ein eher unmelodisches »Klick« vernehmen.

»Stimmt. Genug kaputt für heute. Sogar mehr als genug«, stimmte Schönfelder zu, und schon waren die Gläser wieder geleert.

»Eigentlich so ziemlich alles«, stellte Weinrich resigniert fest. Sein Gesicht war jetzt so lang wie das von Schönfelder. Der plötzliche Verlust des kurvenreichen, blonden Schmusekissens verhieß mehr als nur trostlose, quälende und einsame Nächte voll praller Erinnerungen.

»Antonio, kannst meinen Namen wieder von den Schildern streichen.« Weinrich wollte das Lügenkapitel vergessen und alles ausradieren, was daran erinnerte.

»Geht nischd, Mario. Jetzt noch nischd. Habe jetze neue Name als die Chefe, könne auch mache neue Geschäfte in Italien mit de neue Name. Brauche de Firma Weinrich noch zwei Monate. Dann könne widder streische.«

Weinrich war plötzlich wieder hellwach.

»Was? Ihr macht mit meinem Namen da unten neue Geschäfte?«

»Ja«, gab Antonio treuherzig zurück. »Du wirklisch Chefe von de Im un Export.«

Weinrich sackte zusammen. »Ist ja krass. Hoffentlich alles legal.«

»Ja ja ja, Chefe. Für italienische Verhältnisse alles ganz legal«, beruhigte Antonio den Geschäftsführer.

»Für italienische Verhältnisse ...«, lachte Schönfelder aus den Tiefen seines Sessels heraus. »In deiner Haut möchte ich nicht stecken.«

Weinrich grinste seinen Kollegen an. »Tust du ja auch nicht. Du bist ja nur Vertriebsleiter.«

Jetzt fuhr der Schreck bei Schönfelder ein. »Ich?«

Antonio beeilte sich, den Faden weiter zu spinnen.

»Ja, Signore Hebet. Da brauche isch auch noch vier Unnerschrifte.«

Antonio stand auf und verschwand. »Bin gleisch widder da. Hole nur de Papiere«.

Schönfelder machte große Augen. »Sag mal, das geht doch nicht! Der kann mich doch nicht einfach so ...«

»Hat er ja auch nicht. Ich habe dich ja zum Vertriebsleiter gemacht. Und Antonio hat mitgespielt. Jetzt spielt er halt sein eigenes Spiel. Ist sein gutes Recht«, klärte Weinrich seinen Kollegen über die italienischen Geschäftspraktiken auf.

»Scheißspiel«, murmelte Schönfelder und goss Wein nach.

»Der ist gut«, stellte er anerkennend fest, als er seine Nase in das bauchige Glas hielt.

»Auf den Herrn Geschäftsführer!«

Der ließ sich das nicht zweimal sagen, und das Zusammentreffen der Weingläser hörte sich sehr melodisch an.

»Auf den Vertriebsleiter!«

Nachdem der Wein in den Mägen angelangt war, sinnierte Schönfelder weiter. »Aber das geht doch alles mit rechten Dingen zu, oder?«

Weinrich hing locker in seinem Sessel, ließ den im Glas verbliebenen Wein leicht kreisen und entgegnete lakonisch: »Legal, illegal, scheißegal.« Eine Antwort, die Schönfelder keineswegs schlauer machte.

Auch aus den Papieren, die Antonio ihm zum Unterschreiben vorlegte, wurde Schönfelder nicht schlau. »Hier Commissario. Und hier, hier, und dann noch hier.«

»Da ist ja nur der Briefkopf und sonst nichts«, protestierte er, als er seine Autogramme am Ende der Seiten jeweils über den Aufdruck »Vertriebsleiter« setzte.

»Ja, das Schreibe mache mir, wenn so weit iss«, lächelte Antonio, sagte artig »Vielen Dank, Herr Vertriebsleiter« und brachte die Blankodokumente wieder an ihren geheimen Platz im Büro.

»Mein Gott, auf was habe ich mich da eingelassen«, stöhnte Schönfelder.

»Vielleicht bist du jetzt verantwortlich für eine große Waffenlieferung an islamistische Terroristen. Oder für den Import von mehreren Tonnen Kokain und Heroin, getarnt und deklariert als geriebener Parmesan.«

»Genug«, wehrte sich Schönfelder und schlug die Hände über dem Kopf zusammen. »Ich will es gar nicht wissen.« Der Kommissar war außer sich.

»Komm«, tröstete Weinrich den Kollegen. »So schlimm wird es schon nicht werden. Antonio weiß, was er tut. Der reitet niemanden in die Scheiße. Verlass dich drauf! Und wenn doch was schief geht, sparst du die Miete für eine neue Wohnung. Dann lebst du den Rest deiner Tage auf Staatskosten, und vielleicht kommt dich auch Gerda ab und zu besuchen.«

Diesen Witz quittierte Schönfelder mit einem Schnauben. »Auf Damenbesuch musst du freilich im Kittchen verzichten, weil deine Britta zur gleichen Zeit im Frauenknast sitzt. Wegen Beihilfe zu einem Mord.«

Weinrich gab sich geknickt. »Musst du wieder Salz in die Wunde streuen?«

»Wer hat denn angefangen, wieder Öl ins Feuer zu kippen? Ich bestimmt nicht.«

Aber der Funke des erneut aufkeimenden Streits zwischen den beiden wollte nicht zur Flamme werden.

»Ja, ist ja gut«, gab Weinrich leicht genervt nach, winkte ab und griff sich sein Glas.

»Prost Herbert.«

»Prost Mario.«

»Weißt du, auf was ich jetzt Lust habe?«, meldete sich Schönfelder zurück.

Mario zuckte die Schultern. »Nein. Auf was denn?«

Schönfelder schaute versonnen auf das Chaos im Schuhregal. »Auf gar nichts.«

»Geschnitten oder am Stück?«, fragte Weinrich schlagfertig zurück.

Schönfelder war bedient. Er sah sich schon wegen seiner Beteiligung an einem windigen Im- und Exportgeschäft auf der Anklagebank sitzen.

»Sag doch mal selbst!«, suchte er Trost bei Weinrich.

»Ich sage dir nur, dass ich ohne meinen Anwalt nichts sage.«

Herbert Schönfelder ließ seinen Zeigefinger in Weinrichs Richtung schnellen: »Siehste!«

Weinrich winkte ab. »Ach was. Herbert, in zwei Monaten sind wir wieder gelöscht und raus aus der Sache. Du hast doch gehört, was Antonio gesagt hat. Dann sind wir aus dem Schneider.«

Schönfelders Augen wurden groß und größer. Auf einmal war ihm wieder gegenwärtig, warum er vor einigen Stunden eigentlich in Weinrichs vermeintlicher Firma aufgetaucht war. Denn die Neuigkeiten aus der Jänischke-Vernehmung sollte Mario schnellstmöglich erfahren. Doch die Gedanken an den Fall Schneider verschwanden bereits wieder in dem dicken Nebel, der in Schönfelders Kopf waberte und jeden klaren Gedanken seiner Kontur beraubte.

Der nächste Tag versprach keine Besserung. Im Gegenteil. Es gewitterte und stürmte erneut. Über den Ermittlern lag eine Schlechtwetterzone, die sich im Inneren der Polizeibehörde fortsetzte. Die ans Fenster klopfenden Regentropfen waren die Begleitmusik eines Tiefdruckgebiets. Und dazu ein Kater, der schmerzvoll bestätigte, dass man Unglück nicht ertränken kann. Es kommt zurück und bringt sich nur noch kraftvoller in Erinnerung, sei es auch nur in Form eines pulsierenden Zwischenhirns, das krampfhaft versucht, den Gefühlshaushalt wieder in Ordnung zu bringen.

Schönfelder fand sich auf der Couch in Weinrichs Wohnzimmer wieder, als das Telefon schrillte.

»Geh doch mal einer ran«, stöhnte er.

Weinrich erschien wankend im Türrahmen, der ihm als Stabilisator für inneres und wohl auch äußeres Gleichgewicht diente. Sein Blick irrte suchend umher. Das Telefon fand sich letztlich, als Ironie des Schicksals, unter einigen Schuhkartons wieder.

»Hier Weinrich«, krächzte er in die Muschel.

»Verdammt Mann, wo bleiben Sie?«, eröffnete sein Kollege den Donnerhagel. »Sie sollen zu Huber, und es ist schon halb elf.«

Weinrich riskierte einen Blick durch die nassen Fenster ins graue Einerlei. »Abends oder morgens?«

»Lassen Sie bitte Ihre Späße, hier ist mächtig was los. Wo ist überhaupt Schönfelder? Zu Hause ist er nicht zu erreichen.«

»Der ermittelt in der Möbelbranche«, meinte Weinrich trocken und nickte seinem Kollegen auf der Couch aufmunternd zu.

»Was soll das? Wollen Sie mich auf den Arm nehmen?«
Sein Telefonpartner, der ansonsten im Büro gegenüber residierte, schien keinen Sinn für Scherze zu haben.

»Bringen Sie Schönfelder mit und zwar schnellstens.« Dann legte der Kollege auf, der Weinrich an einen kläffenden Köter erinnerte, dem man gerade den Knochen weggenommen hatte. Wahrscheinlich stand Huber neben dem Apparat, dachte Weinrich.

»Wieso Möbelbranche?«, meldete sich Schönfelder vom Sofa. »Fiel dir nichts Besseres ein?«

»Soll ich sagen, du liegst hier mit dickem Kopf und stinkst nach Wein wie ein Kellermeister?«

Schönfelder schien einen Augenblick zu überlegen. »Warum nicht?«, sagte er dann. »Irgendwann müssen wir mit der Wahrheit anfangen.«

»Wahrheit, Wahrheit«, japste Weinrich wie ein Fisch auf dem Trockenen nach Luft.

Mühsam erhob sich Schönfelder.

»Wir sollen zum Chef, dringend«, ergänzte Weinrich und griff nach seiner Jeans, die zerbeult auf dem Boden lag.

Eine Rundumbestäubung aus der Deoflasche von Boss erübrigte die Morgenwäsche.

»Fertig«, sagte er. »Wir können los.«

»Was ist mit Kaffee?«, stöhnte Schönfelder, der Mühe hatte, mit Weinrichs Tempo Schritt zu halten. »Ich bin ein alter Mann, ich brauche etwas gegen Kopfschmerzen.«

Weinrich griff in die Schublade seiner Regalwand und warf dem Kollegen eine Packung Aspirin zu.

»Soll ich die kauen?«, spöttelte Schönfelder.

Weinrich deutete mit dem Daumen in Richtung Küche. »Dort ist die Tränke.«

»Was hab ich eigentlich gestern gesagt?«, wagte Schönfelder eine Frage.

»Irgend etwas von Lebenslüge. Auf jeden Fall nichts Nettes.«

»So schlimm?«

Weinrich nickte. »Und ich?«

»Seniler Tattergreis«, rekapitulierte Schönfelder das gestrige Wortgefecht.

Weinrich verzog bedauernd das Gesicht. »Dann sind wir ja quitt.«

»Ich kann mich sowieso an kaum etwas erinnern«, meinte Schönfelder versöhnend.

»Mir geht's genauso«, stimmte Weinrich erleichtert zu, und im gemeinsamen Einverständnis versank der gestrige Streit im Nebel des Vergessens.

»Wir müssen los«, drängte Weinrich zum Aufbruch und warf Schönfelder einen Motorradhelm zu. Mit sichtlichem Unbehagen folgte Schönfelder seinem Juniorkollegen zu dessen heißen Ofen, wagte aber keinen weiteren Protest. Weinrich zog den Kinnriemen seines Helms fest. Ein Druck auf den Elektrostarter, und die Harley bellte los. Breitbeinig saß Weinrich auf dem PS-strotzenden Zweirad, Schönfelder folgte zögernd.

»Angst?«, grinste Weinrich und drehte am Gasgriff, dass der Motor drohend aufheulte.

Doch Schönfelder ignorierte Weinrichs Imponiergehabe durch Schweigen.

»Fahr los!«, sagte er und krallte die Hände in die Sitzbank. Der kalte Fahrtwind pfiff ihnen entgegen. Jede Kurve sorgte bei Schönfelder für neue Schweißausbrüche. Sich auf der Maschine zu halten und Weinrichs Kurvenlage durch Gegensteuern mit dem ganzen Körper nicht im Sturz enden zu lassen, erforderte seine ganze Aufmerksamkeit. Erst als sie mit donnerndem Motorgrollen, das von den umliegenden Häuserwänden noch verstärkt wurde, in den Hof der Polizeidirektion einrollten, entspannte sich Schönfelder.

»Jetzt wissen alle, dass wir da sind«, sagte er spöttisch.

»Das ist doch auch der Sinn des Ganzen«, konterte Weinrich mit sichtlicher Genugtuung und suchte die Fassade des Gebäudes nach an den Fenstern klebenden Gesichtern ab. Doch es zeigte sich niemand, und für einen Moment schien so etwas wie Enttäuschung auf Weinrichs Gesicht zu stehen.

Der Aufzug in den siebten Stock rumpelte verdächtig, so als habe er unter der Last der beiden Ermittler zu schwer zu tragen und wolle seinen Dienst verweigern. Weinrich hämmerte mit der Faust an die Schalttafel, allerdings ohne den gewünschten Effekt. Lediglich eine Warnleuchte begann rhythmisch zu blinken.

»Sei vorsichtig mit alten Leuten«, mahnte Schönfelder.

»Da ist wohl eine Lampe durchgebrannt«, meinte Weinrich fachkundig.

»Ganz wie bei ...« Weiter kam er nicht, denn die Aufzugtür öffnete sich mit einem letzten Schnaufen, und der Blick wurde frei auf das Vorzimmer des obersten Hanauer Ordnungshüters.

»Sie sind da«, meldete die Empfangsdame ihrem Chef, als sie das Duo erblickte. »Sie sollen in den Konferenzsaal kommen«, sagte sie. Und im Vorbeigehen: »Sie sehen furchtbar aus, wie aus dem Müllcontainer.«

»Danke für Ihre Anteilnahme. Wir waren auf Ermittlung im Untergrund. Es ist nicht ansteckend«, fügte Weinrich beruhigend hinzu, als er den besorgten Blick der Sekretärin sah.

»Mich wundert es, dass du hier noch Freunde hast.«

Schönfelders Spitze stach ins Leere. Weinrich tat, als höre er die Bemerkung gar nicht. Gemeinsam betraten sie den schmucklosen Raum. Polizeidirektor Huber und eine Handvoll weiterer Kollegen starrten die Neuankömmlinge an, als seien sie ungebetene Besucher einer Party, bei der sich eine Überzahl an Gigolos um die wenigen Frauen bemüht und keine weitere Konkurrenz dulden möchte.

»Ist das hier ein Tribunal?«, schimpfte Schönfelder.

»Setzten Sie sich bitte!«, kam Huber sofort zur Sache. »Meine Damen und Herren, darf ich Ihnen das Phantom vorstellen«, begann Huber an die Kollegen gewandt. Und mit spitzem Finger auf Weinrich deutend. »Ich dachte schon, Sie sind nur als Behördengeist unterwegs. Immer flüchtig und nie da, wenn man Sie braucht.

Hier ein Auszug aus der Presse, meine Herren, damit Sie einmal erfahren, wie man Ihre Arbeit in der Öffentlichkeit goutiert«, wobei er letztes Wort so aussprach, als habe er eine saure Zitrone zwischen den Zähnen.

»Polizei hilflos«, »Spurlos im Fall Schneider«, »Das ungesühnte Verbrechen«, »Hanauer Geschäftleute machen sich für privaten Sicherheitsdienst stark«.

Das Duo überflog die Schlagzeilen.

»Alles wie immer«, ließ sich Weinrich zu einer Bemerkung hinreißen.

»Richtig, meine Herren«, zischte Huber, dessen Gesicht leichte rötliche Flecken der Erregung aufwies. »Das beweist Ihren mangelnden Einsatz«, schnaubte der Chef.

Was folgte, war ein Sturm, begleitet vom Regen, der an die Scheiben trommelte und so den Rhythmus vorgab. Huber hob zu einer wortgewaltigen Tirade an, die in Vorwürfen und sogar Beleidigungen gipfelte. Die Worte »Weinricher Großmannssucht« fielen. Auch Schönfelder blieb vom Worthagel nicht verschont.

»Sie sind so gut wie nie zu erreichen. Wo verdammt treiben Sie sich herum? Sie sehen aus wie – verzeihen Sie die Bemerkung – abgetakelte Saufnasen, und Ihr Parfüm, Weinrich, stinkt zum Himmel. Ich habe Ihre ständigen Provokationen satt. Sie sind ein Profilneurotiker. Wenn Sie wenigstens Ihre Arbeit tun würden, für die Sie der Steuerzahler bezahlt ... und dass Sie, mein lieber Schönfelder, hier nicht auf den Kollegen einwirken konnten, ist eine wahre Enttäuschung. Was ist nur mit Ihnen los?« Huber bebte.

»Frauen ...«, lächelten beide gequält und provozierten den Dienstherrn nur noch mehr.

Der Vulkan Huber explodierte.

»Sie treiben sich im Puff herum, während hier alles untergeht?« Aus den rötlichen Flecken wurde ein feuerroter Ball, der einen nahenden Gehirnschlag ankündigte.

»Ich sollte Sie rauswerfen ... Ihre bedauernswerte Frau.« Huber sank zusammen.

»Sie liegen falsch, Chef«, protestierte Schönfelder, doch Weinrich, der die Aussichtslosigkeit der Lage erkannte, hielt ihn am Arm zurück.

»Nun, das ist Ihre Privatsache«, fuhr Huber, der Fahrt aufgenommen hatte, fort.

»Was haben Sie im Fall Schneider anzubieten?«, kehrte er unvermittelt zur Tagesordnung zurück, doch die Frage erwies sich als rhetorische Leerformel. Eine Antwort wurde nicht erwartet.

Kleinigkeiten genügten, um weitere Eruptionen auszulösen. Hubers inneres tektonisches Plattengefüge war in seinen Grundsätzen verschoben. Er sah das Gespenst einer Pensionierung heraufziehen, das seinem Nachfolger einen ungelösten Fall hinterlassen würde, der auch noch auf schlechte Ermittlungsarbeit zurückgeführt werden musste.

»War jemand von Ihnen in der Firma des Opfers?«

Schönfelder nickte und wollte erklären, kam aber nicht dazu.

»Sie vernachlässigen die Grundsätze polizeilicher Ermittlungsarbeit«, stellte Huber fest. »Deshalb habe ich mir erlaubt, Stieglitz und Watson mit dem Fall zu beauftragen.«

Huber hielt suchend Ausschau nach den beiden, doch ihre Stühle waren leer. Huber kaute auf seiner Unterlippe und fügte leise hinzu: »Des weiteren entbinde ich Sie von der Leitung des Falles. Ich übernehme selbst. Nach den Beschwerden von Witwe Schneider über ungehobeltes Auftreten bei einer unangekündigten Vernehmung sowieso.«

Damit war es raus. Weinrich und Schönfelder waren abserviert.

Stieglitz und Watson erschienen zum Ende der Sitzung mit roten Köpfen, eine Duftspur strengen Schweißgeruchs hinter sich herziehend. Der Sonderauftrag schien ihnen das Äußerste abzuverlangen. Unter dem Arm trugen sie einen dünnen Aktendeckel, den sie vor Huber ablegten.

»Und?«, bellte Huber.

»Nichts, Chef. Die Firma ist sauber«, schnaufte Stieglitz.

»Und Schneider?« »Der auch«, ergänzte Watson.

In knappen Worten zeichneten die beiden ein Bild des Technikers Schneider, fachlich gut, aber machtbesessen, der unbedingt nach oben wollte. Dafür war ihm jedes Mittel recht. Mit Partys und Golf hatte er sein Netzwerk geknüpft und sich so in den Aufsichtsrat hoch gearbeitet.

»Steht alles da drin«, schloss Stieglitz und deutete mit dem Zeigefinger auf den gelben Aktendeckel.

Huber griff mit spitzen Fingern nach den mageren Unterlagen. Schönfelder und Weinrich konnten ein Grinsen nicht unterdrücken. Eine Untersuchung der Firma war in ihren Augen vergeudete Zeit. Hubers Blick streifte die beiden. Das Magma in Huberts Adern stieg nach oben, doch der Ausbruch blieb diesmal aus. Stattdessen verkündete Huber das Ende der Sitzung. Das Beben war vorüber. Weinrich und Schönfelder bewegten sich schweigend in Richtung Aufzug.

»Ich muss noch einmal ins Büro«, sagte Schönfelder. Auf dem Schreibtisch lag eine Mitteilung über die Ermittlungsanfrage zu Britta Dupont, die Schönfelder von einem Kollegen der Finanzaufsicht zugesteckt bekommen hatte. Die Notiz wollte er dem liebeskranken Mario nicht vorenthalten.

»Hier, Nachrichten von deiner ausgeflogenen Taube«, sagte er, als er zurückkam und Mario ein DIN-A4-Blatt überreichte. Sie hatte einen Termin bei der Finanzermittlung, ist aber nicht erschienen, las Weinrich.

»Sie wollten wohl Näheres über ihr Geschäftsgebaren wissen«, fügte Schönfelder hinzu.

Weinrich lachte. »Dann ist sie ja gar nicht wegen mir abgehauen?«

Schönfelder breitete hilflos die Arme aus. »Bin ich Hellseher?«

Weinrichs Laune stieg, daran änderte auch ein defekter Aufzug nichts. »Außer Betrieb« stand auf einem hastig geschriebenen Zettel.

Vor ihnen lagen sieben Stockwerke ungewohnten Fußwegs bis ins Erdgeschoss. Das Treppenhaus wirkte wie eine endlose Abwärtsspirale, ehe sie den Hof des Gebäudes erreichten. Wenigstens der Regen hatte aufgehört.

»Das Leben spricht wieder mit uns«, meinte Weinrich mit Blick auf den Himmel und den aufreißenden Wolkenfeldern.

»Ich muss mal mit Gerda sprechen«, sagte Schönfelder und zog sein Mobiltelefon aus der Tasche. Doch am anderen Ende der drahtlosen Verbindung nahm niemand ab.

»Das wird wieder«, versuchte sich Weinrich als emotionaler Haltegriff für angegriffene Seelen. »Dreißig Jahre Ehe wirft man nicht einfach so weg.«

Dann startete er die Harley.

»Was nun?«, fragte Weinrich kurz.

»Alles, nur kein Alkohol«, kam die prompte Antwort.

»Was hältst du davon, wenn wir uns zur Abwechslung mal mit Schneiders Lebensgewohnheiten beschäftigen?«

»Wir sind raus aus dem Fall«, erinnerte Schönfelder seinen Kollegen, dessen Gedächtnisleistung unter den Ereignissen der letzten Tage gelitten zu haben schien.

»Eben deshalb«, ließ sich Mario nicht abweisen. Sein Ego war angeschlagen. Dass Huber sie vom Fall abgezogen hatte, schmerzte. Und Schmerz war etwas, was Weinrich zeitlebens bekämpfte.

Weinrich hatte die Trotziges-Kind-Haltung eingenommen. »Wie wäre es mit Golf spielen?«, grinste er.

Schönfelders Blick ging ins Leere, was Weinrich als Zustimmung interpretierte und den Gang einlegte. Schönfelder spürte eine bedrückende Leere. Fall weg, Frau weg. Es war, als ob ihn das Leben verlassen hätte.

Häuser rauschten am Rande seines Blickfelds verschwommen vorbei, wie Stationen seines Lebens. Seine Ehe war seit Jahren nur noch ein Durchhalten. Zu feige und zu bequem, um der alternden Liebe eine neue Frische zu geben, aus Angst, den Status Quo, an den er sich so gewöhnt hatte und der ihm Sicherheit gab, zu verlieren. Stattdessen flüchtete er in seine Rosenzucht. Von Gerda anfangs mit Argwohn betrachtet, hatte sie sich damit arrangiert. Ihre Hoffnungen aber, seine vorgezogene Pensionierung sei gleichbedeutend mit mehr gemeinsamer Lebenszeit, wurden enttäuscht. Der Dünger fehlte, den erhielten an ihrer Stelle seine Rosen im Übermaß. Eifersucht und Enttäuschung waren die Ernte, die auch die prächtigsten Blüten seiner »Fairy Cristal« und »Felicityrosen« nicht überdecken konnten.

Auch Weinrich hing während der Fahrt dunklen Gedanken nach. Er fühlte sich wie ein Getriebener, verfolgt von den Erwartungen und Forderungen Hubers, dem die öffentliche Meinung im Nacken saß. Weinrich und Schönfelder hatten es auszubaden, waren im Hamsterrad, in das sie nie einsteigen wollten, längst Teil des Getriebes geworden. Mit ausdruckslosen Gesichtern erklommen die Nager Stufe um Stufe des Rads, wurden zu stummen Befehlsempfängern einer unsichtbaren Macht, die klaglos ausführten, was von ihnen erwartet wurde.

Schließlich erreichten sie den Golfplatz in Hanau-Wilhelmsbad. Die Spukfahrt hatte ein Ende.

»Ich bin müde«, meinte Weinrich, nachdem er den Motor ausgeschaltet hatte.

»Kein Wunder nach der Nacht«, tröstete ihn Schönfelder. »Ich bin auch müde, hinter Ganoven her zu rennen.«

Weinrich klopfte seinem Kollegen aufmunternd auf die Schulter.

»Aufgeben gilt nicht«, sagte er und packte die Helme ins dafür vorgesehene Fach unter dem Sitz des Bikes. Doch in seinem Inneren fragte auch er sich, was er hier sollte, in einer Welt, die nicht die seine war. Es war der Schmerz der Erinnerung an Britta, der ihn hierher trieb. Hier hoffte er Linderung zu finden, ausgerechnet am Ort des gemeinsamen Glücks, der die schmerzende Wunde nur weiter aufriss.

»Wir müssen uns Schläger besorgen«, sagte Weinrich auf dem Weg zum Empfang. »Dann hauen wir mal so richtig auf die Kugel.«

Schönfelder nickte und zeigte theatralisch ein Siegeszeichen.

»Sind Sie Mitglied?«, holte sie die Rezeptionistin in die Wirklichkeit zurück.

Weinrich schüttelte den Kopf. »Das geht auf Frau Dupont«, sagte er schließlich.

»Tut mir leid, Frau Dupont hat sich bei uns abgemeldet.«

»Und wo ist sie jetzt?«, bohrte Weinrich nach.

»Das darf ich Ihnen leider nicht sagen«, antwortete die Dame in ihrer auswendig gelernten Stereotype, die für alle Vorzimmerdamen der Welt zur Grundausrüstung zu gehören scheint.

»Sie dürfen«, griff Schönfelder in das Geschehen ein, und legte seinen Polizeiausweis auf den Tresen.

Die Dame erschrak, und als sie sich aus ihrer Schockstarre gelöst hatte, sprudelten die Informationen nur so: Ile La Réunion, das französische Überseedepartement unter karibischer Sonne. Schönfelder bedankte sich höflich und orderte eine Golfausrüstung. Plötzlich ging alles wie von selbst. Sie bat nur darum, möglichst kein Aufsehen zu verursachen. »Der Gäste wegen.«

»Seien Sie unbesorgt«, beruhigte sie Schönfelder. »Ich habe meinen Kollegen im Griff. Er beißt nur, wenn man ihn ärgert.« Zur Bestätigung knurrte Weinrich leise, ließ dem Kollegen aber ansonsten freie Hand und genoss die Macht, die von einer kleinen Plastikmarke ausging.

»Wieso meldet sich die Dame ab und lässt ihre Adresse da? Jeder Ganove versucht seine Spuren zu verwischen, aber sie legt Brotkrumen aus. Damit wir sie auch ja nicht übersehen?«

Weinrich biss sich auf die Zähne. »Aber einen Mord begehen, das würde sie nie.« Noch weigerte er sich vehement, Britta in den Kreis der Verdächtigten einzubeziehen. Schönfelder legte väterlich die Hand auf Weinrichs Schulter. Dabei verdrehte er die Augen, was so viel heißen sollte wie: »Träum weiter, mein Junge.«

»Du kannst nicht klar denken«, sagte er, und äußerte zugleich Verständnis für die Gefühlslage seines Kollegen. »Ginge mir genauso.« Damit war das Thema Britta beendet.

»Wonach suchen wir?«, forschte Schönfelder bei seinem Kollegen nach, während sie auf der Driving Range ihre Bälle durch die Luft hämmerten. Schönfelder schlug sich für einen Senior ohne Golferfahrung erstaunlich gut, musste Weinrich neidvoll zugestehen und vermutete heimliche Übungsstunden bei seinem Spezi Manfred, der hier als Greenkeeper arbeitete. Mit jedem Schlag löste sich ein Teil der Anspannung. Der Ärger flog mit den Bällen in weite Ferne, getragen vom Schweiß der gemeinsamen Anstrengungen.

»Man muss im inneren Gleichgewicht sein, um den Ball zu treffen«, hatte Britta Mario einst als Tipp mit auf den Weg gegeben. Diese Balance war ihm, im Strudel der Ereignisse, abhanden gekommen.

»Abwarten«, sagte Weinrich knapp. Ein Liedtext von den Fantastischen Vier kam ihm in den Sinn. »Der Krieger erwacht, er wurde über Nacht zum Krieger gemacht, wir haben die längste Zeit mit Warten verbracht, es uns bequem gemacht ...«

»Bisschen schwülstig«, kommentierte Schönfelder Weinrichs Rapversuche.

Doch Weinrich spürte in sich neue Energie.

»Machst du jetzt auf Meister Proper?« Schönfelder beobachtete Weinrichs Verwandlung aus dem Augenwinkel, denn dieser hatte sich aufgerichtet, als ginge ein Ruck durch seinen Körper, hervorgerufen durch Spinat oder eine andere Droge. Golf ist die Tür zur großen Welt. Weinrich wollte raus aus dem Mief der Kleinkriminalität, raus aus Armut und Not, rein in Reichtum und Überfluss. In gewissem Sinne hatte Huber recht. Er war ein Großkotz, ein Möchtegern, doch er wollte sich nicht mit dem Schicksal zufrieden geben. Er wollte mehr. Mit einem Wort – alles.

Weinrich zeigte Schönfelder die Pose kräftiger Muskelmänner und ließ seinen Bizeps spielen. Schönfelder tippte sich an die Schläfe.

»Das braucht man«, sagte er. »Wir werden sehen«, forderte er seinen um Jahrzehnte älteren Kollegen heraus.

Alte Eichen säumten den Weg, deren Äste wie leere Gerippe in den Himmel ragten. Der Wind hatte die Blätter ziellos über das Grün verteilt. Die Saison neigte sich dem Ende zu, und Greenkeeper Manni hatte alle Hände voll zu tun, um für einen perfekten Rasen zu sorgen. Mit dem Sauger schwebte er über den Rasen, damit kein Blatt den Abschlag der Golfer stören möge.

Sie waren noch nicht weit gekommen, als eine Stimme rief: »Hallo, hallo ...«

Keuchend kam der Mann näher. Es war Mahindra Singh, Geschäftsmann vom indischen Subkontinent, der den Golfplatz zu seinem zweiten Wohnsitz erklärt zu haben schien. Denn hier war er fast täglich anzutreffen, wie er erklärte.

»Gestatten Mahindra Singh, wir haben uns auf der Party von Herrn Bodner getroffen«, brachte er sich außer Atem in Erinnerung. »Und Sie waren doch einmal mit Frau Dupont hier?«, wandte er sich an Weinrich.

Die Angesprochenen nickten verblüfft.

»Ich habe heute keinen Flightpartner, und da dachte ich, wir könnten ein Spiel zusammen machen?«, schlug er vor.

»Sie haben ein erstaunliches Gedächtnis«, sagte Weinrich.

»Ja. Indien ist ein altes Land mit langer Tradition, da muss man eine Menge im Kopf behalten können, allein die vielen Götternamen, das schult das Gedächtnis fürs Leben«, sagte er scherzend.

Ein fragender Blick in die Runde, und das Okay für einen sportiven Wettkampf war schnell gegeben. Mahindra Singh war, was Golf anbetraf, auf der Höhe. Ganz wie sein Land, das den Anschluss an den internationalen Markt gefunden hatte, spielte Singh die beiden Ermittler in Grund und Boden.

»Ich hoffe, Ihr Schuhgeschäft läuft besser als Ihr Spiel«, versuchte er seine Gegner mit ein paar freundlichen Worten bei Laune zu halten.

Weinrich ließ den Schläger sinken. »Woher ...«

»Frau Dupont, Sie erinnern sich doch, hat mir von Ihrem Geschäft erzählt, eine interessante Idee.«

»Finden Sie?«

Weinrich schien irritiert. Hatte Britta hier an seiner Zukunft gestrickt, ohne dass er davon wusste?

Was folgte, war ein Gespräch über Geschäftliches. Mahindra Singh wollte wissen, woran er mit Weinrich war. Und dieser war ebenso neugierig, was dessen Kontakte zur Witwe Schneider betraf.

»Rein geschäftlich«, sagte Singh. »Vielleicht ein bisschen mehr. Frau Schneider ist eine interessante Persönlichkeit.«

Schönfelder folgte der Konversation gelangweilt. Weinrich, der bemerkte, dass sich sein Kollege einem Dämmerzustand näherte, stellte ihn kurzerhand als Vertriebsleiter seines Schuhimperiums vor. Singhs prüfender Blick wanderte zu Schönfelder.

»Ich dachte, Sie arbeiten in der Sicherheitsbranche.«

Schönfelder spürte einen unvermuteten Schlag in die Kniekehlen und schickte einen bösen Blick in Weinrichs Richtung.

»Das stimmt«, sagte Schönfelder an Singh gewandt. »Aber nur ... teilweise. Die übrige Zeit ... arbeite ich im Vertrieb bei ...« und damit deutete er auf Weinrich, ohne dessen Namen auszusprechen. Zu peinlich erschien es ihm, als Angestellter seines jungen Kollegen betrachtet zu werden.

Singh nickte verständnisvoll. »Wie in Amerika«, sagte er mitfühlend. »Ein Job macht die Familie nicht satt, nicht wahr?«

Schönfelder lächelte gequält. »Tja ... was soll man machen«, sagte er und biss sich auf die Unterlippe. Jetzt stand er als armer Trottel vor Singh und fürchtete, dass dieser ihm am Ende einen Spendenscheck überreichen würde.

Längst hatten sie den Abschlagspunkt von Loch 3 erreicht, und Schönfelder versuchte mit einem mächtigen Schlag, der leider zu kurz geriet, Boden gut zu machen.

»Wind«, versuchte Singh eine Erklärung und zeigte mit der Handfläche nach vorn. Doch leider strömte der Luftzug von Achtern und hätte die Kugel so mit einer Portion Extraschub in Richtung Loch befördern müssen.

»Geben Sie sich keine Mühe«, sagte Schönfelder, »wir sind miserable Golfspieler.«

Eine Erkenntnis, die im Lachen der Gesellschaft erträglich wurde. Die heitere Stimmung nahm Singh zum Anlass, nach Weinrichs Expansionsplänen zu fragen.

»Sie meinen, italienische Schuhe für die indische High Society?« Weinrich wagte eine Vermutung ins Unbestimmte und traf. Weinrich erinnerte sich an einen Artikel, den er in der Klinik gelesen hatte, um die Langeweile zu vertreiben. Indiens neue Oberschicht kaufte demnach alles, was aus dem Westen kam und Status versprach. Von Schuhen bis Designerklamotten. Singh nickte.

»Wie hoch sind Ihre Prozente?«, übte sich Weinrich im Turbokapitalismus, was für ihn hieß, so schnell wie möglich zur Sache zu kommen.

Singh schien nicht überrascht über Weinrichs forsche Art. »Zwanzig«, sagte Singh verschmitzt. »Zehn«, hielt Weinrich dagegen. Der Kampf war eröffnet. »Spielt doch drum«, meinte Schönfelder sarkastisch.

Singh schien zu überlegen und sagte schließlich: »Für jeden Schlag, den Sie mehr brauchen als ich, erhalte ich ein Prozent mehr.«

Schönfelder ahnte Schlimmes und wollte Weinrich zurückhalten, doch zu spät. Der Keim des Welteroberers und Ich-bin-der-Größte-von-allen war in Weinrich, trotz der mächtigen Erschütterungen, noch nicht besiegt.

»Hand drauf«, sagte er.

Von da an spielten die beiden Businessgolf, bei dem Schönfelder zum Caddy degradiert wurde und schweigend die Schläger trug. Bei einem Ergebnis von 18 Prozent lochte Weinrich ein. So gesehen hatte er zwei Punkte gewonnen und konnte zufrieden sein.

»Trinken wir noch einen Schluck?«, fragte Singh zum Abschluss der Platzrunde.

»Ich dachte, Inder trinken keinen Alkohol?«, warf Schönfelder seine Indienkenntnisse in die Runde.

»Mein Lieber, die Prohibitionszeit liegt lange zurück«, war die lachende Antwort des sympathischen Chefs von Singh Enterprises, und Schönfelder fühlte sich dabei ertappt, nichts über ein Land zu wissen, das zugegebener Weise weit, sehr weit von Steinheim entfernt lag.

An der Golfbar orderte Singh eine Flasche vom Echten, was Champagner bedeutete. Schönfelders Vorsätze, keinen Alkohol zu trinken, gingen in den Blubberblasen des edlen Gesöffs unter.

201

»Auf eine gute Zusammenarbeit«, brachte der Inder einen Trinkspruch heraus. Die Gläser klirrten, die Stimmung war bestens, als Weinrich erstaunt zu Schönfelder rief: »Da, die Schneider.«

Und tatsächlich erschien an der großen Glasfront die flüchtige Silhouette der Witwe.

»Die Dame ist des Öfteren hier«, sagte Singh. »Allerdings meist erst später. Sie hatte nicht so viel Vertrauen in ihren Mann, wenn Sie verstehen, was ich meine?«

Die Ermittler verstanden nur zu gut. Schneiders Lebensführung schloss Liebschaften zum Wohle des Geschäfts mit ein. Aus dem Nebel der Ermittlungen stieg in hellen Buchstaben das Wort Eifersucht auf. Enttäuschte Liebe war das klassische Mordmotiv. Weinrich und Schönfelder tauschten Blicke. Beide schienen das Gleiche zu denken.

»Bei uns werden Ehen von den Eltern geschlossen«, unterbrach Singh den Gedankenfluss der Ermittler. »Die jungen Leute lernen sich im Laufe des Lebens lieben. Sie haben gar keine andere Wahl. Hier kann man seinen Partner wegwerfen wie, entschuldigen Sie, einen kaputten Golfball«, sinnierte Singh über seinem Glas Champagner.

Unruhig rutschten Weinrich und Schönfelder auf den Barhockern hin und her. Sie hatten die Witwe aus dem Blick ihrer Ermittlungen verloren. Eine Erkenntnis, die sich nun mit Macht in ihr Bewusstsein schob. Abrupt, aber so höflich wie möglich, verabschiedeten sie sich von ihrem Gesprächspartner.

»Ich schicke Ihnen den Vertrag in Kürze zu«, sagte der noch, und Weinrich schrieb ihm die Postadresse auf. »Ich habe einen wichtigen Termin vergessen«, heuchelte er, »Familie.« Das verstand Singh. Auch wenn sich Weinrich unwohl fühlte, erneut auf den Spuren des Lügenbarons zu wandeln.

»Bringst du mich in die Schönbornstraße?«

»Klar«, sagte Weinrich. Denn bevor sie der Dame noch einmal deutlich auf den Zahn fühlen wollten, musste

Schönfelder ein klärendes Gespräch mit Gerda führen. In ruhigem Tempo kurvten sie in Richtung Heimat. Die Harley ließ ein gleichmäßiges tiefes Tuckern vernehmen. Nachdem er den Kollegen bei sich zu Hause abgesetzt hatte, fuhr Weinrich in Richtung seines Mietbunkers.

Im Briefkasten lagen neben der obligatorischen Werbeflut ein Brief – und eine Postkarte mit der flüchtigen Schrift von Britta, die er sogleich erkannte. Sie hatte die Karte noch vor ihrem Abflug am Frankfurter Flughafen an ihn geschrieben und eingeworfen. »Schade, es hätte etwas mit uns werden können. Leider waren wir beide nicht ganz ehrlich zueinander. Vielleicht gibt es ja ein Wiedersehen, wenn der Himmel wieder klar ist. Gruß Britta«

Weinrich hielt die Karte minutenlang in den Händen. Die Hoffnung war zurück.

Der Brief trug den Absender eines SEK-Kollegen , mit dem er seinerzeit auf die Rückgabe der Harley gezecht hatte.

»Werter Kollege, da man Dich im Amt ja kaum sieht, hier eine Nachricht auf dem Postweg. Die Schuhe sind super. Meine Frau ist hin und weg. Den Kollegen geht es genauso. Wir brauchen Nachschub. Daher haben wir Dir eine kleine Bestellliste beigefügt. Mit kollegialem Gruß, Heiner«

Eine lange Liste mit den gewünschten Schuhmodellen fügte sich an. Zwei Mal Modell Milano Größe 36, drei Paar Modell Caprice, die mit den hohen Absätzen in 38 und so fort. Weinrich holte tief Luft und setzte sich auf die Stufen im Erdgeschoss. Der Tag hatte mit Verwüstung begonnen, sein Innenleben mehr als einmal durchgeschüttelt und endete nun mit Zuversicht. Wenn der Pulverdampf verzogen ist, erscheint die Welt neu, sagt ein Sprichwort. Mit der Postkarte hielt er ein Stück Hoffnung auf diese neue Welt in Händen.

Doch zugleich drängte sich der Fall Schneider wieder in den Vordergrund. Ignorieren war nicht länger möglich.

Neues Licht klärte den Blick der Ermittler, der allzu oft verstellt gewesen war. Dabei grenzte es fast an ein Wunder, dass Ergebnisse und Verdachtsmomente wie zufällig auf ihrem Tisch landeten. Weinrich lächelte angesichts der Zufälle, die sie beschenkt hatten. Zum ersten Mal, seit Britta die Flucht ergriffen hatte, kehrte so etwas wie Entspannung in sein Leben zurück. Vorbei der ständige Drang, den wilden Mann spielen zu müssen. Er hatte Helfer. Unsichtbare zwar, aber da gab es auch noch Schönfelder, auf den er zählen konnte.

Bei Schönfelder stand der eingehende Blick auf sein Eheleben an. Zu gern hätte er sich wieder auf dem Sofa des Kollegen Weinrich zusammengerollt und sich seinen schweren Träumen überlassen. Selbst ein Ledersessel, mit all seinen unangenehmen Nebenwirkungen, wäre ihm jetzt lieber gewesen als der zu erwartende Streit mit Gerda.

Ungeschickt nestelte er den Hausschlüssel aus der Tasche. Zwischen Tempotaschentüchern, Kleingeld und seinem Herz, das ihm angesichts der bevorstehenden Szene dorthin gerutscht war, fand er schließlich auch seinen Schlüsselbund. Noch einmal tief durchatmen, und dann gab es kein Zurück mehr.

»Gerda?« Schönfelder wählte die Flucht nach vorne und kündigte sich durch lautes Rufen an, noch bevor er die Haustür wieder geschlossen hatte. Keine Antwort. Aber das klappernde Geschirr in der Küche verriet ihm, dass Gerda nicht ausgeflogen war. Eine Stimme aus dem Radio verhieß strahlend blauen Himmel und angenehme Temperaturen, und Gerda hielt prüfend Teller aus der Spülmaschine gegen das Licht, den modernen Maschinen immer noch nicht restlos trauend.

Beim Umdrehen in Richtung Küchenschrank wurde sie ihres Gatten gewahr, der im Türrahmen stand und immer noch ein Bild des Jammers abgab. Gerda war vor Schreck wie gelähmt. Zwei Teller rutschten ihr aus der Hand und

204

zerschellten auf dem Küchenboden. Das Geräusch wirkte anscheinend befreiend auf die Hausfrau. Denn während sie den Kommissar im scheinbaren Ruhestand anfauchte, griff sie nach einem weiteren Teller, der die Reinlichkeitsinspektion bereits bestanden hatte, und ließ ihn kraftvoll den ersten beiden auf den Boden folgen.

»Auch mal wieder da? Was denkst du dir eigentlich?«

Und wieder ging Porzellan zu Bruch. »Einfach so hier aufzutauchen, als wäre nichts gewesen! Und wie siehst du eigentlich aus! Hast wohl die Nacht auf einer Parkbank zugebracht, was?«

Gerda feuerte aus allen Rohren Wortsalven auf ihren Ehemann, unterstrich ihre Beschimpfungen immer wieder durch einen kraftvoll zerdepperten Teller oder eine Tasse. Dann ging auch ihr die Luft langsam aus, und was in der Küche übrig blieb, waren zwei Häufchen Elend, beide am Rand der Tränen.

»Siehst aus, als könntest du einen Kaffee vertragen«, bot Gerda an.

Schönfelder nickte dankbar. »Einen starken, mit Koffein?«, schob er vorsichtig fragend nach.

Gerda nickte wortlos und schickte sich an, die Kaffeemaschine in Gang zu bringen. Zeit genug für Schönfelder, zu ersten Entschuldigungen und Erklärungen anzusetzen. Er, der immer kurz angebunden war, sprudelte förmlich und ließ nichts aus. Weder seine Verabredung mit Spiegler-Wattenbroich noch seine sonstigen Ausreden der jüngeren Vergangenheit für seine Ermittlungsarbeit verschwieg er. Schönfelder redete immer noch, als er und Gerda bereits mit dampfenden Tassen am Wohnzimmertisch saßen.

»Ich entschuldige mich auch nicht für das, was ich getan habe. Aber dafür, wie ich es dir gegenüber verpackt habe, dafür entschuldige ich mich. Außerdem sind Weinrich und ich seit heute morgen raus aus dem Fall. Huber hat ihn uns entzogen, weil wir mit unseren Methoden wohl angeeckt sind.«

Gerda schwieg und fixierte ihren Gatten so, als ob sie den Mann vor sich da eben erst kennen gelernt habe.

»Wenn du glaubst, nach deiner Beichte sei alles wieder im Lot, dann hast du dich aber gewaltig geschnitten«, brachte sie heraus. »So einfach ist das nicht, mein Lieber.«

Das wusste auch Schönfelder. Dennoch war ihm leichter ums Herz, weil er nicht mehr mit verdeckten Karten spielen musste.

»Das lässt sich nicht so leicht ausbeulen und reparieren wie das Auto. Die Werkstatt hat angerufen. Du kannst es abholen. Aber vorher solltest du duschen und dich rasieren. Du siehst fürchterlich aus. Und stinkst wie ein Wirtshaus.«

Gerda griff nach den Tassen und verschwand mit einem Seufzer in der Küche. Schönfelder hörte von seinem Sessel aus das klirrende Geräusch der Scherben, die Gerda zusammenfegte und Schaufel für Schaufel dem Mülleimer übergab.

Die Dusche tat gut. Das heiße Wasser spülte die letzten vierzig Stunden weg, das Leben kehrte zurück. Als Schönfelder noch den Rasierschaum im Gesicht hatte, klingelte das Telefon im Korridor.

»Jetzt nicht«, grummelte der Kommissar und setzte die Rasierklinge an.

»Herbert! Für dich! Mario ist dran.«

Gerda hatte abgenommen, Schönfelder schlurfte mit einem Badetuch um die Hüfte in den Flur und griff nach dem auf der Kommode abgelegten Hörer.

»Ja?«

Weinrich schien aufgeregt. »Ich hole dich sofort ab. Wir statten der Witwe Schneider auf der Stelle einen Besuch ab.«

Schönfelder erinnerte seinen Kollegen daran, dass sie ja eigentlich raus seien aus dem Fall. Ein Argument, das bei Weinrich nicht zog.

»Dir mag es ja scheißegal sein, aber bei mir geht es um

die Rehabilitation. Verstehst du? Und wenn ich danach tatsächlich alles hinschmeiße! Das Schneider-Puzzle setze ich noch zusammen.«

Schönfelder knickte ein. »Gut. Dann hole mich in zwanzig Minuten ab und fahr mich noch in der Werkstatt vorbei. Ich kann mein Auto abholen.«

Weinrich schien froh, den Seniorpartner an seiner Seite zu wissen.

»Ist gut, bis gleich also.«

Schönfelder hatte den jetzt stummen Hörer immer noch in der Hand, als Gerda aus der Küche kam und ihren Mann im Badetuch gewahr wurde.

»Hast abgenommen«, fiel ihr auf. »Fall nicht ganz vom Fleisch, wenn du jetzt mit Mario wieder ermitteln gehst.«

Schönfelder legte den Hörer auf.

»Der fährt mich nur zur Werkstatt, damit ich das Auto abholen kann«, setzte er an. Aber Gerda wusste es besser.

»Willst du mir schon wieder was vormachen?«

Schönfelder ließ die Schultern hängen.

»Nein. Die Macht der Gewohnheit. Gib mir noch eine Chance.«

Gerda baute sich vor ihrem Gatten auf.

»Von mir aus tu, was du nicht lassen kannst. Verbieten kann ich dir es nicht, zu bitten und zu betteln hat keinen Wert. Aber lüge mich nicht an! Nie mehr. Verstanden?«

Schönfelder nickte. »Verstanden«, und verschwand wieder im Bad. »Wir fahren zur Witwe Schneider. Und wenn wir es geschickt anstellen, dann machen wir den Sack jetzt zu.«

Gerda stand im Türrahmen.

»Ich denke, ihr seid raus aus dem Fall?«

Schönfelder sah Gerda mit großen Augen an.

»Ja, aber wir sind weiter dran. Man kann uns nicht einfach so vor die Tür setzen.«

Gerda zuckte mit den Schultern und machte kehrt.

»Vor einer halben Stunde hatte ich das Gefühl, dass ich

anfange, dich zu verstehen. Jetzt zweifle ich wieder ganz gewaltig daran. Aber gut, macht den Sack halt zu. Passt nur auf, dass am Ende ihr nicht im Sack steckt.«

Schönfelder beendete die Schaberei an Kinn und Backen, wischte mit dem Handtuch verbliebene Reste Rasierschaum von Nasenflügeln und Ohrläppchen und schnappte sich seine Jacke. Denn draußen wummerte bereits der Motor von Weinrichs Maschine.

Das Auto in der Hanauer Werkstatt war schnell abgeholt. Schönfelder zahlte mit seiner Unterschrift. Schließlich kam Magda Spiegler-Wattenbroich für den Schaden auf, und die Übernahmeerklärung durch deren Versicherung lag der Werkstatt vor.

»Wie neu«, meinte der Werkstattleiter noch zu Schönfelder, als der zufrieden einsteigen wollte. »Nur mit den Reifen, da sollte in nächster Zeit etwas passieren. Und der Zahnriemen ist auch bald fällig ...«, mahnte Herr Schäfer seinen Kunden.

»Wusste ich doch, dass die Sache einen Haken hat. Mit einem Schaden kommt man in die Werkstatt, mit dreien geht man wieder heim.« Schönfelder ließ die Tür sanft ins Schloss fallen und signalisierte dem vor der Einfahrt wartenden Kollegen auf seinem Motorrad, dass er abfahrtbereit war. So fuhren sie gemächlich Richtung Wilhelmsbad. Vorneweg Schönfelder in seiner reparierten Familienkutsche, dahinter Mario Weinrich auf seiner Maschine, gelangweilt vom Rentnertempo.

»Mann Herbert, du bis doch Bulle! Tritt doch mal aufs Pedal, Mannomann«, wünschte sich Weinrich, als Schönfelder vor ihm bei der Einfahrt in die Tempo-30-Zone das ohnehin bescheidene Tempo auf die vorgeschriebene Geschwindigkeit drosselte. Hinter der Harley ein immer nervöser werdender Golf. Kurze Tipps aufs Gaspedal ließen den Motor immer wieder aufheulen, im Rückspiegel sah Weinrich, dass der Hintermann auch mit der Lichthupe spielte, um die Vorausfahrenden zu mehr Tempo zu bewegen. Dann setzte der Golf mit quietschenden Reifen zum Überholen an. Erst vorbei an Weinrich und dann direkt an die Stoßstange von Schönfelder. »Waffenschmiede Wolfsburg« prangte in Großbuchstaben auf der Heckscheibe, »Wer bremst, verliert« als Aufkleber auf der Karosserie. Der Golf wollte ausscheren, an Schönfelder vorbei, doch ein entgegenkommender Wagen zwang ihn wieder derart zum Einordnen, dass er Weinrich fast von der Fahrbahn drängte. Der nächste Versuch gelang, der Golf raste an Schönfelder vorbei. In der Tempo-30-Zone.

»Dich krieg ich«, war Weinrichs erster Gedanke, und mit einem Dreh am Gasgriff ließ auch er Schönfelder hinter sich und hängte sich ans Heck des Golfs. Auf rund siebzig Stundenkilometer brachte der es in der 30-Zone. Grund genug für Weinrich, den Kleinwagen mit dem großen Motor seinerseits zu überrunden und sich demonstrativ vor ihn zu setzen. Doch seine Handzeichen zum Anhalten wurden dahinter gründlich missverstanden. Stattdessen heulte der Golfmotor wieder kräftig auf und zog auf der Gegenspur am Motorrad vorbei. Die Jagd war eröffnet und Schönfelder abgehängt.

»Warte Bursche. Dich kauf ich mir.« Weinrich überholte den Wagen rechts, denn links ließ ihm sein Kontrahent keinen Platz. Knapp hundert Meter weiter setzte sich Weinrich vor den Wagen, um dann mit einer Vollbremsung sein Motorrad quer zur Fahrtrichtung zum Stehen zu bringen. Gegenverkehr machte die Flucht des Golfs über die andere Fahrbahn unmöglich, knapp vor Weinrich kam das Auto zum Stehen. Ein Bürstenhaarschnitt mit Sonnenbrille und im Fitnessstudio getuntem Brustkorb stieg mit hochrotem Kopf aus, in der Hand eine Eisenstange.

»Komm her, du Arschloch! Hol dir was ab, du Wixer!« Mit großen Schritten kam der Autofahrer auf Weinrich zu, sich mit Schimpfkanonaden für den ersten Schlag aufwärmend. Doch soweit kam es nicht. Denn Weinrich zog Dienstausweis und Dienstwaffe gleichzeitig.

»Stange fallen lassen und Hände auf die Kühlerhaube! Sofort.«

Der Angesprochene kam ins Stocken und legte langsam den Rückwärtsgang ein.

»Ist ja gut, Mann, ist ja nix passiert. Alles okay. Krieg dich wieder ein!«

Der Überraschungseffekt war auf Weinrichs Seite, der starke Mann legte tatsächlich brav die Hände auf die Motorhaube und ließ sich abtasten.

»Ausweis, Führerschein und Waffenschein für das Gerät aus der Waffenschmiede«, forderte Weinrich, zur Unterstützung seiner Forderung immer noch mit der Pistole in der Hand.

»Ja, Moment«, war die fast verlegene Antwort, bevor ein umständliches Nesteln in den Jackentaschen begann. Inzwischen war auch Kollege Schönfelder eingetroffen und umrundete den Volkswagen neugierig, krabbelte durch die Fahrertür ins Innere und inspizierte die Ablagen und das Handschuhfach.

»Was ist jetzt mit den Papieren?« Weinrich wurde draußen ungeduldig.

»Tja, die muss ich wohl zu Hause vergessen haben«, meinte der Muskelmann. »Ich bringe sie gleich heute Nachmittag vorbei. Ehrenwort.«

Schönfelder krabbelte rückwärts aus dem Wagen, mit einem Taschentuch eine Pistole haltend.

»Dann bringen Sie den Waffenschein für dieses Gerät hier auch gleich mit«, meinte er trocken.

Ehe der Besitzer der Wolfsburger Waffenschmiede noch antworten konnte, klickten die Handschellen, und Schönfelder orderte Streife und Abschleppwagen von der Dienststelle, schilderte den Sachverhalt und gab das Kennzeichen des Golfs schon mal für die elektronische Vorarbeit durch.

»Hier gibt es nichts zu sehen! Fahren Sie weiter! Los los!« Mit der Hand machte der Kommissar scheuchende

Bewegungen zu den Autos hin, die auf der Gegenspur entlang schlichen, die Fahrer mit an die Fenster gepressten Nasen, um ja nichts von dem Krimi auf offener Hanauer Straße zu verpassen. Im Rückstau hinter dem Tatort setzte dagegen ein Hupkonzert ein.

»Ja ja! Ist ja gut!« Schönfelder war entnervt und heilfroh, als die Kollegen mit Blaulicht und Martinshorn nahten.

»Passt mir gut auf den Jungen auf. Der hat Dreck am Stecken«, gab Weinrich den Kollegen mit auf den Weg, die wenig später Mister Universum in Empfang nahmen.

»Und, was jetzt?« Schönfelder blickte seinen Kollegen Weinrich fragend an, während die Hydraulik des Abschleppwagens den Golf langsam auf die Ladefläche zog.

»Den Typen würde ich mir gerne mal vornehmen«, murmelte Weinrich vor sich hin. »Weiß auch nicht wieso. Aber ich habe da so ein Gefühl ...«

»Ach du mit deinen Gefühlen. Hast doch bei Britta gesehen, wo die dich hinführen!« Doch Schönfelder ruderte sofort zurück, angesichts des Blickes, mit dem ihn Weinrich durchbohrte. »Vergiss es. Entschuldigung. War nicht so gemeint. Ich bin noch so aufgeregt.«

Schönfelders Entschuldigung war augenblicklich angenommen. Der Golf war auf den Transporter geladen, der zum Wendemanöver langsam zurücksetzte.

»Wir können auch morgen zur Witwe Schneider. Die läuft uns nicht weg«, meinte Schönfelder.

Doch bei Weinrich kam der letzte Satz nicht an. Der Kollege verfolgte die Rückwärtsfahrt des Transporters mit großen Augen.

»Halt! Stopp!« Wild gestikulierend wollte Weinrich Schlimmeres verhindern. Doch es war zu spät. Der Transporter hing mit dem Heck bereits am Blech des gerade reparierten Wagen von Schönfelder. Scheinwerferglas klirrte, Kunststoff splitterte und Blech zerdrückte sich mit ekelhaftem Knirschen.

»Nein«, war alles, was Schönfelder angesichts des neuen Schadens noch herausbrachte, ehe sein Gesicht weiß anlief und seine Hände zu zittern begannen. Und als wäre der Frontschaden noch nicht genug! Der Transporter schob Schönfelders Opel mit dem Heck auch noch gegen ein Verkehrsschild.

»Tut mir echt leid, Herbert«, ließ Weinrich gegenüber dem Kollegen vernehmen, dem es die Sprache verschlagen und das Wasser in die Augen getrieben hatte.

»Halb so schlimm«, meinte der Fahrer des Transporters. Der Mann, der von Berufswegen anderes gewohnt war, sah sich den Schaden an. »Das richte ich Ihnen wieder. Kein Problem. Die Kiste fährt ja noch. Kommen Sie einfach mal vorbei.«

Dann dieselte der Transporter in Richtung Innenstadt davon. Der Spuk war zu Ende.

»Komm Herbert. Kopf hoch! Wir kühlen unser Mütchen jetzt mal bei unserem Freund in der Direktion.«

Weinrichs aufmunternder Schlag auf Schönfelders Schulter weckte diesen aus seiner Endzeitstimmung.

»Nein«, antwortete der. »Ich finde, wir sollten uns jetzt um die trauernde Witwe kümmern. Ich bin nämlich gerade absolut immun gegen Mitleid und Pietät.«

Damit stand die Verabredung für den nächsten Abend.

»Klein, aber verkehrstauglich«, kommentierte Weinrich das Gesicht des Kollegen beim Einstieg in seinen Mini. Schönfelders fragenden Blick nach einem auf dem Rücksitz platzierten Koffer beantwortete Weinrich mit »Verpflegung und Ausrüstung«.

»Nichts ist unangenehmer als ein knurrender Magen, während man auf das Wild lauert.«

So gerüstet, starteten sie zur Powerbeobachtung im Schichtrotationsverfahren ins Wilhelmsbader Wohngebiet. Abwechselnd sollte jeder von ihnen Frau Schneider im Auge behalten, solange bis ein verwertbares Ergebnis zur Aktion führte. Das war der Plan. Wie oft waren Gesetzesbrecher wegen mangelnden Durchhaltevermögens der Ermittler und entsprechend dünner Beweislage freigesprochen worden. Diesen Fehler wollten die beiden nicht begehen.

Die Anspannung war hoch, ebenso das Risiko des Scheiterns. Was, wenn die Witwe mit dem Mord an ihrem Ehemann nichts zu tun hatte und sich der Verdacht als Irrtum herausstellen würde? Weinrich schaltete die Scheinwerfer aus und parkte den Wagen zwischen zwei mächtigen Eichen neben der Allee, das Anwesen der Witwe Schneider nur einige Meter entfernt. Im Haus brannte Licht, wie Weinrich bei einem Blick über die Gartenmauer feststellte.

»Das Reh ist da«, meldete er an seinen Jagdkollegen, der im Wagen wartete. Er klopfte auf das Wagendach und verabschiedete sich zur ersten Runde. Behende sprang er über die Ummauerung und ließ sich auf das Grundstück fallen. Den Vordereingang über die zahlreichen Stufen erschien im zu auffällig, schließlich hätte er hier an der großen Glasfront des Wohnbereiches vorbei gemusst. Weinrich schlich durch den Garten zum Wohnhaus und spähte vorsichtig durch ein Fenster in den Wohnbereich. Der Raum war leer. Doch kurz darauf erschien die Witwe. Sie war allein, nur bekleidet mit einem rosafarbenen Stoff, der tiefe Einblicke zuließ.

Weinrich fühlte sich ertappt. Wie ein Spanner lauerte er einer Frau auf, die sich frohgelaunt mit einem Glas Sekt zu dezenter Musik bewegte.

»Ein Elfengewand«, kam es Weinrich in den Sinn, der nach einer Bezeichnung für das rosa Nichts suchte. Frau Schneider bewegte sich in Weinrichs Richtung. Nur eine Mauer und ein Fensterglas trennten sie voneinander. Weinrich ließ sich blitzschnell zu Boden fallen, um nicht gesehen zu werden und landete dabei in einem Beet Rosen, wie er unschwer an den schmerzvollen Dornen spüren konnte. Seine Knie bohrten sich tief in den vom Regen der letzten Tage aufgeweichten Boden. Die feuchte Erde durchnässte seine Jeans, und Weinrich verfluchte seinen Job. Frauen Auflauern war nicht seine Sache, und doch spürte er ein wenig Adrenalin, das den Schmerz vergessen ließ.

Weinrich blieb auf Tauchstation. Ein Klingeln an der Haustür schreckte ihn für einen kurzen Moment auf. Doch im Schutze der Dunkelheit und tief auf die Erde gepresst, war er vor Entdeckung sicher. Erst Minuten später wagte er einen zweiten Blick durch das kleine Fenster an der Seitenfront. Ein Mann stand mit dem Rücken direkt vor seinem Beobachtungsposten. Auf allen Vieren schlich er zur Vorderseite. Die große Glasfront würde einen besseren Einblick ermöglichen. Seine Knie schmerzten, doch für Wundpflege war jetzt keine Zeit. Der Gast unterhielt sich angeregt mit der Dame. Sie im verführerischen Fummel, er im eleganten Anzug. Ein ungleiches Paar, dachte Weinrich amüsiert.

Doch als sich der Mann in seine Richtung drehte, verlor er jeden Sinn für Humor. Es war der Inder, den Weinrich vom Golfplatz kannte. Mahindra Singh unterhielt zur Witwe Schneider offenbar beste Beziehungen, die mehr als nur beruflicher Art zu sein schienen. Weinrich triumphierte innerlich. Das war der dicke Fisch, auf den er gewartet hatte. Im Rückwärtsgang schlich Weinrich in Richtung Auto. Diese Neuigkeit würde Schönfelder sicher interessieren. Nachdem er sich über die Mauer gearbeitet hatte, ließ er sich wenig später erschöpft auf den Fahrersitz fallen.

Schönfelder rümpfte die Nase angesichts der nassen und mehr als verdreckten Erscheinung Weinrichs.

»Du könntest dich als Kanalarbeiter bewerben«, bemerkte er spitz.

Weinrich ignorierte den Kommentar des Kollegen. Siegessicher verkündete er: »Ich habe ihn, ich habe ihn.«

Schönfelders Blick traf den seines Kollegen, um ein Delirium auszuschließen.

»Den Mörder«, ergänzte Weinrich. »Der Mörder ist der Inder. Sie haben gemeinsame Sache gemacht. Ein Nebenbuhler, der den Platzhirsch absticht, um dessen Rolle einzunehmen. Klare Sache«, schloss Weinrich siegesgewiss seinen Jagdbericht.

Schönfelder wirkte seltsam unbeeindruckt angesichts Weinrichs Erfolgs. Tief luftholend gab er zu bedenken: »Mensch, jetzt mach bloß nicht den gleichen Fehler wie die Kollegen. Nur wenn die Dinge so scheinen, müssen sie nicht auch so sein.«

»Hast du die Kantsche Erkenntnistheorie gelesen?«, murrte Weinrich, der seinen Erfolg bedroht sah.

»Gut, ich schau mir das mal an«, sagte Schönfelder, um den Kollegen nicht völlig zu demoralisieren und stieg aus dem Wagen. »Muss mir eh mal die Beine vertreten. Sardinenbüchse«, brummte er mit Blick auf den Mini, ehe ihn die Dunkelheit verschluckte.

Schönfelder nahm nicht den Weg über die Mauer, sondern den durch das Tor, das der abendliche Besucher offen gelassen hatte, und stieg die Stufen empor. Kaum hatte er den obersten Treppenabsatz erreicht, hörte er die Haustür schlagen. Schönfelder brauchte einen Fluchtweg.

Mit einem schnellen Satz drückte er sich hinter einen Busch. Ein stechender Schmerz durchzuckte seinen Körper. Ein Berberitzenstrauch hatte seine Stacheln in Schönfelders Rücken gebohrt. Er verfluchte den Gärtner, wagte aber nicht sich zu bewegen, denn in diesem Moment näherte sich der Inder den Treppen.

»Vielen Dank, dass du gekommen bist«, verabschiedete die Hausdame den Gast, nur wenige Schritte von Schönfelder entfernt. »Verliere die Tickets nicht«, rief Singh, während er kurz darauf das Grundstück verließ.

Schönfelder, der versucht hatte, die Luft anzuhalten, um nicht zu schreien, atmete aus und tat einen Schritt zur

Seite. Das Nachlassen des Schmerzes hatte etwas Erlösendes.

»Kann sein, kann nicht sein«, sinnierte der Seniorkollege, als er zurück im Ansitz nach einer Stulle verlangte, in der Hoffnung, die mahlende Kaubewegung könne den Schmerz am Rücken vertreiben. Die zusammengekniffenen Zähne verrieten Weinrich, dass auch Schönfelder Bekanntschaft mit der wehrhaften Bepflanzung des Grundstücks gemacht hatte.

Für Weinrich war die Lage klar. Schönfelders Mahnung, das Fell des Bären erst dann zu verteilen, wenn er auch erlegt ist, prallte an ihm ab wie die Kugel an einer gepanzerten Limousine.

»Soll ich dich nach Hause fahren?«

Schönfelder schüttelte den Kopf. »Damit du den Proviantkoffer allein leeren kannst? Nee, wir bleiben hier, vielleicht passiert heute Nacht noch etwas.«

»Aber meine Klamotten sind nass«, protestierte Weinrich.

Schönfelder schüttelte den Kopf angesichts der verweichlichten Jugend, blieb stur und richtete sich so gut es ging in Weinrichs Kleinwagen für die Nacht ein.

Besonders gemütlich war es in der Konservendose nicht. Die Scheiben waren vom Kondenswasser beschlagen und im Auto breitete sich der strenge Geruch von Schweiß aus.

»Vielleicht sollten wir das Fenster einen Spalt öffnen, sonst erleben wir den Morgen nicht«, gab Schönfelder zu bedenken, der sich an eine Hüttenwanderung durch die Berner Alpen erinnert fühlte, bei der im Schlafsaal der Wanderer die zum Trocknen aufgehängten, durchgeschwitzten Socken für beißenden Gestank gesorgt hatten.

»Hoffentlich schnarchst du nicht!«

»Ich und schnarchen?« Weinrich fühlte sich in seiner Ehre gekränkt. »Nur alte Leute schnarchen«, bellte er.

»Außerdem muss jemand wach bleiben und das Reh beobachten.«

In der Ferne heulte eine Sirene.

»Wahrscheinlich haben Stieglitz und Watson eine heiße Spur«, lästerte Weinrich. Schönfelder grunzte zufrieden, auch wenn die Knie mit dem Schaltknauf kollidierten.

»Gute Nacht«, war die letzte Meldung vom Schönfelderschen Beobachtungsposten.

Weinrich richtete den Blick auf den Hauseingang der Schneidervilla. Die Nacht verlief ruhig. Hin und wieder bellte in der Ferne ein Hund. Ansonsten Stille. Einer der Vorzüge dieser exklusiven Wohngegend. Schönfelder schlief einen unruhigen Schlaf, und Weinrich hielt seinen Blick auf die Villa gebannt. Nichts geschah. Nach und nach wurde auch Weinrich müde.

Gegen sechs Uhr früh, die Morgendämmerung noch in weiter Ferne, klopfte es heftig ans Seitenfenster. Schönfelder öffnete. Im trüben Licht der untergehenden Nacht erschien das Gesicht eines Rentners, an seiner Seite ein Hund, Marke Mischling.

»Ah, Gassi gehen«, versuchte Schönfelder eine freundliche Eröffnung, doch der Spaziergänger litt womöglich unter Schlafstörungen, die auf sein Gemüt schlugen und ein höfliches Gespräch unmöglich machten.

»Hier ist Halten verboten«, blaffte er. »Des is kein Strich, des is ne anständige Wohngegend.«

Ohne Zweifel, der Mann war Hesse. Ein Volk, das für Äppler und Handkäs berühmt war, aber nicht für seine heitere Lebensart.

»Alles in Ordnung, bitte beruhigen Sie sich«, redete Schönfelder auf den Mann ein. Doch zwecklos. Wie ein von der Kette gelassener Hofhund bellte er weiter. Er schien regelrecht froh zu sein, die beiden Ermittler getroffen zu haben, an denen er die Enttäuschungen der letzten Lebensjahrzehnte abarbeiten konnte.

Weinrich als Verfechter der Schocktherapie, wie er es nannte, griff nach seiner Dienstwaffe. Schönfelder bemerkte die Regung seines Kollegen gerade noch rechtzeitig, ahnend, dass Situationen wie diese bei Weinrich einen Reflex auslösten. Ähnlich jenen der Pawlow'schen Hunde, die auf ein Klingelsignal hin sabbernd vor der Essensausgabe warteten.

»Ich mach das«, sagte Schönfelder, »schließlich ist das meine Altersklasse.« Mit einer schnellen und heftigen Bewegung öffnete er die Beifahrertür, die dem Rentner ans Knie donnerte. Schönfelder sprang behende aus seinem Sitz und drehte dem verdutzten Mann den Arm auf den Rücken.

»Polizei«, giftete Schönfelder, »und zwar im Einsatz. Wenn Sie nicht schnellstmöglich verschwinden, verbringen Sie den Rest des Tages wegen Behinderung eines Polizeieinsatzes in der Arrestzelle, und Ihr Hund wandert ins Tierasyl. Haben wir uns verstanden?«

Der Mann nickte, so gut er in Schönfelders Klammergriff konnte. Schönfelder lockerte den Griff, und der Mann zog ab, nicht ohne böse Blicke in Richtung ihres Wagens zu schicken.

»Das hätte ich auch nicht besser hinbekommen«, maulte Weinrich.

Schönfelder grinste, kannte er doch die Hau-drauf-Methoden seines Kollegen. »Spießer kann ich genauso wenig leiden wie du«, erklärte er seinen rüden Einsatz.

An Schlaf war nicht mehr zu denken. Im Haus der Schneiders herrschte noch tiefe Nacht.

»Was nun?« Weinrich schaute seinen Kollegen fragend an.

»Warten«, sagte der. »Einfach nur warten. Irgendwann muss die Maus aus dem Bau.«

Doch das konnte noch dauern. Erst gegen neun regte sich in der Villa ein Lebenszeichen. Ein Taxi fuhr vor und nahm die Witwe als Fahrgast mit.

»Action«, rief Weinrich, froh über die Erlösung aus der Morgenstarre. Dass die Witwe ohne Gepäck das Weite suchen würde, war unwahrscheinlich. Eine nähere Inspektion des Hauses erschien den Ermittlern angebracht. Das Fehlen eines Hausdurchsuchungsbefehls war dabei nur ein kleiner Schönheitsfehler.

»Dein Bein sieht wirklich schlecht aus«, stellte Schönfelder bei näherer Betrachtung fest, als sie die Stufen zum Anwesen nahmen. »Das waren keine Rosensträucher, damit kenne ich mich aus.«

»Was sonst?«, rätselte Weinrich, während er den kreisrunden Blutfleck auf seinem Oberschenkel betrachtete. Schönfelder beugte sich über die Wunde, schließlich kam er zu dem Schluss, auch den Ort der nächtlichen Überwachung zu untersuchen.

Die Gelegenheit für einen Gartencheck war günstig.

»Solange die Dame Kaffee trinkt, Sahnetorten isst oder schicke Fummel einkauft, kann sie uns nicht bei der Arbeit stören«, stellte Schönfelder zufrieden fest.

Gemeinsam gingen sie ihre nächtlichen Wege ab, den Blick auf den Boden gerichtet, doch außer Steinplatten, Erde und Rosensträuchern war nichts Verdächtiges zu sehen.

»Hier habe ich mich auf den Boden geworfen«, rief Weinrich und zeigte auf eine Stelle zwischen den Büschen. Weinrichs Körperabdruck war noch gut zu erkennen, zumindest eine Vertiefung im Erdreich, in die sich Weinrichs Knie gebohrt haben musste.

Schönfelder wühlte mit den Händen und dem Gespür eines Gartenprofis in der Erde und wurde kurze Zeit später fündig.

»Ein Brieföffner«, rief er triumphierend und hielt das Fundstück wie einen archäologischen Schatz in die Höhe.

»Wenn das mal nicht die Mordwaffe ist«, sinnierte Weinrich. »Das soll die KTU herausfinden.«

Vorsichtig schlug Schönfelder die vermeintliche Tatwaffe in sein Stofftaschentuch. Frisch gewaschen, gebügelt und säuberlich zusammengelegt.

»Da legt Gerda Wert drauf«, sagte Schönfelder, der den fragenden Seitenblick seines Kollegen auf das seit Jahrzehnten aus der Mode gekommene textile Schnäuztuch bemerkt hatte.

»Tolles Muster«, gab Weinrich zurück. »Kleinkariert. Passt zu dir ...«

Schönfelder hatte das Beweisstück verpackt und wollte es in die Innentasche seiner Jacke schieben, als Weinrich ihn am Arm packte und mit dem Kopf zur Verandatür wies.

»Wir haben Zuschauer, die Schneider ist wieder zurück«, raunte der junge Kommissar angesichts der sich bewegenden Gardine.

»Scheiße«, entfuhr es Schönfelder.

»Was jetzt?«

Anstatt zu antworten, stapfte sein Kollege Schönfelder quer durch das abfallende Beet auf die Veranda, lugte durch die Glastür und donnerte mit der Faust dagegen.

»Frau Schneider! Machen Sie bitte auf! Polizei!«

Schönfelder versuchte weiterhin angestrengt durch das spiegelnde Glas und das feine Gewebe der Gardine zu erkennen, was im Raum vor sich ging. Weinrich hatte seinen Kollegen eingeholt.

»Der Überraschungseffekt ist jetzt wohl hinüber«, gab er fast kleinlaut zu bedenken.

Schönfelder donnerte erneut gegen die Glastür. Kräftiger noch als beim ersten Mal. Das Doppelglas erzitterte regelrecht.

»Ich habe so einige Überraschungen für die trauernde Witwe Schneider parat«, ließ Schönfelder seinen jungen Kollegen wissen. »Und du gehst jetzt besser zur Vordertür. Damit uns der Vogel nicht ausfliegt.«

Weinrich standen mehrere Fragezeichen ins Gesicht geschrieben, trollte sich aber dann doch um die Ecke zum

Hauseingang. Schönfelders eingeforderte Maßnahme ergab Sinn. Und gerade in dem Moment, als Weinrich um
die Ecke zur Frontseite der Schneidervilla humpelte, öffnete sich die Haustür. Die Schneider hatte es offenbar eilig.
Und sie schien ein weites Ziel zu haben. Als sie im Begriff
war, einen zweiten Hartschalenkoffer vor die Haustür zu
hieven, begrüßte Weinrich sie höflich. »Hallo Frau Schneider.«

Die Schneider fuhr zusammen. »Ach, Herr Kommissar.
Sie kommen mir sehr ungelegen. Ich bin in Eile. Klären
Sie die eventuell offenen Fragen doch bitte mit meinem
Anwalt.«

Weinrich stellte sich der Witwe in den Weg.

»Was wir zu bereden haben, müssen wir von Angesicht
zu Angesicht besprechen. Keine rechtliche Vertretung,
kein Aufschub.«

Weinrich wirkte energisch und entschlossen, schnappte
die Koffer, stellte sie in den Hausflur zurück und drängte
die Witwe ins Haus. Dann schloss er die Tür.

»Gehen wir ins Wohnzimmer«, forderte er sie auf. »Gehen Sie ruhig voran. Sie kennen sich ja hier bestens aus.«

Weinrich wollte kein Risiko eingehen und machte eine
Handbewegung in Richtung Salon. »Nach Ihnen, bitte.«

Witwe Schneider ließ deutlich hörbar die Luft aus ihren Lungen entweichen, leistete der Aufforderung aber
Folge.

»Weiß Ihr Chef, mein Freund Huber, was Sie hier treiben?« Die Witwe schien ihre Trümpfe gegen eine Vernehmung vor Ort zu sortieren. »Soweit mir Huber bei unserer
letzten Zusammenkunft im Golfclub gesagt hat, sind Sie
von der Bearbeitung des Falls entbunden.«

Das war eine Breitseite für Weinrich.

»Wegen Unfähigkeit«, schob die Dame nach und traf
Weinrichs ohnehin angeschlagenes Ruderwerk für das an-
stehende Gespräch.

»Setzen wir uns«, sagte Weinrich, als beide in dem Zimmer angekommen waren, in dem Karl Schneider ins Jenseits befördert worden war. Nichts erinnerte mehr an das grausige Bild, das sich damals geboten hatte.

»Ich stehe lieber«, gab die Witwe zurück. »So lange wird unser Gespräch ja nicht dauern.«

Weinrich hatte inzwischen doch Platz genommen und hielt sich das verletzte und schmerzende Bein, während auch er von den Lederpolstern regelrecht aufgesaugt wurde. Ein komisches Gefühl, langsam in einem Sitzmöbel zu verschwinden.

»Wenn Sie sich da mal nicht täuschen, Frau Schneider«, presste er hervor.

»Ja, dann sagen Sie, was Sie zu sagen haben! Ich bin in Eile!« Witwe Schneider hatte ihre Sicherheit wiedergewonnen.

»Gut«, versuchte Weinrich Zeit zu gewinnen. Denn beim Blick in sein Blatt hatte er bei diesem Poker eindeutig die schlechteren Karten. »Frau Schneider«, setzte er erneut an. »In welcher Beziehung stehen Sie zu Mahindra Singh?«

Frau Schneider antwortete sofort. »Mister Singh war ein Geschäftsfreund meines Mannes und ein Freund des Hauses. Wir pflegten gesellschaftlichen Kontakt. Weiter nichts.«

Weinrich improvisierte seine nächsten Schritte. »Sie haben die Vergangenheitsform benutzt. Heißt das, dass die Kontakte zu Mister Singh seit dem Tod Ihres Mannes abgerissen sind?«

Jetzt büßte die Witwe wieder ein Stück ihrer gerade erkämpften Sicherheit ein. »Ja, schon. Es war wohl doch schon eher eine mehr von den gemeinsamen Geschäften geprägte Beziehung.« Die Hände der Witwe kamen langsam in Bewegung, zerknüllten ein mit Spitzen besetztes Seidentüchlein, um es gleich darauf wieder auseinander zu falten.

»Und um welche Geschäfte ging es beim Besuch des Herrn Singh in der letzten Nacht?«

»Letzte Nacht?« Das Erstaunen von Frau Schneider wirkte aufgesetzt. »Ach ja, letzte Nacht! Stimmt. Ich habe den Kopf so voll, wissen Sie. Ja, letzte Nacht kam Herr Singh vorbei, um sich zu verabschieden. Er fliegt heute nach Indien zurück.«

Weinrich preschte jetzt vor. »Und da haben Sie sich gedacht, na, dann fliege ich mal schön mit. Oder was haben die beiden gepackten Koffer zu bedeuten?«

Die Antwort auf diese Frage blieb der Witwe Schneider erspart. Noch als sie sich ihre Antwort zurechtlegte, splitterte plötzlich Glas an der Terrassentür. Von außen wurde der Türgriff betätigt und der Vorhang zur Seite geschoben.

»Tag Frau Schneider«, Schönfelder machte auf höflich. »Das Schloss ist wirklich unbezwingbar. Aber die Sicherheitsscheibe lässt zu wünschen übrig«, eröffnete Herbert Schönfelder die Runde.

Weinrich hatte seinen Kollegen, der draußen vor der Verandatür gestanden hatte, glatt vergessen. Jetzt allerdings war er froh, sich nicht allein vor Frau Schneider mangels stichhaltiger Beweise blamieren zu müssen. Geteiltes Leid ist bekanntlich halbes Leid. Und das ließ sich nach diesem unrühmlichen Akt, der wohl endgültig ihnen beiden die Marke kosten würde, sicherlich mit diversen Getränken aus der Welt schaffen. Zumindest für die nächsten acht bis zehn Stunden.

»Den Schaden werden Sie mir ersetzen!«, keifte die Witwe in Schönfelders Richtung.

»Keine Sorge. Ich bin versichert. Aber Sie werden die nächste Zeit sowieso nicht hier verbringen, so wie ich das sehe.«

Weinrich warf seinem Kollegen einen erstaunten Blick zu, und die Witwe Schneider war sichtlich darum bemüht, Fassung und Haltung zu bewahren.

»Ist Ihnen der Name Sylvie Jänischke ein Begriff?«, fragte Schönfelder unvermittelt.

»Jänischke? Jänischke? Wer soll das sein?«

Was sich die Witwe da fragte, fragte sich auch Weinrich. Wenn Schönfelder bluffen wollte, dann hängt er sich ganz schön weit aus dem Fenster, dachte sich der junge Kommissar.

»Sylvie Jänischke, von Beruf Edelprostituierte und als solche auf der Lohnliste Ihres ach so früh gewaltsam verstorbenen Gatten, später sogar Geliebte.«

Die Witwe lachte gekünstelt. »Wer hat Ihnen denn so eine Geschichte erzählt?«

Schönfelder fixierte die Witwe und setzte nach: »Sylvie Jänischke persönlich.«

Jetzt bekam auch Witwe Schneider weiche Knie. Sie ließ sich in einen Ledersessel fallen.

»Und Sylvie Jänischke war drauf und dran, sich mit Ihrem Gatten in andere Gefilde abzusetzen.«

Alle Farbe war aus dem Gesicht der Witwe gewichen. »Das ist doch alles nicht wahr. Kein Wort!« Doch es war keine richtige Gegenwehr. Auch Schönfelder hatte gegenüber der Witwe Platz genommen.

»Am Tag des Mordes an Ihrem Mann war Karl Schneider in Frau Jänischkes Hotelzimmer in Frankfurt. Nach den Aussagen von Frau Jänischke fuhr Karl Schneider nach einem fast zweistündigen Gespräch mit dem festen Vorsatz hierher zurück, Ihnen seine neue Lebensplanung mitzuteilen und Sie um die Scheidung zu bitten.«

Die Witwe brauste aus ihrem Sessel auf. »Ach Quatsch! Natürlich hatte Karl auch seine Affären! Aber eine Scheidung wäre niemals in Frage gekommen.«

Schönfelder knetete seine klammen Hände. »Diesmal war es aber wohl mehr als eine Affäre, Frau Schneider.« Schönfelder fixierte die Witwe so, als wolle er sie mit seinem Blick an die Wand nageln.

»In der Mordnacht kam Ihr Mann nach seiner Unterredung mit Frau Jänischke hierher zurück und forderte eine Aussprache mit Ihnen. Es ging um die Scheidung, es kam zum Streit, aus dem Streit wurde ein Handgemenge, in deren Verlauf Sie diesen Brieföffner hier«, Schönfelder wickelte die vermeintliche Tatwaffe aus dem Taschentuch und ließ sie dramaturgisch hochwirksam auf den Glastisch fallen, »in die Hand bekamen und mehrmals zugestochen haben.«

Magda Schneider starrte auf den Brieföffner auf dem Tisch und jeder Widerstand in ihr schien zu erlahmen.

»Nach den tödlichen Stichen haben Sie einfach ein paar Aktenordner aus dem Schrank genommen und wahllos Papiere entfernt. Sie hätten diese aber nicht zwischen dem Stapel alter Zeitungen deponieren dürfen. Wären die Dokumente verschwunden geblieben, wir würden möglicherweise heute noch dem Technologieklau hinterher ermitteln.«

Frau Schneider vergrub das Gesicht in den Händen, und Mario Weinrich löste sich endlich aus der Rolle des gebannten Zuschauers.

»Sie sollten jetzt vielleicht doch Ihren Anwalt anrufen«, meinte er. Dann wanderte sein Blick respektvoll zu Schönfelder. »Sieg durch technischen K.O.«, bescheinigte Weinrich seinem Partner. »Ich rufe jetzt die Kollegen.«

Mario verließ den Raum. Er hasste diesen Zustand der Niedergeschlagenheit, Hilflosigkeit und Aussichtslosigkeit, selbst wenn er dabei auf der Seite der Guten stand. Selbst wenn er dafür bezahlt wurde, genau diesen Zustand bei den Tätern durch klare Ermittlungsarbeit hervorzurufen. Die Grenzen waren so fließend.

Drinnen gab Schönfelder den Gastgeber, füllte zwei Whiskeygläser mit altem, teurem Glenfiddich, behielt eines für sich und setzte das andere vor Frau Schneider ab.

»Trinken Sie. Das wird Ihnen gut tun«, meinte er, und hakte gleich nach. »Wo sollte die Reise eigentlich hingehen?«

Frau Schneider griff das Glas und folgte mit den Augen den Kreisbewegungen des golden scheinenden Getränks.

»Spielt das jetzt noch eine Rolle?« Die Witwe hatte augenscheinlich kapituliert.

»Rein berufliche Neugier«, erwiderte Schönfelder gelassen.

Die Frau hob den Blick. »Mister Singh hat mich eingeladen. Er war der Meinung, ein Ortswechsel täte mir angesichts dessen, was ich hier durchgemacht habe, ganz gut.«

»Aha«, ließ Schönfelder hören. »Wusste Mister Singh um die Vorgänge in der Tatnacht hier im Haus?«

Die Witwe Schneider seufzte. »Nein. Aber er hat wohl so etwas geahnt. Aber er hat es immer vermieden, mich direkt darauf anzusprechen. Mister Singh ist ein feiner Mensch.«

Mario Weinrich betrat wieder das Wohnzimmer. »Die Kollegen werden gleich da sein«, ließ er wissen. »Sie können die Zeit nutzen und ein paar Notwendigkeiten zusammenpacken«, sagte Weinrich an die Witwe gewandt. »Es könnte für längere Zeit die letzte Gelegenheit sein.«

Frau Schneider erhob sich. »Sie entschuldigen mich«, und dann verschwand sie durch den Flur in ein anderes Zimmer.

»Sollten wir nicht ...«

Weinrich wollte folgen, doch Schönfelder schüttelte den Kopf. »Die haut nicht ab. Die hat aufgegeben«, sagte er.

Weinrich zuckte die Schultern und nahm Platz. Wieder in einem Ledersessel, der sofort sein Werk begann. »Sag mal Herbert, hast du auch das Gefühl, dass dich diese Nobelmöbel verschlucken wollen, wenn du in ihnen Platz nimmst?«

Schönfelder nickte grinsend. Hatte er sich das doch nicht nur eingebildet, wenn es sogar dem jungen Kollegen so erging.

»Der Straßenrowdy mit der Pistole im Wagen ist übrigens der, der auf mich geschossen hat«, ließ er Schönfelder wissen. »Die Kollegen haben es mir gerade gesteckt. Zweifel ausgeschlossen. Angeblich schießt der in dieser Gegend immer mal rum. Nur auf Verkehrschilder versteht sich.«

Die Türklingel verhinderte, dass die Kommissare auch diesen kleinen Erfolg noch ein wenig auskosten konnten.

»Die Kollegen«, sagte Weinrich, beide erhoben sich und gingen durch den Flur zur Eingangstür.

»Den Taxifahrer haben wir weggeschickt«, grüßten Stieglitz und Watson. »Madame habe es wegen der überhöhten Taxipreise und dem mangelnden Service vorgezogen, mit dem eigenen Chauffeur zu reisen«, setzte Watson erklärend nach.

»Wo ist denn nun die trauernde Witwe?«, wollte Stieglitz wissen und hatte bereits die Handschellen aus seiner Jackeninnentasche genestelt.

»Die wirst du nicht brauchen«, meinte Schönfelder.

»Meine Herren, ich wäre dann so weit.« Hinter der Gruppe war die Witwe Schneider in den Flur getreten. In der einen Hand einen kleinen Reisekoffer mit dem Nötigsten, über den anderen Arm einen schicken dunkellila Wollmantel gehängt.

»Darf ich Ihnen das Gepäck abnehmen«, erbot sich Stieglitz angesichts der eleganten Erscheinung von Witwe Schneider, die so gar nicht in das gewohnte Täterprofil passen wollte. Von Watson und Stieglitz begleitet, schritt die Witwe Schneider zum Wagen der Fahnder.

Weinrich und Schönfelder zogen die massive Haustür ins Schloss und sahen dem Trio nach.

Watson öffnete die Wagentür zum Fond und bat die Witwe mit ausgesuchter Höflichkeit, doch bitte Platz zu nehmen, während Stieglitz schon den Motor startete. Sekunden später rollte der Wagen auf die Straße und Witwe Schneider einer Zukunft entgegen, die sie sich sicher anders vorgestellt hatte.

Epilog

In der Hanauer Polizeidirektion hatten sich die dunklen Wolken über Weinrichs und Schönfelders Köpfen indes schnell verzogen. Direktor Huber verteilte wohldosiertes Lob an seine beiden Kommissare (»immer noch das beste Gespann im Stall ...«) und stellte vor der Presse ihre beharrliche und diskrete Ermittlungsarbeit heraus.

»Sie werden verstehen, meine Damen und Herren, dass wir Sie nicht schon früher in den Stand der Ermittlungen haben einweihen können. Jedes Wort zu viel hätte unsere Arbeit gefährdet. Zumal wir recht schnell einer heißen Spur folgen konnten, die uns den jetzigen Fahndungserfolg beschert hat.«

Die Damen und Herren der Presse hatten dafür Verständnis. Wie für so vieles, was in der Stadt vor sich ging. Und die Gesamtdiktion, mit der das, was noch vor wenigen Tagen als hinterhältiges Verbrechen in den Schlagzeilen auf den Titelseiten Absatz bringen sollte, änderte sich auch plötzlich. Von Hinterhältigkeit war kaum noch die Rede, weder in den örtlichen, noch in den überörtlichen Blättern. Stattdessen wurde der Fall zum »tragischen Ehedrama« deklariert, an dem Karl Schneider ein gerüttelt Maß Anteil getragen habe. Die Täterin als eigentliches Opfer jahrelanger Demütigungen. Die öffentliche Meinung, sie stieß in das Horn, das die Obrigkeit ihr hinhielt.

Und so wunderte es auch nicht, dass die Mordanklage gar nicht erst erhoben wurde. Stattdessen lautete die Anklage nur auf Totschlag. Die Verteidigung konnte sich mit ihrer Minimalforderung durchsetzen, die Strafe wurde zur Bewährung ausgesetzt.

Damit konnte Frau Schneider gut leben, und ihre Anwälte rieben sich freudig die Hände. Da Karl Schneider seine Hinterlassenschaft noch nicht im Sinne seiner neuen Auserwählten geändert hatte, verfügte die Witwe zudem über ein nicht unbescheidenes Vermögen.

Schönfelder und Weinrich, sie verfolgten diesen Teil der Dinge nur noch nebenbei. Ihre Arbeit war getan.

Herbert Schönfelder konnte sich wieder der Mission Friedensstiftung im familiären Bereich widmen und versicherte Gerda, nachdem er Marke und Dienstausweis zurückgegeben hatte, nie mehr einen Fuß in die Polizeidirektion zu setzen. Endgültig und unwiderruflich. Komme, was da wolle. Wie immer eben. Und Gerda drückte ihren Herbert mit feuchten Augen an sich. Wie immer eben. Denn auch ihr tat es ganz gut, dass die Hochachtung für ihren Mann hinein zu ihr an die Kochplatten der heimischen Küche drang.

»Ach Gerda! Du hast es gut! Wenn meiner nur noch so rührig wäre. Aber der sitzt ja nur noch beim Kartenspiel und vor dem Fernseher ...«

Ja ja, Gerda und ihr Herbert. Über die sich glättenden Wogen eines furchtbar aufgewühlten Alltagsmeers schipperte dann auch noch das Schifflein mit guten Nachrichten. Es war am frühen Abend, als Mario Weinrich sein schweres Motorrad vor Schönfelders Haus abstellte und nicht nur wegen der Flasche Champagner willkommen geheißen wurde. Denn außer der Flasche brachte Mario gute Neuigkeiten. »Sein« Im- und Exportgeschäft, aus dem er gegen seinen Willen doch nicht ausgestiegen war, nachdem sich das Tarnprojekt als überflüssig erwiesen hatte, konnte mit seinem Namen als Geschäftsführer tatsächlich expandieren und seine Geschäftätigkeit ausweiten. So, wie Antonio es weise vorausgesagt hatte. Weinrich und Schönfelder fungierten als Namensgeber und stärkten so das Vertrauen der Geschäftspartner. Der Lohn war zwar nur eine bescheidene Summe, die gerade zum Abzahlen des sündhaft teuren Motorrades und für ein bisschen mehr langte, aber das bisschen mehr teilte Weinrich sogar noch mit seinem Seniorkollegen.

Für Schönfelder und Gerda war schnell klar, wie sie das unerwartete Geld wieder los werden würden. Die Reise nach Mallorca zu den ausgewanderten Freunden aus Steinheim war beschlossene Sache.

Und Mario Weinrich gestand, dass er an eine etwas weitere Reise denke. Nach dem dritten Glas Champagner – Gerda war gerade in die Küche verschwunden um neues Knabberzeug zu holen – zog Mario eine Postkarte aus der Jacke und reichte sie Schönfelder. Die Karte zeigte einen herrlich weißen Sandstrand mit Palmen unter strahlend blauem Himmel.

»Von Britta?«, fragte Schönfelder, der ohne seine Lesebrille nicht in der Lage war, das Kleingeschriebene auf der Rückseite der Karte zu entziffern.

»Ich lese vor«, sagte Mario.

»Habe bei meiner lukrativen Tätigkeit Hunderte von Beschäftigten verschiedenster Betriebe wegsaniert. Aber dich möchte ich nicht aus meinem Leben streichen. Schon gar nicht aus Kostengründen. Es langt für uns beide!«

Weinrich grinste. »Übermorgen geht mein Flugzeug.«

Matthias Grünewald
Jahrgang 1961, Schauspieler und Regisseur. Theaterprojekte mit jugendlichen Migranten in Offenbach und Hanau. Seit einigen Jahren mit unterschiedlichen Angeboten an einer Frankfurter Hauptschule. Lebt in Langenselbold.

Dieter Kögel
Jahrgang 1954, Bühnendarsteller, Autor mehrerer Stücke, freier Journalist. Seit 1994 Mitglied im Theateratelier des Offenbacher Künstlerprojekts Bleichstraße 14 H. Aufgewachsen in Hanau-Steinheim, lebt in Langenselbold.

kultkrimi aus hanau

Matthias Grünewald
Dieter Kögel
Tatort Hanau

Hardcover, 192 Seiten,
12,80 Euro, 2. Auflage
ISBN 978-3-937774-41-1

Spionage, Mord, Mafiabanden, Schieberringe, ein Banküberfall und Intrigen. Mit einem Wort: Großes Verbrechen. Der Ort des Geschehens ist Hanau und seine Stadtteile Klein-Auheim, Großauheim, Wolfgang und Steinheim. Zwei Männer kämpfen gegen das Verbrechen an: Kommissar Herbert Schönfelder von der Polizeidirektion Hanau und sein junger Großauheimer Kollege Mario Weinrich. Sie bilden ein Ermittlungsteam, wie es unterschiedlicher nicht sein könnte. Während Weinrich am liebsten mit gezogener Pistole auf Ganovenjagd gehen würde, versteht sich Schönfelder aufs Beobachten. Weinrichs Aktionismus und Schönfelders abwartendes Betrachten der Dinge machen sie zu einem spannungsreichen Duo.
Ihre Ermittlungen sind zugleich eine Reise durch die Begebenheiten und Örtlichkeiten der Region und vor allem eine Liebeserklärung an Hanau und seine Stadtteile.

poesie des alltags

Carl Maria von Heddernheim
Verdichtete Gereimtheiten und alltagstaugliche Gebrauchspoesie für viele Gelegenheiten

Hardcover, 96 Seiten, 9,90 Euro
ISBN 978-3-937774-47-3

Das erste Buch des Lokalpoeten Carl Maria von Heddernheim gibt Einblicke in seine ganz persönliche Sicht der Dinge. Einsam durch die Stadt irrende Tetrapacks, das Spannungsverhältnis der Geschlechter, Probleme des Älterwerdens, selbst die Klimaverschiebung sind Gegenstand seiner »Verdichteten Gereimtheiten«. Neben den Alltagsbetrachtungen in Reimform widmet sich von Heddernheim auch Hanauer Regionalitäten, die er aus schräg-witzigem Blickwinkel heraus beleuchtet: Frühlingsgefühle in der Fasanerie oder die Betrachtung der Steinheimer Altstadt aus der Perspektive des Hanauer Wappentieres gehören dazu.

rita und ihre leichen

Bele Hornung
Mein Rudi-freies Leben

Hardcover, 212 Seiten,
12,80 Euro
ISBN 978-3-937774-89-3

Ritas ausgeklügelter Plan, ihren miesen Ehemann zu beseitigen, hat einen Schönheitsfehler. Statt auf seiner alljährlichen Lustreise in Thailand abzuleben, liegt Rudi tot vor ihr auf dem Küchenboden in Offenbach. Wohin mit der Leiche? Doch das Entsorgungsproblem bringt Rita ebenso wenig aus der Ruhe wie ihre pubertierende Tochter oder die altersstarrsinnige Schwiegermutter. „Du kommst auch noch dran", denkt Rita, während sie diese weiter pflegt. Als wenige Tage später der Tsunami Thailand überspült, wird Rudi unter den Opfer vermutet. Ritas Leben als fröhliche Witwe beginnt. Sie reist und begegnet dem Mann ihrer Träume. Da stirbt die Schwiegermutter auf mysteriöse Weise, und die polizeilichen Ermittlungen kreisen um Rita. Doch mit List und Heimtücke und unter Einsatz erotischer Verführungskünste gelingt es ihr immer wieder, alle Hindernisse auf mörderische Weise beiseite zu schaffen. Denn nichts und niemand soll ihren Traum von einem Rudi-freien Leben gefährden. Aus der Perspektive der mordenden Mittvierzigerin spannungsreich und rasant erzählt, spielt die Handlung in Offenbach am Main, führt nach Italien in die Emilia-Romagna und Fiesole und schließlich nach Schlesien, wo ein raffinierter Showdown beginnt.

mord im grünen

Berndt Schulz
Frühjahrserwachen

Hardcover, 312 Seiten,
16,80 Euro
ISBN 978-3-937774-43-5

Endlich Frühling im Kinzigtal, doch da geschieht ein Mord. Eine tote junge Frau liegt inmitten von blühenden Obstwiesen. Erste Hinweise führen ins Rotlichtmilieu. Doch dann setzt sich ein anderer Verdacht durch, denn der Tatort liegt in Gelnhausen-Meerholz, exakt am neuen Mittelpunkt der Europäischen Union … Die Nachbargemeinde Hasselroth und ihr Ortsteil Niedermittlau geraten immer stärker in Verdacht, ebenso der vorherige Mittelpunkt der EU, das pfälzische Kleinmaischeid. In die hektische Spurensuche hinein geschieht in der Nähe des Hanauer Freiheitsplatzes ein weiterer Mord. Diesem folgt ein dritter, diesmal an einem idyllischen See bei Maintal. Die polizeilichen Ermittlungen der Hanauer Mordkommission laufen auf Hochtouren, erweisen sich aber als ungenügend, vom Täter fehlt jede Spur. Die Region gerät allmählich außer sich. Angst und Verunsicherung reichen bis in die privatesten Beziehungen hinein.

Berndt Schulz ist renommierter Verfasser von Kriminalromanen und historischen Romanen. Er lebt in Frankfurt am Main.